国家社会科学基金一般项目：

"县域体育公共服务与市场服务的体制机制研究"

（批准号：12BTY033）

县域体育
公共服务与市场服务的
体制机制研究

郑 旗◎著

人民出版社

序

　　《县域体育公共服务与市场服务的体制机制研究》一书，是山西师范大学郑旗教授主持完成的国家社会科学基金项目结题成果，是一本理论与现实问题结合、对当前体育相关工作进行探讨、可读性较强的著作，也是一项具有一定学术基础的创新性成果。

　　该成果坚持以习近平新时代中国特色社会主义思想为指导，坚持党的十八大以来的路线、方针和政策，把贯彻落实"全民健身国家战略、普及全民健身运动、促进健康中国建设"作为研究的根本出发点和理论基础，以习近平总书记一系列关于体育工作的重要论述指导课题研究，遵循国家社会科学基金项目立项要求和有关规定，坚持实际问题导向，将理论与实践相结合。其学术价值在于：

　　其一，该成果以我国"县域体育公共服务与市场服务的体制机制研究"为论题，以我国全民健身和体育公共服务的主要领域"县域"为分析对象，既是一种重要的研究范式，又有着重要的方法论价值。因为我国广大的县域是最基层、最广泛、最需要开展和发展体育运动与全民健身的地区，解决好县域体育公共服务的发展问题，就抓住了全民健康和全民健身开展的关键和重点，因而其研究具有鲜明的方法论价值和特色。

其二,该成果从理论基础、现状调研、体制机制构建入手,初步构建了关于县域体育公共服务与市场服务的基本制度框架,提出了"一主多元的协同合作"供给制度模式,揭示了影响县域体育公共服务市场化的主要因素,力求把握市场化的基本原则和边界范围这两个基点,提出了强化县级政府体育公共服务职能,积极培育体育市场主体,强化县域体育公共服务需求和消费、体育产业发展、体育公共服务标准化建设等对策建议,对于我国县域体育公共服务体制改革和推动全民健身公共服务体系建设具有一定的参考价值。

其三,该成果以实际问题为导向,聚焦县域体育公共服务与市场服务中的核心议题,从体制机制和改革的实践入手,讨论分析了县域体育公共服务标准化建设、县级政府购买体育公共服务政策执行机制、体育公共服务绩效评估等实际问题,并建立了核心议题的次级机制,为县域体育公共服务与市场服务体制机制创新和实践提供了理论参考。

其四,该成果体现出理论与实践需求互动的特点,具有一定的应用性。如参照国家相关标准要求,确定了县域体育公共服务标准化建设的基本原则、基本范畴和基本内容,从公共体育设施服务、体育健身组织服务、体育活动服务、体育指导服务、体育经费投入、体育信息服务六个方面建立体育公共服务标准体系,对县域体育公共服务标准体系建设具有一定应用价值;该成果从县域体育公共服务投入、服务过程、服务效益三个维度上构建的体育公共服务绩效评估指标体系,也有着一定的应用价值和参考意义。

　　学术研究和理论创新永无止境。理论与实际结合、力求更好地解决实际问题是作者的初衷和课题研究的着力点。县域体育公共服务体系是我国基本公共服务体系的重要组成部分，符合体育强国建设、健康中国建设、小康社会建设的基本方略。加快和完善县域体育公共服务与市场服务的体制机制建设，是党的十八大后深化社会治理体制和建设服务型政府的必然要求，也是县域经济和新型城镇化快速发展的客观要求，更是将建设体育强国和全民健身上升为国家战略目标的追求。

　　正如作者所言，在研究周期里，我国经济社会发展波澜壮阔，体育公共服务领域的实践丰富多彩。公共服务体系建设是一个世界性的课题，我国县域体育公共服务的问题，并非仅属于单一学科的范畴，而是一个涉及多学科的论题，该成果研究也给县域体育公共服务领域带来许多新的课题，如公共服务与市场服务在体育公共服务中的逻辑关系还没有阐释得很清楚，县域体育公共服务的市场化改革的现实图景，应提炼出更具有理论价值的逻辑推理体系。当然，我相信作者在后续研究中，将会有更多的新收获，取得更多的新成果！

　　是为序。

2018.12.6

目　录

全书表目录

全书图目录

前　言

　　"民乃邦之本,县乃国之基"。全面建成小康社会,县域是基础。《中华人民共和国国民经济和社会发展第十三个五年发展规划纲要》明确提出:"围绕标准化、均等化、法制化,加快健全国家基本公共服务制度,完善基本公共服务体系。"公共体育服务是基本公共服务体系建设的重要组成部分,构建与完善县域体育公共服务与市场服务的体制机制,对于促进县域经济和社会发展、转变政府职能、推动服务型政府建设具有重要的意义。

　　"县域"是以县级行政区划分的、县级政府所管理的具有地域特色和功能的地理空间,包括县级、乡(镇)级和村级所管理的三级行政区域。公共服务体系建设是一个世界性、全球化进程中的课题,是有效发挥各级政府作用、加强公共服务职能的核心问题。体育是人民的福利,也是人民的权利。实施全民健身计划是重要的国家战略,每个公民都有权利享受政府提供的基本体育设施,享有丰富多彩的体育健身休闲活动。《全民健身条例》中规定:"县级以上地方人民政府应当将全民健身事业纳入本级国民经济和社会发展规划,有计划地建设公共体育设施,加大对农村地区和城市社区等基层公共体育设施建设的投入。"因此,强化县级政府公共体育服务职能，积极培育体育市场主体，强化政府购买服务、建立和完善以全民健身设施建设、基层体育健身组织建设、健身活动开展与指导、国民体质健康评价等为主要内容的公共体育服务体系建设，是全面建成县域小康社会的重要任务。

党的十八大以来，以习近平同志为核心的党中央，把发展体育事业提升到全面建成小康社会的高度，坚持以理论创新引领实践创新，开辟了治国理政的新境界，提出了一系列关于体育工作的重要论述，形成了一整套关于体育工作的战略思想。2013年8月31日，习近平会见参加全国群众体育先进单位和先进个人表彰会的代表时指出："发展体育运动，增强人民体质，是我国体育工作的根本方针和任务。"2016年8月20日，习近平在全国卫生与健康大会上强调，"没有全民健康，就没有全面小康"，"要推动全民健身与全民健康深度融合"。2016年8月25日，习近平在会见第31届奥运会中国体育代表团时指出："落实全民健身国家战略，普及全民健身运动，促进健康中国建设。"这些论述，为我们深刻认识体育在提高人民身体素质和健康水平、促进人的全面发展、丰富人民精神文化生活、推动经济社会发展等方面的重要作用提供了根本的遵循，为全民健身国家战略的实施指明了方向。

党的十八大提出："加快形成党委领导、政府负责、社会协同、公众参与、法治保障的社会管理体制，加快形成政府主导、覆盖城乡、可持续的基本公共服务体系。"加强县域公共体育服务体系建设，是健康中国建设、体育强国建设、小康社会建设的基本方略。根据《中国统计年鉴2016》，截至2015年底，我国县级行政区划单位2850个，其中市辖区921个，县级市361个，县1397个，自治县117个，旗49个，自治旗3个，特区1个，林区1个。"十二五"期间，政府主导、部门协同、全社会共同参与的全民健身事业发展格局初步形成，覆盖城乡、比较健全的基本公共体育服务体系建设得到了快速发展，但县域居民日益增长的多元化、多层次体育需求与体育有效供给不足的矛盾依然突出，公共体育服务体系建设在东西部地区之间、城乡之间、人群之间依然不平衡,公共体育服务市场化改革滞后,体育服务业比例偏低、种类偏少,服务水平和服务绩效较低,尤其是公共体育服务与市场服务的体制机制改革尚需深化。因此,我们以《县域体育公共服务与市场服务的体制机制研究》为题申报了国家社会科学基金课题,并于2012年5月被批准立项。课题立项后的半年,党的十八大胜利召开,为课题研究提供了强大的思想武器和不竭的思想动力。课题研究的过程中,我国经济社会发展波澜壮阔,公共体育服务领域的实践丰富多彩,这既是课题研究的大背景,也昭示着公共体育服务体系建设的实践对理论研究的迫切需求,更激励我们立足国情,对县域体育公共服务与市场服务这一主题进行系统的思考和分析。研究中,课题组始终坚持实事求是的原则,坚持问题导向,严格按照科学研究的原理、方法和要求,从我国县域公共体育服务体系建设的现状调查出发,采用规范研究与实证研究相结合的思路,经过前期准备、调查实施、数据处理与分析、主题总结等阶段,完成了预期的研究任务,以期能为县域公共体育服务体系建设尽微薄之力。很显然,全民健身国家战略的实施,全民健身和健康中国的深度融合,《"十三五"推进基本公共服务均等化规划》的要求,都需要我们继续努力前行。

本书主要分为理论基础、现状调研、体制机制建构、核心议题讨论等四个部分。理论基础(第一章、第二章,郑旗,其中,孙荣荣参与了第二章第三节的研究工作)主要从研究的背景、研究对象的价值论析、核心概念的界定和公共服务的理论源流与发展、体育公共服务研究进展等方面进行分析。现状调研(第三章,郑旗、张征斌、张丽娜、贾玉琛)主要从县域体育公共服务体系建设、居民满意度、市场化服务状况和影响因素来分析。本书建构了县域体育公共服务的制度框架,提出了政府供给、市场供给、社会组织供给、自主供给的制度模式(第四章至第七章,郑旗、贾玉琛、程风美)。本书还对县域体育公共服务中的标准化、政府购买公共服务、服务绩效评估等核心议题进行了分析讨论(第八章至第十章,郑旗、段晋霞、苏敏）。

课题研究周期里，我的研究生苏敏、程风美、贾玉琛、窦贝贝、张征斌、段晋霞、张丽娜、郭杰、李梓烨、张鹏、郑昊、孙荣荣、陈晓静等进行了实地调研，并参与项目研究工作，承担了数据调研、材料整理和部分内容和专题报告的撰写，在科研实际工作中得到了锻炼，提高了科研基本能力，有的还以此为研究主题（子课题）获得了硕士学位，向他们表示祝贺！问卷调查中还得到了我指导的 2008 届硕士研究生、现任职于山东省临沂市体育局群体科孙静静、江苏常熟理工学院林英艳等同志的帮助，向他们表示感谢！由于我们研究能力与水平有限，在研究中肯定存在诸多的不足之处，有些认识也有待深入，难免有一些缺点和失误，恳请有关专家、学者批评指正！

课题研究中始终得到了山西省委宣传部、相关省市体育局群体处、县（市）文体局及负责体育工作的单位、山西师范大学社科处的支持与帮助，也得到了抽样县域居民的支持与帮助，在此深表谢意！

郑 旗

2016 年 12 月于临汾

第一章 ｜ 导　　论

　　科学发展以县域为基础,社会和谐以县域为根本。"十三五"时期是我国全面建成小康社会的决胜阶段,是全面深化改革、贯彻落实创新、协调、绿色、开放、共享的发展理念,加快转变经济发展方式的关键时期,更是完善社会发展体制机制的创新时期。城镇化进程中县域体育公共服务与市场服务的体系建设,作为公众普遍关注的民生问题,已成为增强政府职责、提升社会治理能力、加快推进我国城乡文化一体化发展、满足城乡居民多样化公共体育服务需求中迫切需要研究的重要课题。

第一节　研究的缘起与背景

　　"郡县治,天下安"。我国的县制萌芽于西周,产生于春秋,发展于战国,定制于秦朝。经过两千多年的发展,县在我国已成为经济、社会、文化各方面相对独立的基本单元。根据《中国统计年鉴 2016》,截至 2015 年底,我国县级行政区划单位 2850 个,其中市辖区 921 个,县级市 361 个,县 1397 个,自治县 117 个,旗 49 个,自治旗 3 个,特区 1 个,林区 1 个。[①]

---

　　① 国家统计局.中国统计年鉴 2016 [EB/OL]. http://www.stats.gov.cn/tjsj/ndsj/2016/indexch.htm.

全国县域人口已占全国总人口的70%,县域地区生产总值占国内生产总值(GDP)的比重也已超过50%。在过去30多年里我国经历了高速的经济发展,但相比之下在社会事业发展方面却进展缓慢。① 县域公共服务已成为国民财富增长到一定水平后保持社会和谐与经济协调可持续发展的基本支撑条件。

一、深化社会治理体制和建设服务型政府的必然要求

党的十八届三中全会提出创新社会治理体制,推进社会治理现代化。创新社会治理体制包括政府治理和社会治理两个方面。对于政府而论,治理的核心是发挥主导作用,推进服务型政府和法治政府建设,让市场在资源配置中起决定性作用;对于社会来说,就是要提高自我管理、依法自治的能力和水平,实现政府治理和社会自我调节、居民自治的良性互动,形成一个政府、市场、社会和居民自治组织等多元主体共治的社会治理体系,这一体系的形成关键在于行政管理体制的改革。

行政管理体制的改革是随着社会发展方式的变化而不断变革的。20世纪70年代末80年代初,国外悄然发生了一场声势浩大、广泛深刻、至今余波未息的政府管理改革运动。改革浪潮最先发端于英国和美国,很快就席卷了世界上大部分国家。国外政府行政管理改革主要体现在以下几个方面:一是调整政府与市场、社会的关系,优化政府职能;二是利用市场和社会力量,提高公共管理的质量和效率;三是改革政府公共管理体制和优化政府组织结构,提高政府管理和服务效能。这些方面均体现了发达国家公共服务组织体制机制变革的时代特征。

就我国而论,1978年改革开放后的30余年,是以经济建设为中心,以经济体制为主轴开展的改革,改革在政治、经济、文化、社会各方面取得了非凡的成就,以至于近年来西方有关人士将中国的发展称之

---

① 洪大用.机遇与风险:当前中国的社会政策议程[J].学术界,2004(2):49-57.

为"中国模式",并创造了举世瞩目的"中国奇迹"。但是,到了 2005 年前后,经济体制改革逐渐带不动其他改革了。① 与此同时,完善"中国模式"的呼声和系统改革开始全面深化。其中,深化行政管理体制改革、创新管理方式、建设"服务型政府"成为体制改革的战略目标和首要任务。党的十八大后,围绕为人民服务的理念,把强化政府公共服务的职能、创新行政体制和管理方式作为人民满意的服务型政府建设的核心。

服务型政府,既是一个历史的范畴,又是一个全新的概念。从历史上看,人民政府历来是"服务型政府"。为人民服务是党的根本宗旨,是人民政府的神圣职责。1944 年 9 月 8 日,毛泽东在中央警备团追悼张思德的大会上,首次使用了"为人民服务"的概念,新中国成立后,为人民服务的宗旨多次被重申。改革开放后,服务型政府建设经历了酝酿、起步和发展、推进和创新三个阶段。2004 年 2 月,温家宝在中央党校省部级主要领导干部"树立和落实科学发展观"专题研究班讲话中明确提出"努力建设服务型政府",并阐述了服务型政府的内涵。2006 年 10 月,党的十六届六中全会《中共中央关于构建社会主义和谐社会若干重大问题的决定》中明确提出:"建设服务型政府,强化社会管理和公共服务职能。"2007 年 10 月,胡锦涛在党的十七大报告中强调:"加快行政管理体制改革,建设服务型政府。"② 2012 年 11 月,党的十八大报告中根据形势的新变化、实践的新要求、人民的新期待,提出建设人民满意的服务型政府,在决胜全面建成小康社会的历史关头,以习近平同志为核心的党中央协调推进"四个全面"战略布局,审时度势提出新的发展理念,进一步强调坚持以人民为中心的发展思想,这是新时期服务型政府建设的本质要求。因此,深化行政管理体制改革,突出公共服务的职能,创新体育公共服务

---

① 汪玉凯.中国行政管理体制改革 30 年:思考与展望[J].党政干部学刊,2008(1):23-26.

② 高小平,王立平.服务型政府导论[M].北京:人民出版社,2009:47.

与市场服务的体制机制,成为深化社会治理体制、建设服务型政府、提高治理能力和执行力的必然要求。

二、促进公共服务和基本公共服务均等化的诉求

改革开放以来,我国社会主义市场经济体制不断完善,政府职能、管理方式和组织结构等方面都发生了深刻的变化。公共服务、经济调节、市场监管和社会管理一起构成了现代市场经济条件下我国政府的基本职能。2006年10月,《中共中央关于构建社会主义和谐社会若干重大问题的决定》中明确提出:"要建立完善的基本公共服务体系,努力实现人人享有基本公共教育、科技、卫生、体育、知识产权和人口与计划生育等服务。""着力解决县乡财政困难,增强基层政府提供公共服务能力。"2008年2月23日,中共中央政治局第四次集体学习会议上,胡锦涛强调:"建设服务型政府,关键是推进政府职能转变、完善社会管理和公共服务,围绕逐步实现基本公共服务均等化的目标,创新公共服务体制,改进公共服务方式,加强公共服务设施建设,逐步形成惠及全民的基本公共服务体系","要优化政府组织结构,加强公共服务部门建设,推进以公共服务为主要内容的政府绩效评估和行政问责制度,完善公共服务监管体系"。因此,建立与完善公共服务制度、实现基本公共服务均等化,成为诸多学科研究的一个热点。

2010年10月,党的十七届五中全会提出:"着力保障和改善民生,必须逐步完善符合国情、比较完整、覆盖城乡、可持续的基本公共服务体系,提高政府保障能力,推进基本公共服务均等化。"基本公共服务均等化成为我国现代市场经济条件下社会公平的基本要求。

2012年7月,国务院印发的《国家基本公共服务体系"十二五"规划》提出:"在'十二五'时期,覆盖城乡居民的基本公共服务体系逐步完善,推进基本公共服务均等化取得明显进展;到2020年实现全面建设小康社会奋斗目标时,基本公共服务体系比较健全,城乡区域间基本公共服

务差距明显缩小,争取基本实现基本公共服务均等化。"①

　　2013 年 11 月,党的十八届三中全会强调:"紧紧围绕更好保障和改善民生、促进社会公平正义深化社会体制改革,……推进基本公共服务均等化,……确保社会既充满活力又和谐有序。"② 2014 年,中央一号文件中提出:"要推进城乡要素平等交换和公共资源均衡配置,让农民平等参与现代化进程、共同分享现代化成果;推进城乡基本公共服务的均等化;扩大对农村基本公共服务供给的有效覆盖,统筹推进农村基层公共服务资源的有效整合,实现基层公共设施共建共享,在有条件的地方稳步推进农村社区化管理。"③

　　2015 年 10 月,党的十八届五中全会通过了《中共中央关于制定国民经济和社会发展第十三个五年规划的建议》,将工业反哺农业、城市支持农村,健全城乡发展一体化体制机制,推进城乡要素平等交换、合理配置和基本公共服务均等化纳入到新的发展理念中。2016 年 3 月,国务院正式颁布了《中华人民共和国国民经济和社会发展第十三个五年规划纲要》,专门章节陈述增加公共服务供给,促进基本公共服务均等化的问题。事实上,包括体育在内的基本公共服务均等化,其实质在于政府要为全体社会成员提供基本而有保障的公共服务。但是,"基本公共服务无论是规模还是质量都还不能满足人民群众日益增长的需求,有的问题人民群众反映还比较强烈,主要表现在三个方面:一是基本公共服务总量不足;二是基本公共服务发展不平衡,城乡区域差距明显,弱势群体的基本公共服务还没有得到充分的保障;三是体制机制有待进一步完善,城乡区域制度设计不衔接,管理条块分割,资源配置不合理,服务提供主体和提

----

① 中国政府网.国务院关于印发国家基本公共服务体系"十二五"规划的通知 [EB/OL].http://www.gov.cn/zwgk/2012-07/20/content_2187242.htm.

② 人民网.中共中央关于全面深化改革若干重大问题的决定[EB/OL].http:// politics.people.com.cn/n/2013/1115/c1001-23559207.html.

③ 中国政府网.关于全面深化农村改革加快推进农业现代化的若干意见[EB/OL]. http://www.gov.cn/jrzg/2014-01/19/content_2570454.htm.

供方式比较单一,基层政府财力与事权不匹配等问题较为突出"。① 由此可见,公共服务的体制机制问题,关乎着基本公共服务蓝图的实现。

三、县域经济和新型城镇化快速发展的客观要求

县域社会作为基层社会,具有完整的、独立的形态和系统,可以有效连接个体、家庭、村落、乡镇与更宏观的社会,兼具现代性、城市性和传统性、乡村性,具有传承与发展的功能。② 县域作为农民主要的生活、工作空间,覆盖了我国国土面积的90%,人口的72%。经过40年的改革开放,农村经济发生了很大的变化,县域的经济要素构成也发生了很大的变化,正在由单一农业经济向综合性的经济体转变,在一些县域的发展中,非农产业正在逐步取代农业的主体地位,尤其是东部地区的一些县。在这样的状况下,县域已成为一个区域的中心或小范围中心,它和小城镇、农村的关联非常紧密,已成为中国经济增长的动力源。早在2010年的时候,我国国内生产总值为39.8万亿元,经济总量世界排名第二,但其中县域经济总量为22.3万亿元,占国民经济总量的56%。③"十二五"期间县域经济社会总的发展呈现出经济发展越好,县级政府的公共服务能力就越强和县域城镇化步伐也就越快的趋势。

城镇化是工业化和现代化的必然结果,也是衡量一个国家或地区经济社会发展水平的重要标志。城镇作为县域经济发展的极点,具有强大的集聚作用和扩散功能,对县域公共服务能力和水平具有很强的影响力。《国家新型城镇化规划(2014—2020年)》提出2020年"常住人口城镇化率达到60%左右"的发展目标,2011年我国城镇化率为

---

① 冯蕾.基本公共服务怎样均等化:国家发改委相关负责人介绍《国家基本公共服务体系"十二五"规划》[N].光明日报,2012-07-20(001).

② 王春光.对作为基层社会的县域社会的社会学思考[J].北京工业大学学报(社会科学版),2016,16(1):1-11.

③ 上海社会科学院城市化发展研究中心.2010年度长三角区域城市综合竞争力评价[R].2010-12-03.

51.27%,以此推算,城镇化率增速应为每年0.97%,到2030年,我国城镇化约为69.7%。① 我国是一个农业大国,农村人口高度密集,农业劳动力向非农产业转移、农业人口向城市转移任务艰巨。"现在,按照常住人口计算,我国城镇化率已经接近55%,城镇常住人口达到7.5亿。问题是这7.5亿人口中包括2.5亿的以农民工为主体的外来常住人口,他们在城镇还不能平等享受教育、就业服务、社会保障、医疗、保障性住房等方面的公共服务,带来一些复杂的经济社会问题。"②据统计,我国城镇化水平每提高1个百分点,相当于约有1000万人口从农村转移到城镇,给城镇公共基础设施和公共服务带来巨大压力。由此可见,县域公共服务能力和水平,就如木桶理论中的短板,制约着县域经济发展的速度、质量和人民群众的总体生活水平。

随着新型城镇化的加速,壮大县域经济和加快完善城乡发展一体化的体制机制两大问题受到广泛关注。党的十八大报告明确提出:"科学规划城市群规模和布局,增强中小城市和小城镇产业发展、公共服务、吸纳就业、人口集聚功能。"《中华人民共和国国民经济和社会发展第十三个五年规划纲要》③强调,坚持以人的城镇化为核心的发展道路,把社会事业发展重点放在农村和接纳农业转移人口较多的城镇,推动城镇公共服务向农村延伸,逐步实现城乡基本公共服务制度并轨、标准统一。这必然要求县域公共服务供给体制机制的创新,必然要求尊重市场规律,更好地发挥政府作用,促进城乡要素的交换和公共资源均衡配置,以市场服务体制机制的嵌入来推动公共服务质量的提升。

---

① 潘家华、魏后凯.城市蓝皮书:中国城市发展报告 NO.8[R].北京:社会科学文献出版社,2015.

② 习近平.关于《中共中央关于制定国民经济和社会发展第十三个五年规划的建议》的说明[N].光明日报,2015-11-04.

③ 中国政府网.中华人民共和国国民经济和社会发展第十三个五年规划纲要[EB/OL].http://www.miit.gov.cn/n1146290/n1146392/c4676365/content.html.

四、健康中国和全民健身上升为国家战略目标的追求

改革开放以来,我国体育事业取得了举世瞩目的成就,初步形成了具有中国特色的体育发展道路和模式。坚持党的领导、坚持发展体育事业的政府职能、坚持体育为人民服务的宗旨,是这条道路的本质特征;坚持体育与经济社会的协调发展,是这条道路的基本遵循;坚持群众体育与竞技体育的协调共同发展,是这条道路的基本要求;把全民健身与全民健康深度融合,是这条道路的发展方向;建设体育强国和建设健康中国,是这条道路要追求的奋斗目标。

北京奥运会成功举办后,党中央和国务院对体育事业的作用和地位给予高度肯定,胡锦涛在总结表彰大会上指出:"我们要坚持以增强人民体质、提高全民族身体素质和生活质量为目标,高度重视并充分发挥体育在促进人的全面发展、促进经济社会发展中的重要作用,实现竞技体育和群众体育协调发展,进一步推动我国由体育大国向体育强国迈进。"①体育强大与国家的整体强大相辅相成。体育强国体现一个国家的综合实力,其根本内涵在于以体育为方式助益于人的全面发展,它不仅是以人为本理念在体育领域的极大彰显,而且将在体育实践领域推动群众体育的又好又快发展,使其成为构建和谐社会的重要组成部分和有效手段,使体育事业的全面协调发展成为社会文明进步的重要表征。② 建设体育强国由多个领域目标构成,其中主要领域目标体现在四个方面:一是竞技体育的国际核心竞争力;二是群众体育的发展状况;三是体育产业的发展水平;四是体育文化的繁荣程度。

要实现每一领域发展目标,就要坚持体育发展的新理念,坚持以体制机制的创新为基础。竞技体育要彻底实现发展方式的转变,群众体育要实现全民健身公共服务体系日趋完善,体育产业要依赖市场和扩大体育

---

① 中国政府网.胡锦涛在北京奥运会残奥会总结表彰大会上的讲话[EB/OL].http://www.gov.cn/ldhd/2008-09/29/content_1109754.htm.

② 戴健,等.公共体育服务体系建设[M].上海:上海交通大学出版社,2015:5.

消费,体育文化要凸显在培育社会主义核心价值中的作用,实现体育文化自觉。显而易见,群众体育的发展水平是我们建设体育强国的目标追求,这一目标渗透在我国体育发展的历史、现实与未来的脉络中。刘鹏同志曾提到:"必须牢牢把握体育为人民服务的根本宗旨,坚持以人为本、统筹发展的工作思路,切实把工作重心放在保障群众体育权益上,把更多的体育资源用在满足群众多样化体育需求上,按照公益性、基本性、均等性、便利性的要求,不断丰富和完善以公共体育场地设施、公益体育组织网络、群众性体育活动系统、公益社会体育指导员队伍、健身指导及信息服务系统为支撑和运作评估为基本框架的覆盖全社会的全民健身服务体系。"①因此,全面深化体育管理体制改革和实现体制机制的创新,是努力实现建设体育强国的重要保证。

党的十八大以来,党中央、国务院高度重视体育工作,习近平总书记关于体育工作的一系列重要论述,成为新时期我国体育发展的强大动力。经济发展新常态和体育供给侧结构性改革对体育与经济社会的协调发展提出了新要求。全民健身上升为国家战略,促使公共体育服务体系建设速度加快。《"健康中国 2030"规划纲要》成为建设健康中国的行动纲领。因此,加快县域公共体育服务体系建设问题,是建成覆盖全社会全民健身服务体系的根本之策,增加和扶持县域体育健身市场供给并完善管理,广泛吸纳社会资本参与,引入竞争机制,丰富县域体育服务产品,提供个性化服务,进一步营造崇尚运动、全民健身的良好氛围,是推动城乡协调发展、实现全民健身国家战略目标的重要路径。

第二节 研究的目的与意义

"县"是我国经济、社会、政治、文化等功能比较完备的行政区划单

---

① 国家体育总局.刘鹏局长在 2012 年全国群众体育工作会议上的讲话[EB/OL].ht-tp://www.sport.gov.cn/n16/n33193/n33208/n33418/n33583/2700125.html.

元,我国推行改革政策的基本单元始终在县一级。县域公共服务既关联着政府与市场,又关联着政府与社会,人民群众日益增长的多元化体育需求与有效供给不足仍然是县域体育事业发展中的主要矛盾。无论是县域公共体育服务供给能力和水平,还是城乡供给结构和效能,其背后都有体制机制方面的动因。公共服务是现代政府的基本职能之一,"十三五"期间,我国县域如何更好地提供公共体育服务,这不仅是一个重要的理论问题,也是一个重要的实践问题。按照全面建成小康社会中各领域基础性制度体系基本形成的要求,我们既要把握我国公共服务市场化改革中公共体育服务发展的一般规律,深入分析县域公共体育服务与市场服务体制机制上的特殊性,又要探索和思考以其制度安排的多样性来适应区域差异以及供给模式创新等问题。因此,本书研究目的在于推进县级政府履行公共体育服务职能,创新公共体育服务供给方式,构建城乡基本公共体育服务均等化发展机制,探索县域公共体育服务市场供给的途径,加快推进城乡公共体育服务一体化的进程,为县域全民健身公共服务体系建设与政府决策提供理论支撑和咨询参考。

一、研究的理论意义

实践为理论创新开辟道路、提供源泉,理论创新为实践引领方向、提供指导。公共服务是政府社会管理职能的主要内容,近年来,我国诸多领域蔚为壮观的公共服务实践呼唤着公共服务理论研究成果的有效指导。公共体育服务、体育社会组织、全民健身公共服务体系等成为体育社会科学领域研究和关注的热点,并出现了多学科、多视角研究的态势。本书的理论意义主要体现在以下几个方面。

其一,站在改革的历史新起点,充分认识加快建立县域公共体育服务体制机制的现实性和迫切性,深化政府在公共体育服务建设中的角色定位,为完善县域公共体育服务体系建设提供理论支撑。

其二,从供给侧结构性改革出发,力求准确把握县域公共体育服务体制的基本内涵,构建和探索县域公共体育服务的制度框架、供给模式、市场化改革、社会组织供给、绩效评价等核心议题,为创新和建立县域公共体育服务体制机制提供理论依据。

其三,以公共体育服务领域中的问题为导向,讨论和探析县域基本公共体育服务市场化、均等化、标准化、城乡一体化、政府购买公共体育服务的政策执行机制等焦点问题,为加快政府职能转变、提高行政效能、激活公共体育服务市场提供理论参考。

二、研究的实践意义

增加公共服务供给,满足多样化公共服务需求,是"十三五"时期提高民生保障水平的基本要求。事实上,公共体育服务早在概念产生之前就已经以实践的方式存在了,近年来公共体育服务在实践和理论研究互动中稳步前行。随着《国家基本公共服务体系"十二五"规划》的落实,县域公共体育服务体系建设取得了初步成效,其作用导向和实践价值日益引起人们的重视,本书的实践意义主要体现在宏观与微观两个方面。

其一,宏观方面,适应快速发展的城镇化带来的县域居民对公共体育服务的需求,进一步推进县级政府职能转变,着力增强政府公共服务能力,推动城乡统一公共服务管理体制建设,促进基本公共体育服务均等化,增加非基本公共体育服务和产品供给,为解决公共体育服务短缺的现实问题提供路径,为完善县域公共体育服务基础设施、农业转移人口市民化、美丽乡村建设、提升县域经济支撑辐射能力等提供参考。

其二,微观方面,为县域公共体育服务标准化和示范区建设、基层政府购买公共体育服务活动、私人资本进入公共体育服务领域、农村公共体育服务模式、新一轮农民体育健身工程的实施、县域公共体育服务绩效评估、增强居民健身意识、提升体育消费水平及其公共服务中公民参与等方面的实践提供经验。

第三节 研究对象与方法论

一、县域作为研究对象的价值论析

社会科学研究是对象性的认识活动,建立以县域为微观分析单位的研究视野,成为近年来学术界和政界关注的一个特点。方法论是指人们研究社会的基本立场、基本假设和基本出发点。本书以县域为研究对象,有着重要的方法论价值。

其一,以县域作为研究对象,切合本研究的公共体育服务与市场服务体制机制的主题。如上所述,"县"是我国基层最完备的国家体现物,是整个制度稳定存在的基础构建。[①]宏观上,县域是国家政府组织具备完整形式和内容的最基础一级;微观上,县域是一定区域内国家微观管理的集合体。我国总体性的行政体制架构中,中央和地方政策的贯彻和落实、调整和运行、市场资源的配置,多数都要通过县级政府来实现和管制。对县域的研究"能够比较全面地反映出整个体制的运行和变迁,透过它也可以看到中国作为现代国家的构建和成长的过程"。[②] 以县域为研究对象,讨论体育公共服务与市场服务的体制机制问题,具有重要的方法论意义。

其二,以县域作为研究对象,拓展了传统社区研究的空间,将成为一种重要的研究范式。事实上县域社会作为基层社会,无论行政管理还是学术,有着极其重要的地位和学术基础,许多事物、现象、事实及其人们的行为只能在县域社会范围内才能获得准确的理解。国外对这些现象、事实及其人们的行为的了解,在很早就通过社区研究来进行,并将开创的"功能主义"社区研究方法成功地应用于都市研究,且久负盛名。我国费孝通教授认为,社区研究可以达到全盘认识社会结构的目的,"以全盘社

---

① 杨雪冬.市场发育、社会生长和国家构建——以县为微观分析单位[M].郑州:河南人民出版社,2002:52.

② 贺东航.当前中国政治学研究的困境与新视野[J].探索,2004(6):52—55.

会结构的格式为研究对象,这研究对象不能是概然性的,必须是具体的社区,因为联系着各个社会制度的是人们的生活,人们的生活是有时空坐落,这就是社区。每一个社区都有它一套社会结构,各制度配合的方式"。[①] 在实现从传统向现代社会转型、重塑政府与市场、社会关系的今天,县域社会彰显着我国整个社会的许多现象和属性,县域作为社区已不是一个现实问题,将其作为研究对象,拓展和丰富了社区研究的传统,而且作为一种研究方法,对推动中国社会学研究有着独特的价值。[②]

二、研究的主要方法

(一)文献资料调研

以"县域""公共服务""体育公共服务""公共服务市场化""体制机制"等术语为关键词,在国家哲学社会科学学术期刊数据库(NSSD)、中国知网(CNKI)、中国优秀博硕学位论文全文数据库、Science Direct等资源中进行检索,获取中外相关研究文献和图书资料,检索中外公共体育服务政策文件,并对所收集的文献资料进行加工、整理和分析,为本书研究工作奠定坚实的理论基础。

(二)实地和问卷调研

根据研究目的,课题组深入东部地区的山东省、江苏省,中部地区的山西省、安徽省,西部地区的四川省、甘肃省、内蒙古自治区等地区县域进行实地调研,与县域体育行政单位负责人、经营性体育场所管理者、村镇干部和居民进行访谈,了解县域公共体育服务供给、体育市场化现状、农民体育健身工程建设、体育场地设施满意度等情况,并对调查结果进行汇总和分析,为研究分析提供经验材料和事实依据。实地和问卷调研的具体情况见有关章节和专题报告。

---

① 费孝通.江村经济[M].南京:江苏人民出版社,1986:94.
② 王春光.对作为基层社会的县域社会的社会学思考[J].北京工业大学学报(社会科学版),2016,16(1):1-11.

（三）规范分析与逻辑分析

本书研究中先从理论问题出发,运用规范演绎与逻辑分析相结合的方法,主要涉及公共体育服务及其相关概念分析、理论阐释、研究进展分析,通过归纳分析、推理分析与实证分析,辩证地认识我国县域公共体育服务体制机制上的实际问题,以实现理论建构的逻辑向实践运作的体制机制逻辑的转移。

（四）案例分析法

案例分析法是对有代表性的事物或现象进行研究并获得总体认识的一种科学方法,具有理论建构、简明易行、可感有效等优势。本书研究中,根据研究主题、内容和目标以及需要,通过政府网站、相关文献、实地调查,选择体育公共服务与市场服务领域中不同的案例,对其进行深描、分析和总结归纳,为理论讨论与分析提供实践依据及措施借鉴。

（五）多学科方法综合分析

我国县域体育公共服务和市场服务的问题,涉及公共管理学、公共政策学、经济学、政治学、社会学、社会心理学、体育学等多个学科。因此,研究中借鉴了多学科交叉的理论和方法,如系统分析、比较分析、层次分析、综合评价分析、IPA 分析等。

三、研究的基本思路

本书遵循"理论—实践—理论"的基本逻辑,通过系统的理论分析、现状调研与实证分析,力图建构新时期我国县域体育公共服务与市场服务的制度模式,确立政府在基本的体育公共服务体制建设中的主体地位,探讨体育公共服务运行体制机制中的核心议题,为初步形成科学有效的县域体育公共服务与市场服务的体制机制提出创新思路、操作方案和政策建议。

第一,文献与理论分析。通过对公共体育服务的时代背景、概念内涵、理论源流、域外经验、方法论等内容的梳理,为课题现状调研、公共体育服务机制创新与制度安排、核心议题讨论等做好基础性铺垫。

第二,现状与实证调研。运用多学科的方法,对我国东部、中部、西部不同县域体育公共服务和市场服务的现状、成效和存在的问题进行调研;通过实地和案例研究,为县域公共体育服务供给模式的创新和市场化改革提供依据。

第三,理论建构与议题。基于理论分析和实证调研,构建县域体育公共服务与市场服务的多元主体供给模式和制度框架;并就体育公共服务的标准化、政府购买服务、绩效评价等议题进行讨论,提出体制机制创新建议。

第二章 | 县域体育公共服务与 市场服务的理论基础

任何研究都要建立在一定的理论和实践基础之上。公共服务是20世纪70年代以来发达国家政府改革与治理的核心理念,国内学界关于体育公共服务及其体制机制的研究成果,一是借助发达国家公共服务的概念和理论,来界定和讨论我国体育公共服务体系及其相关问题;二是借助国外已有的学术思想及新的理论成就,来分析我国体育公共服务的现状、问题和政策建议。县域体育公共服务的问题,并非仅属于单一学科的范畴,而是一个涉及多学科的命题,归纳和梳理已有的理论和研究成果对认识和分析这一命题有着重要的理论意义。

第一节 体育公共服务及体制机制的概念界定

概念是人们认识事物的基本单元,是关于特定对象属性的概括性认识。[1]

---

① 张巨青.科学理论的发现、验证与发展[M].长沙:湖南人民出版社,1986.

概念不仅是进行理论思辨的逻辑起点,更是建构理论的基石。厘清和界定下述基本概念的内涵是本书研究的前提条件。

一、公共服务的内涵与分类

公共服务(public services)的概念很早就产生了,最早的"公共服务"概念,是由法国公法学派学者莱昂·狄骥(Leon Duguit)于 1921 年提出的。莱昂·狄骥认为:"任何因其与社会团结的实现与促进不可分割,而必须由政府加以规范和控制的活动,就是一项公共服务,只要它具有除非通过政府干预,否则便不能得到保障的特征。"[①]可见,他对于"公共服务"的内涵偏重于法制的核心作用,强调政府作为主体的唯一作用,现在看来已落后于时代的发展。

事实上,"公共服务"是一个与"公共物品"(public goods)并行使用的概念,公共服务的提法可追溯到"公共物品"理论,单从词语"goods"和"services"的语意来说,差别是很大的,而与"public"组合后,就形成了不同的观点。最典型的成果是萨缪尔森提出的"公共物品"理论、布坎南与奥斯特罗姆对于"公共物品"的分类研究等。可以说,学界对"公共服务"内涵的认识,是伴随着"公共物品"概念的演变而不断发展的。

迄今为止,对"公共服务"研究的主流路径是通过"公共物品"的规定性来界定的。对于"公共服务"概念及其内涵,国内学术界通常采用"物品解释法""内容解释法""利益解释法""主体解释法""职能解释法"等方法来解释(见表2-1)。

---

① 莱昂·狄骥.宪法学教程[M].王文利,等译.沈阳:春风文艺出版社,1999:466.

表 2-1　有关"公共服务"的概念及其内涵界定的典型成果①

解释方法	概念的渊源	概念的内涵	国内代表作者
物品解释法	萨缪尔森的公共物品理论	是指由公法人授权的政府和非政府组织以及有关工商企业在纯公共物品、混合型公共物品及私人物品的生产和提供中所承担的责任。	马庆钰、高新才等
内容解释法（结构解释）	公共管理理论	公共服务是使用公共权力或公共资源的社会生产过程。	赵黎青等
利益解释法	弗雷德里克森的新公共行政学派	公共利益是判定公共服务的内在根据，物品只有与公共利益相关联，才能具有公共服务的属性。	陈庆云等
主体解释法	登哈特的新公共服务理论	由政府直接提供纯公共服务，由政府、社会和市场联合提供混合型公共服务。	不详
职能解释法	人民民主理论和服务型政府理论	政府满足社会公共需要的实际生产活动或者职能之一。	余世喜等
价值解释法	萨缪尔森的公共物品理论	政府为满足社会公共需要而提供的产品与服务的总称。	李军鹏
综合解释法	萨缪尔森的公共物品理论和弗雷德里克森的新公共行政学派	政府及其公共部门通过多种机制和方式提供各种物质形态或非物质形态的公共物品，以回应社会公共需求、维护公共利益的实践活动。	陈振明等

从上述观点来看，对于"公共服务"这一概念内涵有不同的认识，难以形成一个统一、明确的定义。如前所述，我国已把公共服务、经济调节、市场监管、社会管理相并列为政府的基本职能。因而，本书采用陈振明教授对"公共服务"的定义，即"指政府及其公共部门运用公共权力，通过多种机制和方法的灵活运用，提供各种物质形态或非物质形态的公共物品，以不断回应社会公共需求偏好，维护公共利益的实践活动的总称"。② 研究中借鉴公共服务理论的最新研究成果，并将其内涵运用到本研究中。

① 依陈振明等《公共服务导论》及相关文献整理，北京：北京大学出版社，2011：11-13.

② 陈振明，等.公共服务导论[M].北京：北京大学出版社，2011：13.

就公共服务分类而论,根据不同的标准可划分为不同的类别。联合国政府职能分类(COFOG)体系把政府公共服务分为四个方面:普通公共服务与公共安全、社会服务、经济服务、未按大类划分的支出等。国内学者有的把公共服务分为基本公共服务和非基本公共服务。李军鹏依据公共服务的功能,将公共服务分为维护性公共服务、社会性公共服务和经济性公共服务三类。① 郭剑鸣则将公共服务划分为基本非盈利型、基本盈利型、选择非盈利型和选择盈利型四类。② 中国社会科学院将公共服务分为基本公共服务和基准公共服务两个层面。公共服务还可以按照层级来划分,不同层级的政府,其公共服务的内容和侧重点也不相同,如全国性公共服务、地方性公共服务和基层社区性公共服务。公共服务的这些分类,有助于认识体育公共服务的性质与归属。

二、公共物品的内涵及特性

国内学界对"public goods"一词有很多种译法,如"公共产品""公共物品""公共商品"等,本书使用"公共物品"的译法。虽然公共物品理论产生于 20 世纪中叶,但作为公共物品理论的核心术语,早在 1919 年林达尔(A.R.Lindahl)就在他的博士论文《公平税收》中正式使用了。到了1954 年,萨缪尔森给"公共物品"下了一个明确的定义,这一术语随后才被学界广泛使用,并形成了经典的公共物品理论。

萨缪尔森在《公共支出的纯理论》一文中,首次给出了"公共物品"的形式化定义:"每个人对这种物品的消费,都不会导致其他人对该物品消费的减少。与之相对应的物品为私人物品(private goods),它是指如果一种物品能够加以分割因而每一部分能够分别按竞争价格卖给不同的人,

---

① 李军鹏.公共服务学——政府公共服务的理论与实践[M].北京:国家行政学院出版社,2007:4-6.

② 郭剑鸣.公共服务供给主体多元化的理论前景与现实路径——以广东公共服务业多元化发展为例[C].中国行政管理学会 2004 年年会暨"政府社会管理与公共服务"论文集,2004:551-556.

而且对其他人没有产生外部效果。"①根据该定义,公共物品具有两个基本特征,即消费的非竞争性和收益的非排他性。前者意味着在公共物品消费上,人人都可以获得相同的利益,例如,一个城市空气环境的改善,该城市每一个居民都可以享受同样的好处;后者则意味着任何人对公共物品都不具有所有权,在一个既定的供给水平下,公共物品一旦提供,不能阻止另外的人从中受益,人人都可以同时享有同等的消费利益。萨缪尔森的公共物品定义奠定了现代公共物品理论的基础,但也有一些学者对此提出了质疑,认为公共物品的这两个特征,只适用于对假设的纯公共物品的分析,而不适用于对现实中的公共物品的分析。

随着研究的深入和实践的发展,萨缪尔森的追随者马斯格雷夫,进一步明确了公共物品消费的"非排他性"和"非竞争性"两大基本特性,使公共物品的内涵不断完善,并将公共物品分为纯公共物品、私人物品、混合物品和公益物品。1973 年,桑得莫(A.Sandom)专门从消费技术角度研究了混合物品,亦称准公共物品。这样,物品被划分为纯公共物品、准公共物品和私人物品。日本学者植草益认为,准公共物品具有消费的非竞争性但不具有收益上的非排他性(第 I 类准公共物品),或者具有收益上的非排他性但不具有消费的非竞争性(第 II 类准公共物品)。② 也就是说,准公共物品具有不完全的竞争性和不完全的排他性等特征,这为认识体育公共服务的性质和利用市场手段提供准公共物品提供了学理依据。

三、体育公共服务概念的界定

从梳理国内体育公共服务的研究文献来看,学界有"公共体育服务"和"体育公共服务"两种提法。围绕这两种提法,体育学界曾进行过一些争论。郇昌店、肖林鹏等研究者使用了"公共体育服务"的提法,研究者

---

① Samuelson P A.The Pure Theory of Public Expenditure[J].Review of Economics and Statistics,1954,36(4):387.

② 植草益.微观规制经济学[M].朱绍文,等译.北京:中国发展出版社,1992:233.

认为公共体育服务是为满足公共体育需求而提供的产品和行为的总称。而范冬云、刘玉、刘亮、周爱光、樊炳有等学者倾向于使用"体育公共服务"的概念。概言之,体育公共服务就是通过提供各种体育产品和行为满足公民需要的公共服务。研究者从构词、语意、内涵与外延等方面详尽地阐释了各自的理由,事实上两种提法本身并没有错误,讨论都是在"公共服务"这一概念体系的总体性范畴之下进行的。

那么,从方法论的主体和客体关系来看,每一个现实的、具体的主体都是认识主体和实践主体的统一。就国内公共服务领域的实践而论,提出和强调教育公共服务、卫生公共服务、科技公共服务、农村公共服务等实践活动体系,符合社会认识主体的功能规定性。因而,本书在命题和研究中采用"体育公共服务"的概念,较好地表达了社会认识和实践主体按照体育本身的性质、特点而采取相应的方式和方法,去实现对认识客体的把握,能够体现认识主体在变革社会实践活动中的积极性和能动性。

由此回溯到这一概念的本身,据刘亮的研究,"体育公共服务"的提法,国内检索到其出现的最早文献是 2002 年 10 月《福建体育科技》发表的杨年松《论体育服务产品的性质、特征和类型》一文。2005 年,国家体育总局局长刘鹏在《财富》全球论坛进行的主题演讲时,以及 2005 年在全国体育局长会议上的讲话中,曾多次提到"体育公共服务"的概念。2007 年,党的十七大报告中明确提出"完善公共服务体系,建设服务型政府"的目标后,"体育公共服务"的提法才开始为学术界所关注。刘亮采用了利益解释法,将"体育公共服务"定义为:"为实现和维护社会公众或社会共同体的体育公共利益,保障其体育权益的目标实现,以政府为核心的公共部门,依据法定职责,运用公共权力,通过多种方式与途径,以不同形态的体育公共物品为载体,所实施的公共行为的总称。"并述及了体育公共服务的内容与分类。① 周爱光以文献研究和逻辑分析为主要研究方

---

① 刘亮.我国体育公共服务的概念溯源与再认识[J].体育学刊,2011,18(3):34-40.

法,认为体育公共服务是公共服务的一个领域,完全具有公共服务的各种特性,所不同的是"体育公共服务"概念的外延比公共服务概念的外延狭窄。公共服务涉及科教文卫体、社会保障、医疗、国防等诸多领域,而体育公共服务只是诸多公共服务领域中的一个,并将"体育公共服务"定义为:"通过提供各种体育产品满足公民需要的公共服务。"[①]刘玉则认为,"体育公共服务"应该是在政府主导下,多元主体共同提供的,以满足公民各种体育需求为目的的体育产品和行为的总称。根据这一定义,体育公共服务的主要内容应该包括:物质层面的体育场地设施和非物质层面的体育技能培训、体育比赛的组织开展、公民健康咨询、体质测量与评价等。[②] 樊炳有认为,"体育公共服务"就是提供体育公共产品和服务行为的总和,包括加强体育公共设施建设、发展体育公共事业、发布体育公共信息等,为丰富社会公众生活和参与社会体育活动提供社会保障和创造条件。体育公共产品和服务是整个社会共同消费的,由政府和市场协调发展来提供。[③]

综上所述,根据逻辑学概念定义的"种差界定法",本书将"体育公共服务"定义为:是指以政府为主导,多元主体共同提供的,以满足全体社会成员体育需求为目的的基本而有保障的体育公共物品和服务行为的总称。需要说明的是,迄今为止,国内文献、政府文件、领导讲话等文本内容依然采用着"体育公共服务"和"公共体育服务"两种提法,从概念的具体语境和运用来看都有其合理性。因而,本书在研究中,根据章节的具体内容和语境,也采用了两种提法,并不作严格的区分。

① 周爱光.从体育公共服务的概念审视政府的地位和作用[J].体育科学,2012,32(5):64-70.
② 刘玉.体育权利与体育公共服务供给[J].北京体育大学学报,2011,34(12):5-9.
③ 樊炳有.体育公共服务的理论框架及系统结构[J].体育学刊,2009,16(6):14-19.

四、县域体育公共服务体制机制的含义

(一)县域体育公共服务体制的概念界定

《辞海》①对"体制"(structure)的解释,是指国家机关、企事业单位在机构设置、领导隶属关系和管理权限划分等方面的体系、制度、方法、形式等的总称。《现代汉语词典》对"体制"的解释有两种含义,一是指国家、国家机关、企业、事业单位等的组织制度,如教育体制、体制改革等;二是指文体的格局、体裁。就社会科学研究而言,主要指的是第一种含义。

不同学者对体制的理解差异并不大。柯舍②在综述"体制"等概念中提到:"体制就是决策的机制。凡是有决策的地方就有体制的问题,而不是像有人所说的那样,只有政治性组织才有体制问题,不但有政治体制、社会体制,还有经济体制、家庭体制等。"李建蔚③认为"体制"是一种组织体系和组织制度,是指国家机关、企事业单位、党派团体等的机构设置和管理权限的划分。欧阳峣等④认为,体制是指国家机关、企事业单位在机构设置、隶属关系和权力划分等方面的体系、制度、方法、形式等的总称,是管理经济、政治、文化等社会生活方面事务的规范体系。体制通常又指体制制度,是制度形之于外的具体表现和实施形式,一种制度可以通过不同的体制表现出来。先进的体制可以促进社会经济的发展,落后的体制将会阻碍社会经济的发展。

由此可见,体制一般包括三方面的内容:一是有层次的组织机构;二是各级组织机构的职权和责任;三是各类组织机构的人事管理、行为规范、工作程序和控制制度等。因此,本书将县域体育公共服务的体制含义

---

① 夏征农,陈至立.辞海[M].上海:上海辞书出版社,1999.
② 柯舍."体制"、"政治体制"、"社会主义政治体制"(一)——概念研究综述[J].学校党建与思想教育,1988(3):60-63.
③ 李建蔚.体制的基本概念[J].教育与经济,1985(1):48.
④ 欧阳峣,等.两型社会试验区体制机制创新研究[M].长沙:湖南大学出版社,2011:78-79.

理解为:以政府为主导,社会参与的提供体育公共物品和服务行为的组织机构、规章制度、供给责任分工等方面的体系。

(二)县域体育公共服务机制的概念界定

"机制"(mechanism)一词最早源于希腊文,原指机器的构造和工作原理。《辞海》对"机制"的解释是:原指机器的构造和动作原理,借指事物的内在工作方式,包括有关组成部分的相互关系以及各种变化的相互联系。《现代汉语词典》对"机制"一词有四种解释:一是机器的构造和工作原理;二是机体的构造、功能和相互关系;三是指某些自然现象的物理、化学规律;四是泛指一个工作系统的组织或部分之间相互作用的过程和方式。由此可见,"机制"包括两个基本含义:一是指系统内部结构的构造部件和结合方式;二是指系统内部的内在本质和功能,即系统运行的必然规律。

机制的含义既可以从机制形成的原因方面来理解,也可以从产生的结果方面来理解。机制的概念在自然科学、工程技术科学、社会科学中可以有不同的理解,其形成依赖于原理、技术、方法和规则等。把机制的概念引入社会科学领域,泛指社会系统的内在结构、要素之间组合、联系、运作的方式和相互作用的原理,并成为具有普遍方法论意义的新的理论视角和分析工具。在社会科学研究中,可以建构、可以设计,它具有运行性、广泛性、无形性、自发性、可控性、层次性等特性。①

机制就是为实现某一功能、发挥某种作用,事物或系统内部各要素相互作用、协调运行的原理、方式和过程。因此,本书将县域体育公共服务机制的概念理解为:县域体育公共服务的各种要素结构、功能及其相互关系,以及这些要素产生影响、发挥功能的作用过程和作用原理及其运行方式。

(三)县域体育公共服务体制、机制和制度三者的关系

制度(institution)具有两层含义:一是指在一定的历史条件下形成的

---

① 张序,张霞.机制:一个亟待厘清的概念[J].理论与改革,2015(2):13-15.

规则化、系统化、强制化的社会关系规范体系,如政治制度、经济制度等;二是指一个政府、机构或团体所制定的行为准则、管理规程,具体形式包括法律、规章、政策、措施等。就与机制的关系而论,侧重于第二层含义,但就通常说的具体制度而言,如信息公开制度、听证制度、专家咨询制度等,则属于狭义的制度概念,从属于体制和机制。

从制度与体制的关系来看,制度对体制具有基础性和决定性作用,它规定着相应体制的基本内容、根本性质和主要特点;而体制的形成和发展受制度的规定和制约,但制度的表现和实现离不开体制。

从机制与制度的关系来看,自然科学与社会科学有着区别,按照自然原理形成的机制不依赖于制度;但社会运行需要而形成的机制或人们为达到一定目的而形成的机制则一定依赖于制度的建设或制度框架。也就是说,机制是依赖于制度而形成的,没有制度就没有机制。每一种制度的功效都要靠机制去实现,因而,建立制度或制度框架的目的和作用就是为了形成机制。

从体制与机制的关系来看,体制机制两者既密不可分,又相互促进。体制是机制的物质载体,机制则是体制的内在属性。首先,体制对机制具有主导性规定作用。如果一个社会系统的体制不合理,即使其他方面的制度做了合理的改善和调整,也很难使其机制的运行状况得到根本的改善,所以,运行机制很大程度上取决于体制的改革和完善。其次,机制起着基础性作用。在理想状态下,良好的机制可以使一个社会系统接近于自适应系统,在外部条件发生不确定变化时能自动地迅速作出反应,调整原定的策略和措施,实现优化目标。① 也就是说,机制隶属于并内含在体制中。

总之,制度、体制和机制处于一个系统的不同层面,各有自身的特殊

① 欧阳峣,等.两型社会试验区体制机制创新研究[M].长沙:湖南大学出版社,2011:78-79.

规定、特点和功能,发挥着不同的作用。制度或制度框架位于宏观层面和基础层面,侧重于系统的准则;体制位于事物的中观层面,侧重于系统的形式;机制位于事物的微观层面,侧重于系统的运行和执行。任何制度或制度框架都有其不同的表现形式即体制,也都有其特定的实现方式即机制。

近年来,诸多领导讲话、政府文件和研究文献中广泛地使用了"体制机制"联用的情况,这是一对具有内在逻辑联系范畴的概念。如上所述,讨论体制不能离开机制,分析机制也离不开体制,两者共同对一个社会运行系统的目标和程度起着规定和调节作用。因为,任何制度或体制都是由若干要素组成的,这些要素只有以一定的方式联系起来并相互作用,形成许多个机制共同起作用,才能发挥制度或体制特定的功能和作用。从一定意义来说,或者从广义的机制设计上来讲,体制机制连为一体也体现着社会科学中机制研究的一种新的思路。

第二节 县域体育公共服务的理论基础

体育公共服务是政府的重要职能之一。我国历史上形成了县域这个稳定的管理层次,在国家经济建设、政治建设、文化建设、社会建设、生态文明建设中发挥着重要的作用。因此,从理论基础的视域,认识和分析县域体育公共服务和市场服务的体制机制这一问题,有着十分必要的意义。

一、公共服务理论的历史发展

公共服务理论研究大体经历了创立、发展与成熟、反思与改革三个历史发展阶段。

公共服务理论肇始于 19 世纪后半叶,欧洲的英、德、法等资本主义国家在取得工业革命胜利的同时,面临着许多的社会问题。一些学者试图通过扩大政府职能来解决这些社会问题。德国社会政策学派的代表阿道夫·瓦格纳(Adolf Wagner)极力主张公共服务等于政府职能,并认为财政的社会政策作用,除了具有维护市场经济正常运作的功能外,还具有增进社会文化和福利的作用,并初步提出了公共服务的概念。19世纪末期,英国改良主义经济学家霍布森(J.A.Hobson)提出了"最大社会福利"思想。法国政府的职能也逐步扩大到教育、卫生、就业、工程、城市规划等方面,由此带来了公法理论的创新,公共权力的观念被公共服务所取代。如前所述,1912年,莱昂·狄骥明确提出了"公共服务"的概念,并将其作为现代公法制度的基本概念。他在《公法的变迁》一书的导论中明确提出:"公共服务的概念是现代国家的基础。没有什么概念比这一概念更加深入地根植于社会生活的事实。"作为调整政府与公民之间关系的公法就是要处理公共服务活动,他对"公共服务"的内涵第一次作出了较为系统的论述,形成了公共服务理论的雏形。

公共服务理论发展的第二阶段,又称之为公共经济学研究阶段。其发展的重要历史契机是1929年爆发的资本主义世界经济危机,危机带来的萧条使人们重新审视国家的作用。在凯恩斯主义和福利国家理论等思潮影响下,发达国家开始完善社会保障与公共服务制度,凯恩斯主张通过国家干预,扩大公共福利支出和建设公共基础设施等措施,促进经济增长,实现充分就业。尤其是在1954年和1955年,萨缪尔森以两篇精湛的论文给出了公共物品的定义,20世纪50年代末,马斯格雷夫出版了被奉为经典著作的《财政学原理:公共经济研究》,他认为,财政的职能有很多,但主要有三种,即配置职能、分配职能和稳定职能,而公共物品理论是财政配置职能的理论基础和核心。随着萨缪尔森—马斯格雷夫对公共物品的两大基本特征的确定,从而在学界形成了成熟的萨—马传统。

公共服务理论发展的第三阶段,可称之为反思与改革阶段。高福利的前提是高的国民收入,随着大多数西方国家经济增长的衰减,促使人们寻找新的治理形式。自20世纪70年代末80年代初开始,西方各国掀起了一场声势浩大的政府改革运动,与这场政府改革运动紧密相伴的就是对传统公共行政模式主导的公共服务理论与实践的变革。指导这场行政改革的理论因循着"新公共管理"或"管理主义",主张改变传统公共模式下的政府与社会的关系,重新对政府职能及其社会关系进行定位,试图用"企业精神"来改造政府,尽管政府的主要职能之一是向社会提供公共服务,但这并不意味着所有公共服务都应该由政府直接提供,政府应根据公共服务的内容和类型不同,采取相应的供给方式。同时,该理论还主张政府服务应以顾客为导向,应增强对社会公众需要的响应力,重视提供公共服务的效率和质量,在公共服务供给手段和方式方面引入私营企业的技术和方法等。

二、公共选择理论

公共选择理论是产生于 20 世纪 40 年代末,在 20 世纪 60 年代末 70 年代初形成的一种学术理论,属于一门介于经济学和政治学之间的新的交叉学科。其代表人物美国著名的经济学家詹姆斯·布坎南(J. M. Buchanan),因在公共选择理论领域中的突出贡献而获得 1986 年的诺贝尔经济学奖。通过几十年的研究与发展,公共选择理论已成为公共服务领域中的一个重要理论流派。公共选择理论的核心是它提出了政府失灵的理论及补救策略。从西方市场经济的理论与实践来看,市场的缺陷及市场失灵被认为是政府干预的基本理由,同样的问题是政府本身也存在着失灵,市场解决不好的问题,政府未必能解决好,且政府的失败将会给社会带来更大的灾难,造成更大的资源浪费。这就促使人们在分析政府和市场关系问题时,从原来对市场缺陷和市场失灵的关注,进而转向对政府行为局限性及政府失败的关注。①

公共选择理论对官僚体制的弊端及引入市场机制对政府管理的价值

---

① 陈振明.非市场缺陷的政治经济学分析——公共选择和政策分析学者的政府失败论[J].中国社会科学,1998(6):89-105.

进行了深入研究。研究者分析了官僚机构低效率提供公共物品的主要因素,包括公共机构尤其是政府部门垄断了公共物品的供给,缺乏竞争机制,对公共物品的估价困难,政府机构缺乏追求利润的动机及监督机制缺陷等因素。该理论主张政府要重新认识和利用市场机制的价值,力图改善官僚体制的运行效率,禁止和取消任何形式的"公共垄断",在公共部门和公共服务中引入市场、准市场机制,这是公共选择理论的核心思想。

布坎南在其代表性著作《公共选择理论》一书中,阐释了用检查经济缺陷和不足的方法来分析政府和公共部门的学理,提出了如何用市场力量来改善和塑造政府功能,揭示出西方公共服务有效供给中引入市场竞争机制的原理,主张将政府权威与市场交换的功能优势进行新的整合,并提出了利用市场机制来纠正政府失败的各种具体措施和方法途径,从而提高政府的公共服务能力,形成一种公共服务供给的全新的制度设想和安排。公共选择理论的内涵,对于我们认识县域体育公共服务和市场服务体系的关系,创新体育公共服务提供机制与方式,建立政府体育公共服务的监管体制有一定的借鉴价值。

三、新公共服务理论

新公共服务理论是由美国学者登哈特夫妇在 2000 年提出的。该理论主要基于对新公共管理理论的反思而提出的一种全新的公共行政理论。"新公共管理"理论的精髓是"企业家政府理论",旨在运用企业家精神来对政府进行重塑,但近年来"新公共管理"理论遭到来自多方面的质疑和批评,登哈特夫妇以民主公民权、公民社会、组织人本主义与新公共行政为理论基础,以"服务而不是掌舵"、公务员的工作价值在于"提供公民民主而非顾客服务"为中心论题,阐述了新公共服务的思想。

具体来说,新公共服务理论包括了以下几个方面的基本观点和取向:一是政府的职能是服务,而不是掌舵;二是为公民服务,而不是为顾客服务;三是公共利益是目标而非副产品;四是在思想上要具有战略性,在行动上要具有民主性;五是公务员关注的不只是市场,还应关注宪法法律、社会价值观、政府规范、职业标准以及公民利益;六是重视人,而不只是重视生产率;七是公民权益和公共服务比企业家精神更为重要,等等。尽管新公共服务理论是在对新公共管理理论进行反思和批判的基础上提出的,但这并不意味着它是对新公共管理理论的全盘否定,而是对新公共管理理论的一种扬弃。因而,学界认为它是一种更加关注民主价值和公共利益、更适合于现代公民社会发展和公共管理实践需要的新理论。

陈振明教授认为,基于登哈特夫妇的研究,可以对"新公共服务"进行这样的一个内涵理解:"新公共服务"是关于政府如何服务于公民需要和社会发展的一种新理念。① 我们认为该理论可谓是一种新公共管理理论的时代表达,这与陈振明教授描述的该理论是在全球性社团革命和后现代话语理论背景下,政府将如何作出反应的策略构想是一致的。无论从"公共服务"的理念还是到"新公共服务"的创意,很清晰地显现了政府公共服务功能将越来越得到强化,而政府管制功能则逐渐减弱,政府的公共服务属性将不再争论,而是关注如何更好地服务于公众,公共服务价值成为连接公务员和公民关系的纽带。当然,某种理论在实践中能否得到有效的应用,还要根植于一个国家乃至一个区域的具体的文化背景和制度。这也是该理论对建构县域体育公共服务和市场服务体制机制的重要启示。

四、治理理论

治理理论是 20 世纪 80 年代在新公共管理运动推动下并对其反思和批判的基础上提出的。其代表人物之一皮埃尔曾将治理理论看成是 20 世纪晚期关于政府管理的具有时代精神的主流观点。如上所述,新公共管理理论高举管理主义和市场经济两面大旗,试图通过引入市场机制、推

---

① 陈振明,等.公共服务导论[M].北京:北京大学出版社,2011.

行私有化和民营化,以科学管理、效率、竞争为导向,革除传统官僚行政体制的弊端,使政府的变革获得了新生,但不容忽视其过分强调效率而忽视公平、公共服务"碎片化"等问题而导致政府权威的下降。因此,以民主、公正、平等、自由为基本价值的治理理论应运而生。

从文献研究来看,现代治理理论缘起于西方国家分散化的事实,但学界对治理理论的核心概念认识并不一致。1995年全球治理委员会在发布的《我们的全球伙伴关系》中给出了较为权威的定义:"治理是各种公共的或私人的个人和机构管理其共同事务的诸多方式的总和。它是使相互冲突的或不同的利益得以调和并且采取联合行动的持续过程。它既包括有权迫使人们服从的正式制度和规则,也包括各种人们统一或认为符合其利益的非正式的制度安排。"①而英国学者罗德·罗兹认为治理有多重含义,把治理看作是使公共利益最大化的社会管理过程和管理活动,其本质特征体现在政府与公民对公共生活的合作管理,反映了国家与公民社会的一种新型关系,并强调"善治"的思想,且善治需要政府与公民的共同努力,随着社会的发展和进步,公民在诸如公共服务领域中的作用日益重要。格里·斯托克归纳了治理作为一种理论的五种主流观点,如"治理意味着,办好事情的能力并不仅限于政府的权力,不限于政府的发号施令或运用权威",并提出在解决社会和经济问题的过程中,私人部门和第三部门承担着越来越多本由国家承担的责任,在公共事务的管理中,政府可动用新的工具和技术来控制和引导。

治理理论虽然是一个舶来品,但出于对中国制度变革的关心,近年国内许多学者迅速将治理理论引入诸多研究领域中。俞可平②认为治理至少包含着四个方面的特征:一是治理不是一整套规则,也不是一种活动,而是一个过程;二是治理过程的基础不是控制,而是协调;三是治理既涉

---

① 全球治理委员会.我们的全球伙伴关系[R].牛津大学出版社,1995:23.

② 俞可平.治理和善治引论[EB/OL].http://www.aisixiang.com/data/3039.html.

及公共部门,也包括私人部门;四是治理不是一种正式的制度,而是持续的互动。也有学者试图对治理理论进行适合中国语境下的诠释,如范逢春①将治理理论的特征概括为四个方面:主体多元、权力分散、机制灵活、模式多样。治理理论强调社会自治、社会在公共事务管理中的地位及其政府与社会的多元合作,即政府、市场与社会主体,综合运用行政、市场和社会机制,通过授权、分权等权力行使方式,共同完成对公共事务的规范、协调、服务,实现公共利益最大化,以满足社会成员的生存与发展需要。

治理理论在公共服务实践中已得到成功运用。美国学者理查德·博克斯提出了"社会公民治理模式",他认为,未来美国政府将由社区公民的治理模式取代目前中央政府掌握优势的状况,社区公民治理是一个由社区公民、社区代表和社区实际工作者之间密切合作所组成的统治系统。该系统设三个委员会,一是协调委员会,职责是倾听各种不同的声音,并向公民委员会提出;二是公民委员会,职责是负责社区公共事务的执行;三是"帮助者",职责是协助社区公民了解社区议题、服务和决策,协助执行日常事务。这一模式对我国县域基层社区、农村公共体育服务体系建设具有借鉴操作层面的意义。范逢春以治理理论为基础,论述了我国农村公共服务的五大治理主体,提出了农村公共服务多元主体协同治理机制,并探讨了农村公共服务多元主体协同治理系统整体循环的有效性。基于治理理论的这些成果,对于建构县域公共体育服务与市场服务体制机制有着重要的参考价值,为探索实践党的十八届三中全会提出的创新社会治理体制和提升公共服务治理能力提供了重要的理论支持。

五、制度分析理论

制度分析理论产生于美国,它的开创者是凡勃伦和康芒斯,主要用来

---

① 范逢春.农村公共服务多元主体协同治理机制研究[M].北京:人民出版社,2014.

解释社会发展中的经济现象,把制度作为经济学的研究对象使经济理论发生了一场深刻的革命,并形成了颇具影响力的制度经济学。历史和当代经济学的发展都证实了凡勃伦的理论,尤其是他所提出的制度主义纲领。20 世纪 70 年代社会科学研究的核心概念是"集团",80 年代的核心概念转变为"国家",90 年代以来关注的焦点则是"制度",以"制度"为核心来解释政治、经济、社会现象的学术理论被称为制度分析。① 制度分析的方法并不是制度经济学所独有的,它是马克思主义者分析社会经济发展的基本方法之一。我国成立 60 多年来,正反两方面的历史经验证明了制度对于一个国家健康发展的极端重要性。

制度分析的理论和方法不仅对经济学产生了重要影响,而且也对政治学、社会学、法学、历史学、人类学、管理学等学科在内的整个社会科学研究产生了广泛而深刻的影响。制度经济学涌现出许多杰出经济学家并提出了分析和解决实际问题的科学理论。如科斯的制度经济理论,被学界誉为"科斯定理",较为简洁表述是,"在完全竞争的条件下,私人成本和社会成本将会相等",科斯还认为,在交易费用情况下,法律在决定资源如何利用方面起着极为重要的作用,权力的一种安排会比其他安排产生更多的产值等思想。诺贝尔经济学奖获得者诺思的研究将旧制度主义带向新制度主义,提出了制度变迁理论,他用国家、产权和意识形态"三位一体"的理论解释社会经济现象,认为组织以制度、规则为构成基础,在一定意义上,社会经济的发展历史也就是制度、规则的演变与转换历史,制度变革是人类社会有目的的活动,尽管制度变迁受到各种主客观因素的影响,但都有一个共同的规律,就是制度带给人们的报酬递增决定了制度变迁的方向,并最终使得制度变迁可能产生两条相反的轨迹,即"路径依赖"与"闭锁"。近年来,制度理论形成了许多流派,但制度理论的共

① 河连燮.制度分析理论与争议[M].李秀峰,柴宝勇,译.北京:中国人民大学出版社,2014:2.

同特征是强调制度的稳定性、持续性和结构性制约,并形成了许多新的共识。如新制度主义认为,制度有可能是正式规则和法律,也有可能是规范、习俗或认知文化意义上的非正式因素,等等。

毫无疑问,制度分析理论已成为一种非常重要的视角或分析框架。它对公共产品的特殊性与集体选择、供给过程中的委托与代理的关系的认识带给我们很多启示。[①] 该理论认为,公共产品经常出现下列情况,承担了成本,但是不能完全享有受益,或者有了受益,但是又没有承担成本。成本与受益之间关系的不确定性,使得决策者和消费者之间得不到直截了当的反馈,又由于公共产品往往缺乏一种表达需求和定价的机制,使得靠市场机制来解决公共产品供给问题要么不可能,要么会供给不足,通常的办法是政府承担起公共产品的供给职能;该理论还认为,官僚垄断公共产品的供给必然走向失败,公共产品供给应区分"生产"和"提供"两个重要环节,尤其是提出了公共产品供给制度设计上"职能下属化"的原则,带给我们设计县域公共体育服务制度模式很多有益的思考。

第三节　基于知识图谱的公共体育服务研究现状与进展

科学知识图谱是一种新兴的研究方法,它通过对海量引文的知识进行分析,运用时间切片抓拍来显示研究领域的发展过程,是运用直观图谱表示抽象知识结构关系和发展脉络的科学研究方法。科学知识图谱的基本方法包括核心作者分析、关键词分析、共现网络分析、研究热点时区分析等,掌握研究领域的热点及演化特征。

---

① 李仙飞.马克思主义视域之西方公共服务有效供给理论[M].北京:社会科学文献出版社,2012:42-63.

一、文献检索与可视化分析步骤

本书在研究过程中,以中国知网(CNKI)为数据库,以"公共体育服务""体育公共服务""体制机制""市场化"为主题检索词,检索时段为2001—2015年的"三个五"期间,即2001年1月1日至2015年12月31日,检索范围为中文体育核心期刊。鉴于部分文献不属于体育公共服务研究领域,为了保证文献的典型性,对检索文献进行初选,主要包括篇名、作者、第一作者、作者单位、关键词、基金项目、摘要、刊名、发表年等信息,最终确定典型文献530篇,作为科学知识图谱分析的研究文献。

研究中使用美国德雷赛尔大学信息科学与技术学院陈超美博士与大连理工大学 WISE 实验室联合开发的 CiteSpace Ⅲ 进行科学知识图谱的绘制。

二、公共体育服务研究的现状

(一)公共体育服务研究文献的时间分布

某一时期内学术论文的数量、主题等相关信息可以间接反映该研究领域的发展状况、特点和动态演化趋势。从2003—2015年间的文献数量上来看,公共体育服务研究文献量总体上呈逐年增长的趋势,见图2-1。

在"十五"期间(2001—2005年),冠以"公共体育服务"为主题的典型文献数量较少。由于我国在20世纪90年代中后期,体育哲学社会科学的学科地位在国家层面才得以确认,因此,该时期有关公共体育服务主题的研究,主要见于以体育改革为主题的文献中。如任海等[①]从资源配置的角度对体育市场化改革进行学理层面的分析,指出体育产出具有社会公益性和市场开发性双重属性,应采用市场机制与政府行为相结合的

---

① 任海,等.论体育资源配置模式——社会经济条件变革下的中国体育改革(一)[J].天津体育学院学报,2001,16(2):1-5.

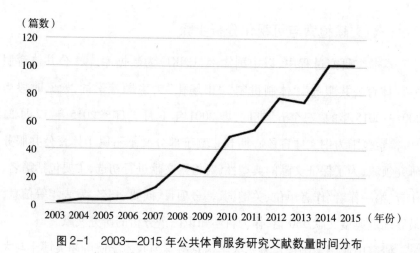

（篇数）

图2-1 2003—2015年公共体育服务研究文献数量时间分布

资源配置机制。"十一五"期间（2006—2010年），公共体育服务领域年度论文数量突破两位数，尤其是随着党的十六届五中全会提出了加快转变经济增长方式，党的十七大进一步提出了"实现全面建设小康社会奋斗目标的新要求"，促使公共体育服务成为该时期的研究重点，并呈现出多角度研究的态势，涉及公共体育服务的界定、公共体育服务的供给主体、供给目标、供给客体、供给内容、运行机制和效果评价等。"十二五"期间（2011—2015年），随着服务型政府的强力推进，我国体育事业确定了"以建设体育强国为目标，以转变体育发展方式为主线，以建立完善符合国情、比较完整、覆盖城乡、可持续的公共体育服务体系为重点"的发展方略，国家实施基本公共体育服务建设工程，2014年10月，国务院印发了《关于加快发展体育产业促进体育消费的若干意见》，将全民健身上升为国家战略，社会对公共体育服务的多元需求和对政府的制度建构及创新能力提出迫切要求。在此背景下，公共体育服务领域研究文献的数量急剧增加，同时也反映了公共体育服务建设的实践对理论研究的重大需求，2014年、2015年典型文献均超过百篇，以公共体育服务为主题的研究，已成为体育哲学社会科学领域中的一个焦点，并呈现出质和量俱增的态势。

（二）公共体育服务研究文献的来源分布

一个学术领域走向成熟并成为研究热点的重要标志之一,是学科专业期刊对其研究成果的关注程度,通常用期刊载文量表示。它可以揭示某一期刊在该研究领域学术思想传播的深度和广度,揭示某一领域和学科发展历程,反映出期刊在该领域的影响力。对 2001—2015 年间的公共体育服务文献的来源期刊分析(见表 2-2),前 10 位中多数是体育专业院校的学报,《上海体育学院学报》《天津体育学院学报》《北京体育大学学报》等期刊对公共体育服务研究受重视和关注度居高。

表 2-2　2001—2015 年公共体育服务文献来源分布(前 10 位)

排名	文献来源	载文量(篇)	所占%
1	《上海体育学院学报》	58	11.6
2	《天津体育学院学报》	33	6.6
3	《北京体育大学学报》	24	4.8
4	《苏州大学学报》	22	4.4
5	《广州体育学院学报》	22	4.4
6	《武汉体育学院学报》	15	3.0
7	《沈阳体育学院学报》	12	2.4
8	《成都体育学院学报》	11	2.2
9	《西安体育学院学报》	8	1.6
10	《首都体育学院学报》	8	1.6

（三）公共体育服务研究文献的机构分布

研究机构与单位是学术研究的基本支撑体系,体现着一个学科领域的研究实力,更体现着研究机构和单位的核心竞争力。本书在对公共体育服务文献的研究机构分析中,统计了 2001—2015 年的主要研究机构和单位(见表 2-3),并以 Institution 为节点,1 年为一个分割线,阈值项选项中选择"Top N per slice",阈值设定为 30,选择最小生成树精简算法(Minimum Spanning Tree)。图谱中每个节点代表一个科研机构或单位,节点的大小代表该机构总的发文量,节点越大,则该机构或单位发表的论文越多;节点的颜色代表论文发表的年份,节点间的连线代表机构间的合作关系,连线的粗细代表机构间合作的强度,连线越粗,表示机构间的合作关系越密切,公共体育服务研究机构共现图谱见图2-2。

表2-3　2001—2015年公共体育服务文献主要研究机构和单位(前10位)

排名	机构	篇数	频次	年份	省市	地理区域
1	上海体育学院	58	63	2009	上海市	华东
2	天津体育学院	33	44	2007	天津市	华北
3	北京体育大学	24	22	2009	北京市	华北
4	苏州大学体育学院	22	19	2009	浙江省	华南
5	华中师范大学体育学院	16	15	2008	湖北省	华中
6	武汉体育学院	15	12	2007	湖北省	华中
7	广州体育学院	22	10	2006	广东省	华南
8	华南师范大学体育学院	10	9	2010	广东省	华南
9	成都体育学院	11	4	2006	四川省	西南
10	西安体育学院	8	2	2015	陕西省	西北

从表2-3可以看出来,公共体育服务的研究队伍和力量主要集中在高等学校,研究机构和单位多数分布在经济发达地区。一方面反映了这些机构和单位在公共体育服务领域的研究优势和特色,如位居前列的上海体育学院,以戴健教授为首席专家承担的国家社会科学基金重大项目《我国公共体育服务体系研究》取得了系列成果;另一方面则体现着研究机构为经济发达地区公共体育服务实践所提供的理论支持。

(四)公共体育服务研究文献的作者分布

科学文献的作者是科学研究活动的主体,学科领域内的领军人物和优秀研究人员往往能够引领学科发展的方向。科学研究的作者发表文献数量以及他们被其他论文所引用的次数,可以从一个角度衡量其对本研究领域或学科贡献,也体现着作者在某领域中学术影响力。每一个节点

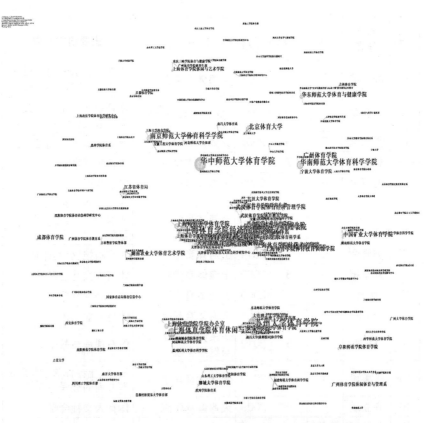

图 2-2　2001—2015 年公共体育服务研究机构共现图谱

代表一位高产的作者,发文量越高,字体越大,节点就越大,而连线能反映出作者之间的合作关系,连线的颜色代表着不同的合作时间。2001—2015 年公共体育服务领域研究文献作者分布见表 2-4 和图 2-3。

表 2-4　2001—2015 年公共体育服务研究文献作者分布(前 20 名)

排名	高产作者	频次	篇数	起始年份	单位	主要研究方向
1	肖林鹏	17	17	2007	天津体育学院	体育管理学
2	郇昌店	11	14	2008	天津体育学院	体育管理学
3	戴健	8	8	2013	上海体育学院	体育管理学

排名	高产作者	频次	篇数	起始年份	单位	主要研究方向
4	陈元欣	7	10	2014	上海体育学院	体育场馆运营与管理、体育产业、体育投融资等
5	王家宏	7	8	2014	苏州大学体育学院	体育教学理论与实践、体育发展理论
6	李宗浩	7	9	2007	天津体育学院	运动训练过程调控
7	杨晓晨	6	7	2007	天津体育学院	体育管理学
8	曹可强	6	8	2008	上海体育学院	经济管理学
9	唐炎	6	6	2013	上海体育学院	体育原理、学校体育学、体育社会学的研究与教学
10	郭修金	6	7	2014	上海体育学院	体育科技、公共体育
11	郑家鲲	5	8	2009	上海体育学院	体育人文社会学
12	张林	5	5	2009	上海体育学院	体育经营管理
13	俞琳	4	4	2008	上海体育学院	体育产业与市场
14	季浏	4	5	2012	华东师范大学体育与健康学院	体育课程与教学
15	于善旭	4	4	2010	天津体育学院	法学、社会体育、体育法学方面的教学与研究
16	齐立斌	4	4	2009	天津体育学院	体育人文社会学
17	任莲香	4	4	2012	西北师范大学	体育教育
18	卢文云	4	3	2010	成都体育学院	体育与休闲管理
19	胡小明	3	6	2011	华南师范大学	体育人文社会学
20	朱征宇	3	4	2011	广州体育学院	体育教育训练学

由表2-4和图2-3可以看出,2001—2015年公共体育服务领域的主要高产作者有肖林鹏、郇昌店、戴健、陈元欣、王家宏、李宗浩等,这些高产作者分布呈现密集型,线条连接网络较少,作者之间联系并不密切,合作研究成果较少,多数作者的研究方向侧重于体育管理学,说明多数高产作者采用了管理学的视角对公共体育服务进行研究,其成果被引频次也较高,在一定程度上说明了他们在公共体育服务研究领域所做的贡献和引

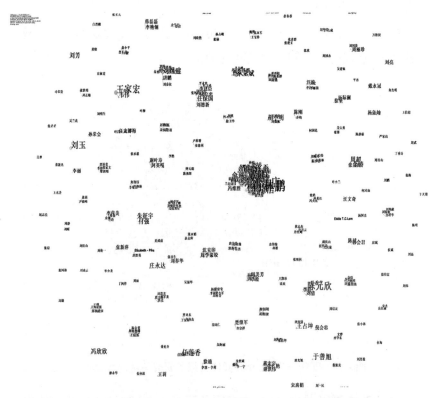

图 2-3 2001—2015 年公共体育服务研究作者分布图谱

领的方向。

三、公共体育服务研究的热点及未来走向

(一)公共体育服务研究的热点分析

研究热点是对一个研究领域内研究成果的高度概括,也是对研究成果的重点剖析。关键词作为文献主题的概括和作者研究重点的提炼,是从文献的题名、摘要中提炼出来的,对关键词的可视化分析,可以清晰地、准确地了解公共体育服务领域的研究热点。在分析时以关键词为节点,1年为一个分割线,在阈值项选项中选择"Top N per slice",阈值设定为50,选择最小生成树精简算法,共生成 303 个节点,665 条连线的关键词

共现图谱,图谱中圆形节点代表一个关键词,圆圈大小代表该关键词出现频次的高低,不同颜色代表不同的年份,节点旁的字体代表关键词出现频次的多少,连线的多少则说明其共现的系数。

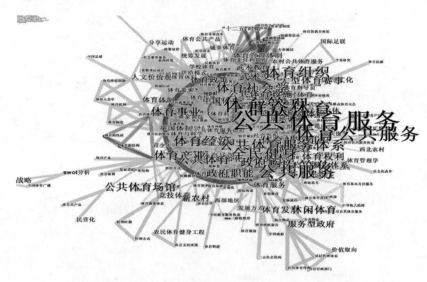

图 2-4　2001—2015 年公共体育服务研究关键词共现图谱

　　由图 2-4 可以看出,公共体育服务研究的关键词为以"公共体育服务"为中心的体育公共服务、体育管理、全民健身、体育组织、公共服务及均等化等展开的。

表 2-5　2001—2015 年公共体育服务相关文献高频关键词(前 50 个)

排名	关键词	频次	中心度	时间
1	公共体育服务	177	0.70	2004
2	体育管理	43	0.16	2006
3	群众体育	43	0.18	2005
4	体育公共服务	39	0.09	2009
5	公共服务	33	0.12	2007
6	均等化	21	0.05	2008
7	体育组织	16	0.07	2004

排名	关键词	频次	中心度	时间
8	全民健身	16	0.04	2004
9	公共体育服务体系	15	0.01	2007
10	体育经济	11	0.04	2009
11	体育社会学	11	0.07	2009
12	政府购买	10	0.00	2014
13	公共体育	9	0.05	2009
14	体育产业	9	0.09	2004
15	体育事业	8	0.06	2004
16	公共体育场馆	7	0.02	2008
17	政府职能	7	0.02	2013
18	社区体育	6	0.01	2005
19	休闲体育	6	0.00	2010
20	体育社会组织	6	0.00	2014
21	大众体育	6	0.01	2008
22	公共体育设施	5	0.00	2010
23	大型体育赛事	5	0.03	2015
24	体育权利	5	0.00	2010
25	武术文化	5	0.01	2014
26	资源配置	5	0.00	2014
27	体育政策	4	0.01	2007
28	中国体育	4	0.01	2008
29	城市化	4	0.01	2012
30	体育强国	4	0.00	2012
31	服务型政府	4	0.04	2006
32	体育发展	4	0.01	2010
33	体育社团	4	0.00	2008
34	新农村	4	0.02	2009
35	公共服务体系	4	0.00	2008
36	体系建设	4	0.01	2012
37	社会体育	3	0.00	2008

排名	关键词	频次	中心度	时间
38	发展战略	3	0.03	2005
39	体育场馆	3	0.02	2009
40	武术教育	3	0.01	2008
41	体育体制	3	0.00	2012
42	体育服务	3	0.01	2012
43	举国体制	3	0.02	2009
44	农村体育	3	0.00	2008
45	体育管理体制	3	0.02	2004
46	供给主体	3	0.00	2009
47	场地设施	3	0.00	2009
48	体育文化	3	0.01	2010
49	人文价值观	3	0.01	2010
50	竞技体育	3	0.02	2007

中心度(centrality)是指其所在网络中通过该点的任意最短路径的条数,是网络中节点在整体网络中所起连接作用大小的度量。中心度大的节点相对容易成为网络中的关键节点。从表2-5来看,关键词共现图谱和高频关键词表中,主要以公共体育服务、体育管理、群众体育、体育公共服务体系、均等化、体育组织、体育体制、政府购买等为重要节点而成为近年来的研究热点。

(1)对体育公共服务的概念及供给主体的讨论。如前所述,该研究热点形成于"十五"末和"十一五"期间,主要是基于学界所广泛接受的由萨缪尔森、马斯格雷夫提出的"非排他性"和"非竞争性"的公共物品概念及其理论而进行,讨论的重点问题是体育公共服务概念、内涵、范围及供给主体等,学界通过讨论形成了许多共识,但尚未取得一致的看法。

(2)对体育公共服务体系框架及其机制的讨论。该研究热点从"十一五"一直持续到现在。讨论的重点问题是公共体育服务体系的特征、内容、功能与机制、政府的职能与作用等。由于人们对公共体育服务体系的内涵、内容与实现路径认识不同,对其概念框架的建构也各不相同。"体系"泛指一定范围内或同类的事物按照一定的秩序和内在联系组合而成的整体。只要有体系存在,就有相应的体制和运行机制。如,2007年,肖林鹏等分析了体育公共服务体系的组成结构;2010年,朱睿运用自组织理论对我国体育公共服务自组织系统进行分析,认为我国体育公共服务应树立系统观念,构造多层次、多主体的服务供给系统;2013年,戴健、郑家鲲在对公共体育服务体系研究进行述评的基础上,指出了公共体育服务体系建设的体制与机制研究的不足和重要性,并出版了《公共体育服务体系建设》的研究专著。对于这一热点,学界达成共识是,政府、市场企业、体育社会组织是其不可或缺的组成部分,但政府应在公共体育服务体系建设中发挥着主导性作用。

(3)对体育公共服务体系建设现状调研及实践中的主要议题。该研究热点在"十一五"期间,主要体现在区域性体育公共服务的现状调研上。如,2006年,郁俊等调研了浙苏皖鲁等省农民享有基本体育服务的现状;2007年,常乃军等调研了中西部地区全民健身服务体系建设的现状;2010年,卢文云等调研了新农村建设背景下西部农村公共体育服务供给现状和问题等。在"十二五"期间,该热点主要集中在公共体育服务的实践议题上,如公共体育服务均等化、公共体育服务标准化、公共体育服务市场化、体育社会组织的作用、公共体育服务政策法规建设、政府购买公共体育服务等。

总之,这些研究热点和成果,为我们认识和分析县域体育公共服务和市场服务的体制机制提供了坚实的理论基础和实证依据。

(二)公共体育服务及其相关研究未来的走向

其一,理论研究与实践需求协同发展的走向。科学是人类对客观世界认识的结晶,随着我国全民健身上升为国家战略,公共体育服务及其相关研究将成为枢纽研究领域,理论建设会得到更多的关注,只有理论上固本强基,才能合理应对实践问题,为实践服务。而公共体育服务作为我国政府供给侧结构性改革中的一个重大实践问题,迫切需要加强对实践经验的总结,促进公共体育服务自主理论的生成,来指导和回应实践。因而,公共体育服务实践与理论研究的协同互动,体现着公共体育服务及其相关领域研究的发展态势。

其二,规范分析与实证研究协同发展的走向。实证研究是指以事实为依据验证假说或验证理论命题的研究范式,它考察事物实际的样子。而规范分析是用规定政策和行动来达到特定的目标,它关注事物应该是什么样子。王占坤等采用文献计量学和科学知识图谱对21世纪初以来我国公共体育服务研究进行了回顾与展望,认为我国公共体育服务研究已经从宏观研究向微观纵深研究发展,学界更加注重运用调查、案例、评价体系构建或模型构建等方法进行实证研究。公共体育服务研究具有较强的应用性和实践性,公共体育服务的基础理论和价值理性等方面的研究并不是其终极追求,研究成果的引领、指导实践和应用是其真正的价值所在。也就是说,实证分析不是正确的就是错误的,而规范分析是看法和认识的问题。事实上,学界对公共体育服务中的实践问题,多围绕的是规范问题。因为我国幅员辽阔,地区差异大,所以,未来的公共体育服务领域的研究,可能更多地体现出实证研究与规范分析协同发展的走向。

其三,借鉴比较与多学科协同研究的走向。公共服务体系建设是一个动态演进的过程,21世纪初我们从认识上解决了政府的职能定位问题,同时有许多先进的理论涌现出来,部分发达国家和地区在公共服务方面起步较早,由于历史、文化等诸多因素的不同,他们所依据的理论、选择的突破口、走过的道路也不尽相同。这些理论及其实践进程为我国公共服务体系建设提供了新的发展思路和方式,又成为跨文化、跨学科借鉴比较一个重要趋势。置身于公共服务"问题视阈"中的公共体育服务体系建设,涉及社会的方方面面,仅局限于某个或某几个学科的视角,或某部门的力量难以真正解决问题,而是有赖于多学科的相互协作,联合攻关。

因此,伴随着构建人类命运共同体的理念、"一带一路"倡议、全球化的进程加快,立足我国实际,借鉴域外的教训和经验,多学科协同研究,就成为公共体育服务创新发展的一种基本走向。

第三章 | 县域体育公共服务与 市场服务体系现状

近40年来,我国县域经济得到了较快发展,但教育、文化、卫生、群众体育等社会事业发展相对滞后。党的十八大强调:"必须从维护最广大人民根本利益的高度,加快健全基本公共服务体系,加强和创新社会管理,推动社会主义和谐建设。""十二五"以来,我国县域体育公共服务体系建设全面推进,基本公共体育服务设施不断改善,但也存在着规模不足、质量不高、体制机制创新滞后等突出问题。《"十三五"推进基本公共服务均等化规划》①提出:"国家构建现代公共文化服务体系和全民健身公共服务体系,促进基本公共文化服务和全民健身基本公共服务标准化、均等化,更好地满足人民群众精神文化需求和体育健身需求,提高全民文化素质和身体素质。"因此,对县域体育公共服务与市场服务体系建设现状调研,是构建其制度框架和体制机制创新的基础。

---

① 中国政府网.国务院关于印发"十三五"推进基本公共服务均等化规划的通知[EB/OL].http://www.gov.cn/zhengce/content/2017-03/01/content_5172013.htm.

第一节　体育公共服务体系与市场服务
现状的调研设计与实施

在查阅相关文献的基础上,本书把《国家基本公共服务体系"十二五"规划》提出的"供给有效扩大、发展较为均衡、服务方便可及、群众比较满意"作为调研目标,同时参阅《体育事业发展"十二五"规划》[1]中"要以满足人民群众不断增长的体育需求为宗旨,转变体育发展方式,重点建立完善符合国情、比较完整、覆盖城乡、可持续的公共体育服务体系"的具体要求,在县域进行实地调研,并对收集的资料进行整理和分析。

一、调查对象与问卷设计

根据研究的总体设计,对县域体育公共服务与市场服务体系现状进行调研,经征求专家意见,将调查对象确定为三类,即县城居民、乡村干部、县级体育工作负责人。因此,我们设计了三套不同内容的调查问卷,即《县域体育公共服务和市场服务体系现状与公众需求调查问卷(县城居民入户调查卷)》(见附录1)、《县域体育公共服务和市场服务体系现状与公众需求调查问卷(乡村干部调查卷)》(见附录2)、《县域体育公共服务和市场服务体系建设现状调查问卷(县级体育工作负责人卷)》(见附录3)。

县城居民入户调查问卷主要包括四方面问题:被调查者的基本情况;县域体育公共服务现状、需求与供给调查;县域体育公共服务市场化调查;对县域体育公共服务体制机制改革的建议。乡村干部调查问卷主要包括两方面问题:乡村的基本情况和乡村体育公共物品、服务现

---

① 国家体育总局政法司.体育事业发展"十二五"规划[EB/OL].http://www.sport.gov.cn/n16/n33193/n33208/n33463/n2124098/4342624.html.

状、需求与供给调查。县级体育工作负责人问卷主要包括四方面问题：被调查者的基本情况；县域体育公共服务体制与体系建设现状调查；县域体育公共服务市场化供给调查；县域体育公共服务体制机制改革的建议。

根据社会调查的原理和方法要求，调查问卷中的"问题"大致分为"背景性问题、客观性问题和主观性问题"三类。核心内容主要涉及县域体育公共服务体系中的场地设施、健身组织、健身活动、健身指导、健身知识与信息、体质监测、市场化供给管理体制等相关问题。

二、问卷调查的组织与实施

第一，为检验问卷的有效性和可靠性，在山西省县域进行了预调查，并对个别题项进行了修订。根据预调查的经验，课题组编制了《县域体育公共服务和市场服务的体制机制研究》问卷调查工作手册，对问卷调查对象、范围、抽样方案、入户调查、问卷填写、回收与审核、数据建库与录入等事项进行详细规定。

第二，课题组组建了调查小组，根据调查手册，培训调查队伍及人员。各调查小组负责人由课题组教师和研究生担任，举行调查人员培训会议，由课题负责人介绍本次调查的目的、方法、内容、任务分工、技巧和相关规范要求，使每名调查员都要具备有关抽样的具体知识。

第三，编制抽样框，确定调查对象。本次调查对象涉及县域居民、村干部和县级体育工作负责人三个层面。县域居民由调查员采用"入户调查"的方法，每户调查对象选择国际上较流行采用的"生日法"，即根据调查实施的具体时间和家庭成员出生时间的匹配程度选择被调查对象。①具体调查中，根据生日相近原则，具体操作为由调查员指定公共生日，在家庭成员中选择公共生日之后最先过生日的 16 周岁以上家庭成员进行

---

① 洪永泰.户中选样之研究[M].台北:五南图书出版公司,1996:22-29.

问卷填写;村干部在样本县(市、区)所辖自然村的村长或支部书记中随机抽取来调查,代表本村回答问题;县级体育工作负责人在样本县(市、区)具体负责体育工作的公务员中随机抽取来调查。

三、问卷样本数量及分布

根据我国东部、中部、西部地区的划分,为了使问卷调查的结果具有一定的客观性和可比性,样本设计中采用三级抽样方法确定问卷调查的范围,即在东部、中部、西部的省和县(市)由课题负责人确定,最后一级的抽样由社会调查员根据本调查实施细则进行。

样本容量设计,根据简单随机抽样中推论总体成数(或百分比)的样本规模计算公式:$n = t^2/4e^2$,本调查在95%的置信度条件下(t=1.96),抽样误差控制在5.0%,样本规模为400个,①因为本次调查一、二级抽样较为简单,根据经验,通常设计效应系数(deff)取值在1.8—2.5之间。因此,各地区样本规模合理范围在720—1000之间(400×1.8=720,400×2.5=1000),实际发放各地区县城居民问卷1000份、村干部问卷720份,样本地区分布及有效样本见表3-1。

表3-1　县城居民入户和村干部入村调查样本数量及分布

调查对象	地区	所含省份	县(市)样本	有效样本数
县城居民	东部	山东、河北、辽宁、海南、江苏、浙江、福建、吉林、黑龙江	21	826
	中部	湖北、湖南、河南、安徽、山西、江西	15	1080
	西部	四川、陕西、甘肃、内蒙古、云南、宁夏	13	676
	合计	21	49	2582

---

① 风笑天.社会学研究方法[M].北京:中国人民大学出版社,2009:149.

调查对象	地区	所含省份	县(市)样本	有效样本数
村干部	东部	山东、河北、辽宁、海南、江苏、浙江、福建、吉林、黑龙江	21	594
	中西部	湖北、湖南、河南、安徽、山西、江西、四川、陕西、甘肃、内蒙古、云南、宁夏	28	622
	合计	21	49	1216

四、数据管理与统计分析

运用 SPSS 数据统计和分析软件对回收的有效问卷进行管理,分别建立问卷调查数据库。根据课题总体设计、研究需要和数据类型,采用了描述性统计分析、关联分析、卡方检验、多选题分析等方法对数据进行统计分析,图表均由 SPSS 统计软件和 EXCEL 软件生成。

第二节 县域体育公共服务体系建设的现状分析

早在 20 世纪 70 年代初,美国城市学会(Urban Institute)的维波(Webb)和哈奇(Hatry)就率先提出,借鉴在企业界已经运用比较成熟的"顾客调查"形式,地方政府可以通过"市民调查"形式来搜集民意,以更好地分配公共服务资源。有学者指出,对体育公共服务体系建设现状不了解,对广大人民群众的体育需求缺乏深入的研究,无客观依据,政府在制定公共体育政策时就会偏颇。[1] 因此,课题主要从县城居民和村干部

---

① 戴健,郑家鲲.我国公共体育服务体系研究述评[J].上海体育学院学报,2013,37(1):1-8.

两个抽样群体来描述县域体育公共服务体系建设的现状。

一、基于县城居民入户调查的分析

依据国内关于体育公共服务体系研究的既有成果，主要从县域居民"三边"工程建设的情况，即身边公共体育设施、身边体育健身组织、身边健身活动参与等方面进行调查分析。

（一）居民身边的公共体育设施

国际社会对基础设施的理解一般有广义和狭义之分。OECD 认为广义的基础设施包括经济、社会和行政基础设施；而狭义的基础设施仅指经济基础设施。公共体育设施属于社会基础设施，具有准公共物品的属性。由于研究视角的不同，包括体育在内的公共服务设施的界定、选址、布局及需求预测等方面受到诸多学科的关注。美国学者戴蒙德是国外最早关注公共服务设施配置研究的学者之一。国内也有学者将"公共体育设施"定义为由政府或其他社会组织提供的、属于社会公众使用或享用的体育设施，包括向公众开放的所有收费性与非收费性体育设施。[①] 根据我国县域的实际情况，本书主要从县城居民身边的公共体育设施选址与布局、开放程度及其与居民锻炼的关系进行分析。

（1）公共体育设施选址与布局：公共体育设施选址与布局的合理程度体现了场地设施的便民性和可及性。《"十二五"公共体育设施建设指导手册》第二章"建设选址"的第四条中规定，公共体育设施建设"应邻近群众生产、生活密集区域，便于群众就近参加体育健身活动"；2014 年 10月，国务院下发的《关于加快发展体育产业促进体育消费的若干意见》明确提出，要在"城市社区中建设 15 分钟健身圈"。课题组对县城居民住

---

① 张大超，李敏.我国公共体育设施发展水平评价指标体系研究[J].体育科学，2013,33(4):3-23.

所离最近的公共体育设施的距离及合理性进行抽样调查,结果如图 3-1
和图 3-2。

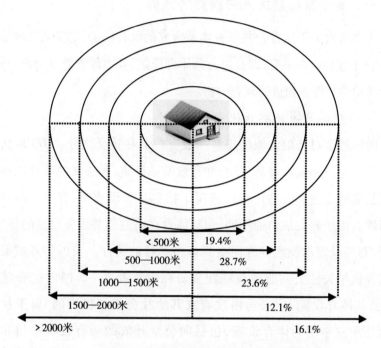

图 3-1　县域公共体育场地设施与居民住所距离抽样调查

从图 3-1 来看,占调查样本 19.4% 的县城居民住所与最近的公共体
育场地设施距离在 500 米以内,28.7% 的居民在 500—1000 米之间,
23.6% 的居民在 1000—1500 米之间,1500 米以上者占到 28.2%。如果按
平均步行速度 2 千米/小时计算,建设"15 分钟健身圈"适宜距离为 1000
米左右。① 数据显示,县城居民住所离最近公共体育设施 1000 米以内者
占 48.1%,不到半数,说明县域公共体育设施供给依然不足。

从县城居民对公共体育场地布局合理性评价来看(见图 3-2),占
调查样本 4.6% 的居民评价为很合理,31.8% 的居民评价为较合理,

---

① 沈山,等.城乡公共服务设施配置理论与实证研究[M].南京:东南大学出版社,
2013:71.

47.4%的居民认为一般,16.2%的居民认为不合理。其中,评价为很合理和较合理的比例为36.4%,进一步说明了公共体育场地设施建设合理布点布局的重要性。

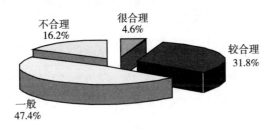

图3-2　县城居民对体育场地设施布局的评价

（2）公共体育设施布局与居民参加体育锻炼的关系:《全民健身计划(2016—2020年)》提出"着力构建县(市、区)、乡镇(街道)、行政村(社区)三级群众身边的全民健身设施网络和城市社区15分钟健身圈"的目标,对于居民来说,希望利用较低的出行成本和较少的出行时间就能到达锻炼场所,能在居住地周边进行体育活动是他们最佳的选择。因而,便利、可及的公共体育设施会直接影响居民对体育活动的参与。为了探讨县域公共体育设施布局的合理程度对居民体育活动参与的影响,研究中对县城居民的住所离最近体育公共设施距离与周锻炼次数进行了关联分析,结果见表3-2和图3-3。

从表3-2可以看出,各距离内锻炼1—2次的居民比例最高,随着居民住所离公共体育设施距离的加大,居民每周参与体育锻炼次数呈现下降态势,也即县城居民每周进行体育锻炼次数与公共体育设施距离之间具有一定的关联,卡方(Pearson Chi-square) = 33.202,df = 16,P < 0.01;关联系数 r = 0.224,P < 0.01。

表 3-2　居民每周锻炼次数与体育公共设施距离的关联分析

			居民住所与体育公共设施距离					合计
			500 米内	500—1000 米	1000—1500 米	1500—2000 米	2000 米以上	
每周锻炼次数	不锻炼	计数	44	52	39	36	64	235
		A9 中的 %	18.7%	22.1%	16.6%	15.3%	27.2%	100.0%
		B1 中的 %	17.5%	14.1%	12.9%	23.4%	30.9%	18.3%
		总数的 %	3.4%	4.1%	3.0%	2.8%	5.0%	18.3%
	1 次以下	计数	22	64	40	26	29	181
		A9 中的 %	12.2%	35.4%	22.1%	14.4%	16.0%	100.0%
		B1 中的 %	8.8%	17.4%	13.2%	16.9%	14.0%	14.1%
		总数的 %	1.7%	5.0%	3.1%	2.0%	2.3%	14.1%
	1—2 次	计数	89	143	129	39	55	455
		A9 中的 %	19.6%	31.4%	28.4%	8.6%	12.1%	100.0%
		B1 中的 %	35.5%	38.9%	42.6%	25.3%	26.6%	35.5%
		总数的 %	6.9%	11.1%	10.1%	3.0%	4.3%	35.5%
	3—5 次	计数	53	73	64	33	26	249
		A9 中的 %	21.3%	29.3%	25.7%	13.3%	10.4%	100.0%
		B1 中的 %	21.1%	19.8%	21.1%	21.4%	12.6%	19.4%
		总数的 %	4.1%	5.7%	5.0%	2.6%	2.0%	19.4%
	5 次以上	计数	43	36	31	20	33	163
		A9 中的 %	26.4%	22.1%	19.0%	12.3%	20.2%	100.0%
		B1 中的 %	17.1%	9.8%	10.2%	13.0%	15.9%	12.7%
		总数的 %	3.4%	2.8%	2.4%	1.6%	2.6%	12.7%
合计		计数	251	368	303	154	207	1283
		A9 中的 %	19.6%	28.7%	23.6%	12.0%	16.1%	100.0%
		B1 中的 %	100.0%	100.0%	100.0%	100.0%	100.0%	100.0%
		总数的 %	19.6%	28.7%	23.6%	12.0%	16.1%	100.0%

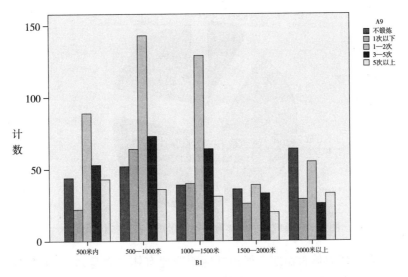

图3-3　居民每周锻炼次数与体育公共设施距离的条形图

（3）公共体育场地设施开放情况：《"十二五"公共体育设施建设规划》中明确提出："学校内的体育设施应利用课余和节假日，在保证正常教学秩序的前提下，创造条件向广大学生和社区居民开放。"第六次全国体育场地普查数据公报显示，我国各系统体育场地数量达到169.46万个，其中中小学占58.49个，数量占比达到34.51%。因此，针对县城中小学体育场地对居民开放的情况进行调查，结果见图3-4。对居民开放的只占到21.9%，偶尔开放的占28.7%，不对居民开放的占到40.6%。显然，我国县域中小学校在落实国家相关政策上还存在诸多问题，由于各种原因没有充分发挥学校体育场地设施的功能和作用，学校体育场地的利用尚没有达到最大化。

（二）居民身边的体育健身组织

体育社会组织是全民健身活动的组织者和主力军，尤其是民间草根等非正式体育社会组织，在科学健身方法和优秀项目的推广与交流中发挥着重要作用。《全民健身计划（2011—2015年）》目标任务中提出：到2015年全国"全民健身组织网络更加健全"，"80%的城市街道、60%以上

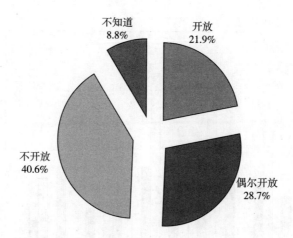

图 3-4　县城中小学体育场地对居民开放的抽样调查

的农村乡镇建有体育组织。城市社区普遍建有体育健身站(点),50%以上农村社区建有体育健身站(点)。形成遍布城乡、规范有序、富有活力的社会化全民健身组织网络"。本书根据县域体育社会组织发展的实际情况,抽样调查了县城居民参加某一种体育健身组织或体育社团的意愿以及加入的情况,其结果见图 3-5。

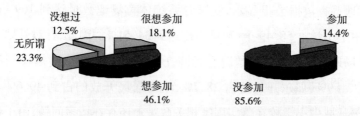

图 3-5　县域居民参加体育健身组织的意愿及加入情况抽样调查

从图 3-5 来看,县城居民很想参加体育健身组织或体育社团的人数占比为 18.1%,想参加的比例为 46.1%,无所谓的比例为 23.3%,没想过的比例为 12.5%。其中,居民想参加以上的占到 64.2%,而实际参加的居民仅占 14.4%。这 48.8%的差距可能部分是由于居民自身的主观原因造成的,但从另一方面也说明:一是我国的健身组织网络不健全,导致居民想参加但不知道去哪里参加;二是健身组织的健身知识和健身信息宣传不到位,导致居民想参加但不知道应该如何去参加;三是健身组织的健身指导不明确,导致居民想参加但不知道能不能去参加。可见,在基层体育行政机构不断弱化的背景下,探索、培育、支持县域体育社会组织发展的紧迫性。

(三)居民参加体育活动的意愿与行为

意愿是赋予个体按照其目的对事物所产生的看法或想法,属于个人主观性思维,并促使个体的行为动机内生化。毛泽东曾在《体育之研究》中述及"欲图体育之有效,非动其主观,促其对于体育之自觉不可",阐释了体育活动意愿与行为的内在逻辑。居民参与体育活动要变成发自内心的需求和自觉的行动,才能达到增进健康、优化自身生命系统之功能。截至2014年,"我国经常参加体育锻炼的人数为3.64亿,按照国务院的要求在10年左右的时间内增长到5亿,占人口总数三分之一以上,挑战不小。这项工作没有捷径可走,我们必须调整思路、创新方法,面向大众、深入基层,努力调动全社会力量共同推进"。[①] 为分析居民参加体育活动意愿与行为之间的关系,研究中对其作了两类别变量关联分析,结果见表3-3和图3-6。

表3-3和图3-6中结果显示,在很想参加和想参加体育锻炼的居民中,每周的体育锻炼次数明显高于后者。也即居民体育锻炼的意愿与行为之间有着一定的关联,卡方=161.066,df=12,P<0.01;关联系数r=0.334,P<0.01。同时,在研究中还调研了居民到经营性体育场所付费去健身锻炼的意愿,其比例占到调查样本总数的42.7%,预示着县域经营性健身市场体育消费人群存在着巨大的潜力。

① 国家体育总局.刘鹏局长在2015年全国群众体育工作会议上的讲话[EB/OL].ht-tp://www.sport.gov.cn/n16/n33193/n33208/n33418/n33583/6123486.html.

表3-3 居民参加体育活动的意愿与锻炼行为的关联分析

			每周参加体育活动的次数					合计
			不锻炼	1次以下	1—2次	3—5次	5次以上	
参加体育活动的意愿	很想参加	计数	27	22	95	78	77	299
		B8中的%	9.0%	7.4%	31.8%	26.1%	25.8%	100.0%
		A9中的%	11.5%	12.2%	20.9%	31.3%	47.5%	23.3%
		总数的%	2.1%	1.7%	7.4%	6.1%	6.0%	23.3%
	想参加	计数	90	96	242	122	58	608
		B8中的%	14.8%	15.8%	39.8%	20.1%	9.5%	100.0%
		A9中的%	38.3%	53.0%	53.2%	49.0%	35.8%	47.4%
		总数的%	7.0%	7.5%	18.9%	9.5%	4.5%	47.4%
	无所谓	计数	58	41	83	35	18	235
		B8中的%	24.7%	17.4%	35.3%	14.9%	7.7%	100.0%
		A9中的%	24.7%	22.7%	18.2%	14.1%	11.1%	18.3%
		总数的%	4.5%	3.2%	6.5%	2.7%	1.4%	18.3%
	没想过	计数	60	22	35	14	9	140
		B8中的%	42.9%	15.7%	25.0%	10.0%	6.4%	100.0%
		A9中的%	25.5%	12.2%	7.7%	5.6%	5.6%	10.9%
		总数的%	4.7%	1.7%	2.7%	1.1%	0.7%	10.9%
合计		计数	235	181	455	249	162	1282
		B8中的%	18.3%	14.1%	35.5%	19.4%	12.6%	100.0%
		A9中的%	100.0%	100.0%	100.0%	100.0%	100.0%	100.0%
		总数的%	18.3%	14.1%	35.5%	19.4%	12.6%	100.0%

二、基于乡村干部调查的分析

县域内绝大多数的人口属于乡村,相对城市地区而言,乡村更是一个较为完整的研究区域或分析单元。近年来,我们党从加强农业、发展农

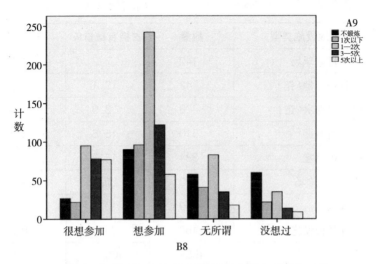

图3-6　居民参加体育活动的意愿与锻炼行为的条形图

村、放活农民入手,不断推进"三农"改革,使农村经济社会发展取得了举世瞩目的成就,农村公共体育服务也逐步得到改善,但公共体育服务供给总量、结构、类型、模式等方面与县城和城市相比,依然存在相当大的差距。考虑到当下乡村公共服务自上而下的供给机制、农民需求表达、村委会权威等因素的影响,根据专家建议,对于乡村体育公共服务供给情况的调研,主要由村干部代表本村居民来回答。

（一）乡村健身场地和设施供给情况

健身场地和设施是满足人们体育健身需求的硬件环境,必要的场地器材设施为村民进行体育健身活动提供保障,也是衡量政府体育公共服务供给能力的重要指标。由于许多乡村体育公共服务供给的体育场地和设施与其村内学校场地和设施为一体,而办学教育部门有专门规定,因此,在乡村调研健身场地与设施,不包括学校体育场地和设施。乡村所拥有的体育场地和设施情况,结果见表3-4。

表3-4　乡村拥有体育场地和设施情况抽样调查(N=1216)

体育场地设施类型	数量	占拥有数量%	占样本%
B2a 灯光球场	142	7.2	11.7
B2b 游泳池(馆)	42	2.1	3.5
B2c 健身房(馆)	78	3.9	6.4
B2d 健身路径	310	15.6	25.5
B2e 棋牌室	334	16.8	27.5
B2f 文体广场	410	20.7	33.4
B2g 公园	200	10.1	16.4
B2h 其他设施	468	23.6	38.5
合计	1984	100.0	162.9

从表3-4来看,目前乡村拥有的体育场地和设施较为丰富,拥有较多的体育场地设施是文体广场、棋牌室和健身路径。其中,文体广场占样本村数量的33.4%,棋牌室占27.5%,健身路径占25.5%。乡村拥有较少的体育场地设施是游泳池(馆)、健身房(馆)和灯光球场。由此可见,近年来尽管"农民体育健身工程"的实施改变了村民健身的条件,但随着农民生活水平的提高和健身需求的不断增加,现有的体育场地设施供给依然不足或缺位。同时,从村干部对现有体育场地和设施供给情况能否满足村民的健身需求调查来看(图3-7),32.3%的农村其体育场地和设施不能满足村民的体育健身需求,还有16.4%的农村很不满足,能满足村民体育健身需求的农村仅占6.1%。因此,"十三五"期间,要进一步推进实施农民体育健身工程,在乡镇、行政村、自然村实现公共体育健身设施全覆盖。

(二)乡村体育健身组织和健身指导

《中华人民共和国体育法》第十二条明确地规定了村委会在农村体育中的作用:"农村应当发挥村民委员会、基层文化体育组织的作用,开

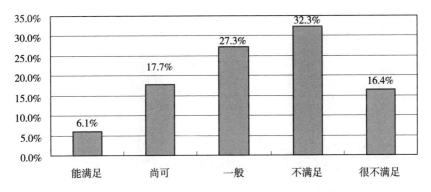

图3-7　乡村体育场地设施满足村民健身需求抽样调查

展适合农村特点的体育活动。"朱寒笑①认为发展农村体育公共服务建设工作的前提是建立健全的村民委员会,应当完善乡镇体育文化工作站,充分发挥村民委员会在体育发展中的作用。从乡村体育健身组织服务供给来看(图3-8),抽样调查的农村仅有14.3%的乡村成立有体育健身组织,而85.7%的乡村没有成立各种体育健身组织。而在没有成立健身组织的乡村中,有70.6%的村干部有过成立健身组织的想法,没有想法的占13.9%。可见,体育健身组织依然是乡村开展健身活动的"基础性短板",乡村体育组织建设仅停留在意愿上。

　　体育健身组织与健身指导密切相联系,近年来,我国把社会体育指导员队伍建设,作为解决群众体育"基础性短板"的突破口之一。农村社会体育指导员作为体育健身指导服务供给的重要因素,受到诸多学者的关注。本次调查数据显示,仅有11.4%的农村有社会体育指导员,88.6%的农村没有社会体育指导员。早在2002年,李相如等②调查显示,我国社会体育指导员中90%在城镇,农村仅占10%。十多年过去了,这一状

---

　　①　朱寒笑.新农村背景下农村公共体育服务供给的特点和政府职责[J].理论与当代,2009(3):27-30.

　　②　李相如,展更豪,林洁,等.我国社会体育指导员的现状调查与研究[J].体育科学,2002,22(4):27-30.

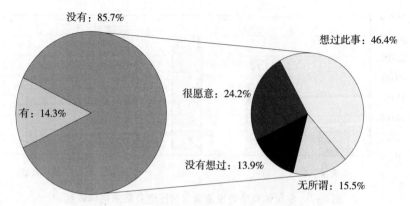

图 3-8　乡村体育健身组织建立情况及意愿抽样调查

况并没有实质性改变。大多数经过国家等级培训的社会体育指导员分布在城镇,在如今继续巩固全民健身活动广场、农村篮球场、全民健身路径工程纵深推进的同时,努力实现我国行政村至少有 1 名等级社会体育指导员的目标,应成为近期社会体育指导员队伍建设的奋斗目标。因此,国家在增加社会体育指导员的数量的同时应采取更多的优惠和激励政策,鼓励更多的社会体育指导员参与到农村体育指导工作中,加大农村社会体育指导员培训力度,整体提高农村体育健身指导服务的供给水平。

　　(三)乡村体育活动与锻炼人数

　　全民健身上升为国家战略后,要实现到 2020 年,群众体育健身意识普遍增强,参加体育锻炼的人数明显增加,每周参加 1 次及以上体育锻炼的人数达到 7 亿,经常参加体育锻炼的人数达到 4.35 亿,关键在县域农村。《全民健身计划纲要》颁布实施 20 多年来,我国经常参加体育锻炼的人数逐步增加,但我国城市经常参加体育锻炼的人数明显高于农村。本次课题抽样调查的乡村中,有 29.5% 的乡村近年来曾组织过体育活动或体育比赛,70.5% 的乡村没有组织过体育活动或体育比赛。村干部认为,经常参加体育锻炼人数较多的村庄不足两成,城乡差距非常显著,村民体育活动内容也较为单一,乡村体育运动会更是星星点点。

实地调研中,中西部贫困地区乡村参加体育活动人数更少,贫困地区群众的精神文化生活比较匮乏,村干部对体育活动的认识不到位,特别是在集中连片的贫困地区,基本的体育公共服务基础薄弱、欠账多,如何结合贫困地区具有的丰富的自然资源、土地资源和本地优势,开展贫困地区乡村体育活动是一个重要的问题。陈超①认为乡村农民体育活动的开展应充分挖掘、整理和推广一些具有地方性、民族性特色的传统体育活动项目,丰富农民体育活动内容,满足农民多元化需求。

因此,我们要结合城镇化进程,鼓励县域根据当地自然、人文资源发展特色乡村体育,大力推广村落体育、山寨体育、旅游体育、民俗体育、民间体育、民族体育、节庆体育等内容和形式的活动,通过这些活动引导和促进农村体育消费,传承乡村体育文化,提升农村社会主义文明程度,改善乡村精神风貌,尤其是引导贫困群众树立文明健康生活方式,创建体育生活化的乡村,建设特色体育小镇,建立乐观进取的良好心态,促进基本公共体育服务均等化的发展。

第三节　东、中、西部县域基本体育公共服务满意度评价

基本公共体育服务体系,是由基本公共体育服务内容和标准、资源配置、供给方式、管理运行等内容所构成的系统性、整体性的制度安排。②国内学者对这一体系的理论探讨尚处于起步阶段,居民满意度评价是判断这一体系和制度安排成效的核心指标。从理论上说,满意度评价应包括主观评价体系和客观评价体系两个部分,但在操作中由于统计口径的不同和统计数据的滞后发布,客观数据的获取非常困难。因此,国内外学

---

①　陈超.现时期农民体育需求与供给的典型调查[D].南京:南京师范大学,2011.

②　刘鹏.在全国基本公共体育服务体系建设现场推进会上的讲话[EB/OL].http://www.sport.gov.cn/n316/n337/c718496/content.html.

者主要通过问卷调查的方式对基本公共服务满意度进行评价。① 基于相关成果和专家意见,课题对县域基本公共体育服务满意度评价指标体系见图3-9。

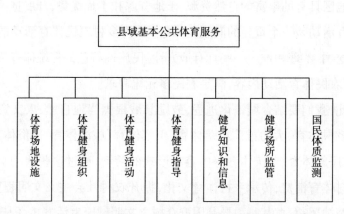

图3-9 县域基本公共体育服务满意度评价指标体系

对每个满意度水平赋值1—5分,即"非常满意、满意、一般、不满意、很不满意"分别赋予5分、4分、3分、2分和1分。

设每一水平的满意度为$s_i(s_1 = 5, s_2 = 4, s_3 = 3, s_4 = 2, s_5 = 1)$,各单项指标满意度为:$s = \sum_{i=1}^{5} \frac{s_i n_i}{n} \times 20$($n_i$为样本中选择某个满意度的人数,$n$为群体样本量)。

一、东、中、西部县城基本公共体育服务总体满意度分析

基本公共体育服务是指建立在一定社会共识基础上,由政府主导提供的,与经济社会发展水平和阶段相适应,旨在保障公民身体健康素质和满足公民基本体育需求的公共服务。其内涵体现在三个方面:一是提供基本公共体育服务是政府的责任;二是基本公共体育服务主要目标是保

障全体公民基本身体健康权利,满足公民对体育的最低消费需求;三是基本公共体育服务的内容、标准会随着经济社会的发展有相应的变化。

"十二五"期间,我国基本公共体育服务体系建设取得了显著成效。截至 2015 年,全国体育场地数已超过 170 万个,人均体育场地面积达到 1.57 平方米;50%以上的市(地)、县(区)建有全民健身中心;50%以上的街道、乡镇建有便捷、实用的体育健身设施;50%以上的城市社区、农村行政村建有便捷、实用的体育健身设施;农民体育健身工程已覆盖全国 74%的行政村;县级以上地区体育总会覆盖率达到 72%。① 但群众满意不满意、高兴不高兴、答应不答应是衡量政府工作好坏的唯一标准。② 胡鞍钢认为,让全体人民共享体育发展成果,落实新周期全民健身计划,其核心指标一是看人均健康预期寿命,二是看居民(特别是学生)体质合格率,三是看居民满意度。③ 县城是县域社会的核心,是县域最大的社会经济活动中心,基本公共体育服务满意度是县域基本公共服务力的重要体现。调查显示,我国东、中、西部县城基本公共体育服务及各要素满意度分值变化在 53.55—68.23 分之间(见表 3-5),处在满意度评价的一般档次左右,并呈现了不同地区差异的特点。

表 3-5　东、中、西部县城基本公共体育服务满意度得分表

地区	场地设施	健身组织	健身活动	健身指导	健身知识	场所监管	体质监测	总体满意度
东部	68.23	62.23	61.55	57.87	60.10	59.90	57.77	61.09
中部	67.59	61.07	60.74	55.56	56.52	58.67	57.15	59.61
西部	66.80	59.35	58.99	53.55	56.33	56.51	55.03	58.08

---

① 刘鹏.在全国基本公共体育服务体系建设现场推进会上的讲话[EB/OL].http://www.sport.gov.cn/n316/n337/c718496/content.html.

② 钟君,吴正杲.中国城市基本公共服务力评价(2012—2013)[M].北京:社会科学文献出版社,2013:9.

③ 胡鞍钢.让全体人民共享体育发展成果[N].中国体育报,2016-06-30.

从表3-5可以看出,我国东、中、西部三大经济区域中,东部县城居民基本公共体育服务总体满意度得分最高,中部次之,西部最低,而且所有的评价要素都表现出同样的特点,健身指导、健身信息、体质监测3个要素最为薄弱。这一结果与《中国城市基本公共服务力评价》课题组调研结果基本一致。该课题组连续3年调查显示,城市基本公共服务的水平和质量稳中有升,但城市居民的总体满意度较低;2013年文化体育要素满意度得分为61.91分,2014年文化体育要素满意度得分为58.01分,并分析了满意度不高的原因。[①] 如我国文化体育设施建设滞后、公共服务内容种类不够齐全、公共文化体育服务的体系和机制与公众文化体育需求不匹配、缺乏科学管理和引导等因素。事实上,就县域基本公共体育服务而论,随着近年来县域经济的发展,基本公共体育服务体系建设取得了一定成绩,但由于我国县域基础设施底子薄、欠账多,基本公共体育服务的总体水平与县域居民日益增长的体育需求还不适应,县域经济改革、新型城镇化推进速度与公共体育文化服务改革的"内轮差效应"有扩大的态势,在大量农村人口转移到县城后,如何实施供给侧结构性改革,满足县城居民对基本公共体育服务的需求,提升农村人口进城后的生活质量和品位,成为县域新型城镇化建设进程中必须面对的问题。

二、东、中、西部县城公共体育服务基本要素满意度分析

(一)东部地区基本要素的满意度

改革开放以来,我国区域经济发展战略,是优先发展沿海地区,东、中、西部经济发展呈现阶梯式下降的现状。[②] 经济发展水平的差异造成了区域公共体育服务发展的不平衡。从东部地区县城公共体育服务基本

---

① 钟君,吴正杲.中国城市基本公共服务力评价(2012—2013)[M].北京:社会科学文献出版社,2013:9.

② 国家统计局.中国统计年鉴2015[EB/OL].http://www.stats.gov.cn/tjsj/ndsj/2015/indexch.htm.

要素满意度评价来看,从高到低的顺序依次为:体育场地设施、健身组织和社团、健身活动、健身知识和信息、健身场所监管、健身指导、体质监测(见图3-10)。其中,政府常抓不懈的"三边工程"满意度得分靠前,且体育场地设施满意度得分最高,平均得分比东部地区总体满意度得分高7.14分。健身知识和信息、健身场所监管、健身指导、体质监测满意度得分低于东部地区总体满意度得分,且居民对体质监测满意度最差,平均得分比东部地区基本公共体育服务满意度得分低3.32分。由此可见,从县城居民满意度评价来看,东部地区应该优先改善健身场所的监管、居民健身指导和体质健康监测的问题。

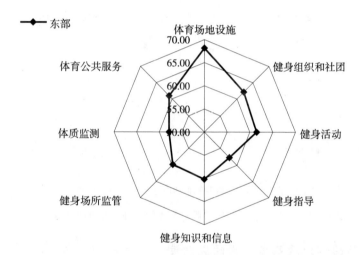

图3-10 东部县城公共体育服务基本要素满意度得分雷达图

(二)中部地区基本要素的满意度

自2006年我国开始实施"促进中部地区崛起"战略以来,中部地区经济迅速发展。中部地区有近500个县(市、区),县域农村人口高达2.44亿,占全国农村人口的31.2%,经济强县和弱县之间差距尤其明显。[1] 从中部地区县城公共体育服务基本要素满意度评价来看,从高到

① 张为民.中国县域统计年鉴(县市卷)[M].北京:中国统计出版社,2015:12.

低的顺序依次为:体育场地设施、健身组织和社团、健身活动、健身场所监管、体质监测、健身知识和信息、健身指导(见图3-11)。县城居民对"三边工程"满意度评价上与东部地区一致,且体育场地设施满意度得分最高,平均得分比中部地区基本公共体育服务满意度得分高7.98分,健身指导满意度最差,平均得分比中部地区基本公共体育服务满意度得分低4.05分。中部地区县城应该优先关注居民健身指导、健身知识和信息及体质健康监测等问题。

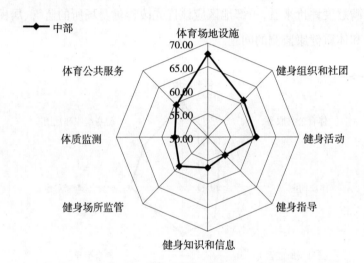

图3-11　中部县城公共体育服务基本要素满意度得分雷达图

(三)西部地区基本要素的满意度

我国西部地区面积占全国的71.5%,人口占全国总人口的27.9%。自2000年中央提出西部大开发战略以来,西部地区经济有了较大发展,城乡面貌发生历史性变化,县域基础设施建设取得了突破性进展,但整体公共服务水平与东部、中部地区相比较仍存在差异。从图3-12并结合相关数据可以看出,西部县城居民对公共体育服务基本要素满意度评价靠前的仍是"三边工程",但体育场地设施满意度得分比总体满意度得分高出8.72分,健身指导满意度最差,但平均得分比总体满意度得分低4.53分,分差加大。这一结果说明,西部地区内部、省际县域基本公共体育服务核心要素非均衡性较为突出,实现基本公共体育服务均等化应成为西部地区的首要目标。

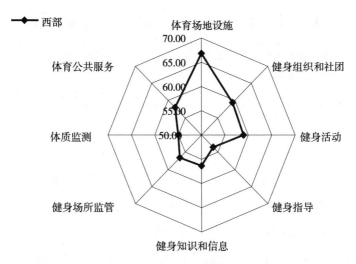

图 3-12　西部县城公共体育服务基本要素满意度得分雷达图

三、东、中西部县域农村基本公共体育服务总体满意度分析

　　农村基本公共服务需求与公共服务供给的矛盾,是现阶段县域经济社会发展面临的主要矛盾之一。在我国,城乡二元结构主要表现在生活和生产方式、公共服务供给水平、农村居民和城市居民身份的差异三个方面。① 城乡二元存在的现状造成一系列社会问题,如贫富差距扩大、地区发展不平衡、城乡文化素质差距扩大、受教育机会的不平等。随着城镇化速度的加快,国家基本公共服务体系“十二五”规划的实施,以农民体育健身工程为标志的保障措施的强力推进,农村基本公共体育服务的状况得到很大程度的改善,但与城镇相比,农村公共体育服务仍属于“短板”。

---

　　① 张健明.我国城市化进程中新二元结构问题研究[M].上海:上海交通大学出版社,2015:30.

课题考虑到以往研究的可比性,①将中西部地区县域农村数据合并分析(见表3-6)。

表3-6　东、中西部农村基本公共体育服务满意度得分表

地区	场地设施	健身组织	健身活动	健身指导	场所监管	健身知识	体质监测	总体满意度
东部	58.06	56.91	59.28	56.26	55.83	58.13	60.94	57.91
中西部	58.85	55.40	58.78	52.73	51.58	57.91	59.86	56.44

从表3-6来看,东、中西部县域农村基本公共体育服务总体满意度及各要素满意度得分都较低,总体满意度东部农村高于中西部农村,分值变化在51.58—60.94分之间,低于县城居民的满意度得分(县城居民得分在53.55—68.23分之间),处在满意度评价的"一般"及以下的水平;村干部对基本公共体育服务的满意度具有较强的认知集中度,如对体育健身场所监管、健身指导等要素评价都很低,与课题组实地调研的真实情况相一致。正如国家体育总局局长刘鹏所言,我国不同地区间、城乡间基本公共体育服务发展不平衡,基本公共体育服务产品种类和数量少、质量不高,一些地方的公共体育设施存在重建设、轻管理使用问题,公共体育设施利用率较低。② 城市化、城乡一体化而带来县域社会形态也悄然发生着改变,如部分县市试行农民集中居住,有些县市干脆实施村庄撤并,小村并大村,但在一个县域范围内,社会事业、社会财富从下到上、从边缘向中心集聚的基本格局并没有改变,而农民集中居住对于公共体育服务满意度提高既营造了机遇,也面临着诸多挑战。③相对来说,县城的基础

---

① 郑旗,常乃军,李俊民.中西部地区城镇居民健身服务体系的发展现状及对策研究[J].天津体育学院学报,2007,22(1):16-19.

② 刘鹏.在全国基本公共体育服务体系建设现场推进会上的讲话[EB/OL].http://www.sport.gov.cn/n316/n337/c718496/content.html.

③ 王睿,李昕,朱晓军,等.农村集中居住条件下农村体育公共服务满意度研究[J].体育科学,2015,35(6):12-20.

设施和公共服务好于乡镇,而乡镇又好于行政村和自然村。我国体育资源区域间配置不公平,主要表现在东西部地区之间、城乡之间资源配置不公平,场地配置上大部分集中在东部地区,东部地区人均体育事业费投入明显高于西部地区。[①] 因此,继续加大对中西部地区农村基本公共体育服务投入,推动城乡基本公共体育服务的均衡发展成为城镇化进程中的必然要求。

四、东、中西部县域农村公共体育服务基本要素满意度分析

(一)东部地区农村基本要素的满意度

在我国的经济和文化环境中,人们形成了很强的县域认同和县域意识。[②] 以县城为核心的县域社会具有城乡交融性,县级基本公共服务的多数要素要通过乡镇和村庄来落实,农村居民多以县城居民为标准来衡量自己的生活环境,这与十多年前相比已发生显明变化。本次调查东部地区农村基本公共体育服务满意度各要素得分依次为:体质监测、健身活动、健身知识和信息、场地设施、健身组织、健身指导、场所监管(见图3-13),其中体质监测、健身活动、健身知识、场地设施满意度得分高于东部地区总体满意度得分,且体质监测满意度得分高出平均分3.03分;健身场所监管、健身组织、健身指导满意度得分低于东部地区平均分,且对健身场所监管的满意度评价最差,比东部地区平均分低2.08分。可见,从微观层面来看,对东部地区农村公共体育服务基本要素满意度评价与县城居民并不一致,反映出县域范畴内城乡差异的客观存在,当下东部地区农村居民健身指导和健身场所监管是应优先改进的问题。

(二)中西部地区农村基本要素的满意度

中西部地区农村自然条件相对较差,很多农村地方远离中心城市,人

---

① 辛松和,周进国.我国群众体育的公平性问题研究[J].南京体育学院学报,2014,28(3):40-44.

② 王春光.对作为基层社会的县域社会的社会学思考[J].北京工业大学学报(社会科学版),2016(6):1-11.

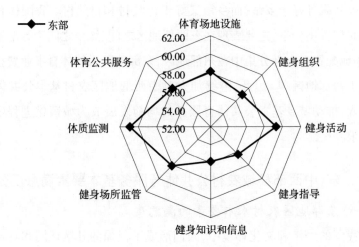

图 3-13　东部县域农村公共体育服务基本要素满意度得分雷达图

口规模和收入水平较低,产业结构单一,城镇化水平和县域经济发展滞后于东部地区,但很多地区拥有自然、人文等方面特殊资源优势,从而在公共服务上呈现出一些地方区域特点。就农村公共体育服务基本要素满意度得分来看(见图3-14),其中体质监测、场地设施、健身活动、健身知识满意度得分高于中西部地区农村平均分,且体质监测满意度得分高出平均分3.42分;健身组织、健身指导、健身场所监管满意度得分低于中西部地区农村平均分,且健身场所监管满意度最差,比中西部地区基本公共体育服务满意度得分低4.86分,反映出中西部农村基本公共体育服务一些薄弱环节。

总之,县域基本公共体育服务满意度是评价政府公共服务力的重要方面,我国东、中、西部县域居民对基本公共体育服务总体满意度评价不高,并存在一定的差异;不同地区的县域居民对公共体育服务基本要素满意度评价也不同;基本公共体育服务满意度在县域范畴存在着差异,县城居民的评价好于乡村干部;县域基本公共体育应优先关注现有健身场所的监管、居民健身指导和体质健康监测等突出问题,谨防县域新型城镇化推进速度与基本公共体育服务"内轮差效应"扩大的趋势,深化县域基本

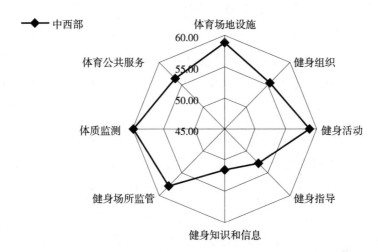

图 3-14 中西部县域农村公共体育服务基本要素满意度得分雷达图

公共体育服务供给侧结构性改革势在必行。

第四节 县域体育公共服务市场化现状及其影响因素

人类社会发展与变革的历史进程表明,市场是推动进步的最重要力量之一。工业革命以来,全球财富的快速增长,人民生活水平的迅速提高,关键在于发现了市场力量、发挥了市场作用。国务院《关于加快发展体育产业促进体育消费的若干意见》①中提出:"完善市场机制,积极培育多元市场主体,吸引社会资本参与,充分调动全社会积极性与创造力,提供适应群众需求、丰富多样的产品和服务。"政策指向和现实需求客观上体现了县域体育公共服务市场化改革的趋势和方向。

一、县域体育公共服务市场化调研

作为实现公共利益和满足公共需求的载体,体育公共服务是一类

---

① 中国政府网.国务院关于加快发展体育产业促进体育消费的若干意见[EB/OL].
http://www.gov.cn/zhengce/content/2014-10/20/content_9152.htm.

特殊的公共服务。体育公共服务市场化的内容繁多,激励约束关系复杂,如何在继续强化政府责任,切实保障全体公民享有基本公共体育服务的同时,分类有序推进体育公共服务市场化改革,课题将在第五章中专门讨论。现就其基于县域公众表达和管理者的认识调查分析如下。

(1)市场供给满足居民需求情况及易得性:县域体育公共服务市场供给的外在形式就是居民能感觉到的经营性服务业的数量、产品或项目能否满足居民需求和服务的易得性。调查数据显示(见图3-15、图3-16、图3-17),计有14.6%居民认为本地体育经营性服务机构数量尚可;27.4%居民认为本地体育经营性服务机构提供的产品或项目能够满足居民需求,30.2%居民认为不能满足需求;居民认为以市场方式提供的服务容易获得者,占调查样本的26.8%。由此推论,从民众来看,县域体育公共服务市场尚处在培育和起步阶段,引导和激发居民体育健身消费,统筹城乡体育公共服务市场化发展任重而道远。

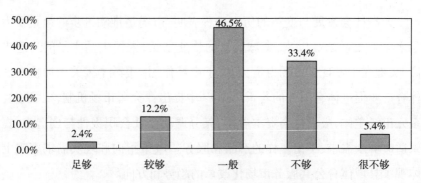

图3-15 县域体育经营性服务机构数量评价

(2)市场供给的质量及价格:公共服务领域市场化改革面临着许多共同问题和挑战,其中一个基础性因素就在于公共服务的质量。服务质量其本身就是市场营销中基本要素,意指市场组织能够满足或超过顾客期望的能力,或者是预期服务质量与感知服务质量的不同。调查

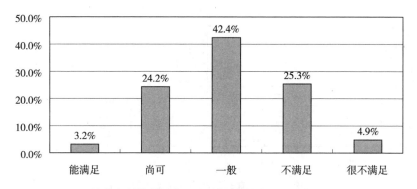

图 3-16　县域体育经营性服务机构提供的产品或项目满足公众需求情况

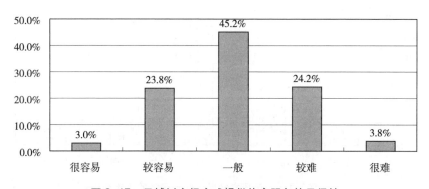

图 3-17　县域以市场方式提供体育服务的易得性

显示(见图 3-18、图 3-19),县域居民对于体育经营性场所或产品服务质量感知较好以上占 20.2%,不好以下者占 21.3%,感知服务价格合理者占调查样本总数的 24.2%,不合理占到 22.9%。可见,在县域体育公共服务市场培育与起步阶段,服务质量的持续改进应得到更多的关注和实际行动。

(3)市场供给的监管及满意度:体育公共服务市场化与政府管制的出现是相伴而生的。市场监管是服务型政府的基本职能之一,公共服务市场化的潜在风险需要政府监管,公共服务市场化的竞争要求政府监管。从县域居民调查来看(见表 3-7、图 3-20),对经营性服务状况监管力度与满意度之间存在着一定的关联,卡方 = 293.936,df = 16,P < 0.01;关联

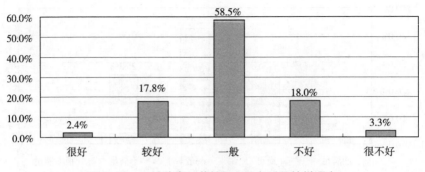

图 3-18　县域体育经营性场所服务质量抽样调查

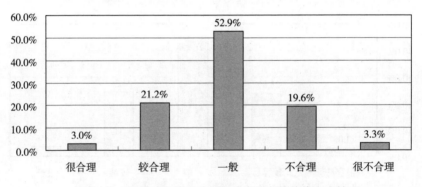

图 3-19　县域以市场方式提供体育服务的价格合理性

系数 r=0.510,P<0.01。即政府对县域体育经营性服务监管力度大,居民对其满意度就高。随着政府继续简政放权,深化行政审批制度改革,维护好基层公平竞争的市场环境就显得特别重要。具体包括:鼓励私人资本进入体育公共服务领域、增设体育公共服务综合体、调整县级公共体育场馆或全民健身活动中心职能定位、部分公共体育场地设施转制、保护消费者合法权益、维护不同所有制投资主体公平竞争等内容。只有政府在维护体育市场供给和秩序方面到位作为,居民才能获得来自市场的有效驱动力,才能提高满意度。

表 3-7　体育经营性服务监管力度与满意度之间的关联分析

		监管力度					合计
		很强	较强	一般	不强	很不强	
满意度	很满意 计数	8	27	30	10	3	78
	B156 中的%	10.3%	34.6%	38.5%	12.8%	3.8%	100.0%
	C9 中的%	29.6%	16.9%	5.1%	2.4%	4.2%	6.2%
	总数的%	0.6%	2.1%	2.4%	0.8%	0.2%	6.2%
	较满意 计数	11	52	113	29	3	208
	B156 中的%	5.3%	25.0%	54.3%	13.9%	1.4%	100.0%
	C9 中的%	40.7%	32.5%	19.2%	7.1%	4.2%	16.5%
	总数的%	0.9%	4.1%	9.0%	2.3%	0.2%	16.5%
	一般 计数	5	61	320	184	19	589
	B156 中的%	0.8%	10.4%	54.3%	31.2%	3.2%	100.0%
	C9 中的%	18.5%	38.1%	54.4%	44.8%	26.4%	46.8%
	总数的%	0.4%	4.8%	25.4%	14.6%	1.5%	46.8%
	不满意 计数	3	17	105	150	24	299
	B156 中的%	1.0%	5.7%	35.1%	50.2%	8.0%	100.0%
	C9 中的%	11.1%	10.6%	17.9%	36.5%	33.3%	23.8%
	总数的%	0.2%	1.4%	8.3%	11.9%	1.9%	23.8%
	很不满意 计数	0	3	20	38	23	84
	B156 中的%	0.0%	3.6%	23.8%	45.2%	27.4%	100.0%
	C9 中的%	0.0%	1.9%	3.4%	9.2%	31.9%	6.7%
	总数的%	0.0%	0.2%	1.6%	3.0%	1.8%	6.7%
合计	计数	27	160	588	411	72	1258
	B156 中的%	2.1%	12.7%	46.7%	32.7%	5.7%	100.0%
	C9 中的%	100.0%	100.0%	100.0%	100.0%	100.0%	100.0%
	总数的%	2.1%	12.7%	46.7%	32.7%	5.7%	100.0%

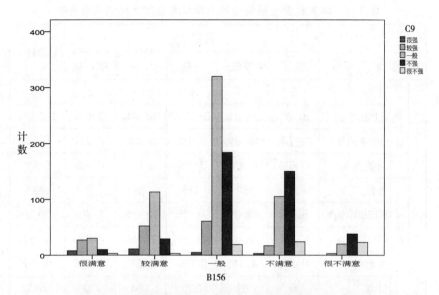

图 3-20　体育经营性服务监管力度与满意度关联分析图

（4）市场供给的领域及项目：经过 20 多年的研究和发展，我国在公共服务市场化方面进行了一系列有益的探索，也取得了一定的成效，但体育公共服务领域进行市场化改革相对滞后，其主要原因之一就是哪些领域或项目适合于市场化供给，理论与实践中均存在着很多的争议。因而，研究中结合县域体育公共服务体系建设中涉及的实际要素，基于专家访谈和县级负责人调查，就 12 类体育公共服务市场化的领域及项目进行调研，对调研后的数据进行系统聚类分析，结果见图 3-21。

从图 3-21 来看，12 类体育公共服务市场化的领域（项目）可分为两大类：一类是公共体育场馆建设、社区健身场地设施与维护、体育自然资源开发利用、体育竞赛表演、体育用品消费、体育中介等体育产业 6 个领域；另一类是群众性体育活动组织、体育运动知识普及、社会体育指导员培养、国民体质监测、公共体育信息建设、体育后备人才培养 6 个领域。这一结果清晰地揭示出县域体育公共服务市场化领域的指向，有利于政府更好地分析、评判、识别和选择优先领域和项目，为县域体育公共服务标准化建设、确定改革模式及政府购买体育公共服务提供参考依据。

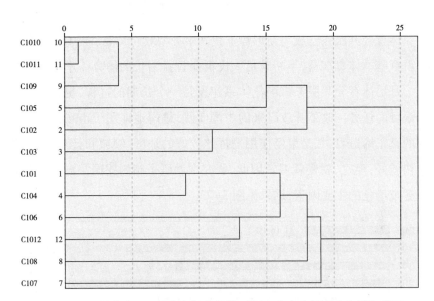

图 3-21　县域体育公共服务市场化领域（项目）专家和管理者意见聚类图

注：C101：群众性体育活动组织；C102：公共体育场馆建设；C103：社区健身场地设施与维护；
　　C104：体育运动知识普及；C105：体育自然资源开发利用；C106：社会体育指导员培养；C107：
　　公共体育信息建设；C108：体育后备人才培养；C109：体育竞赛表演；C1010：体育用品消费；
　　C1011：体育中介等体育产业；C1012：国民体质监测。

（5）管理者对市场化方式及手段的认识：利用市场方式、手段组织和
提供体育公共服务是现代市场经济条件下政府的重要职责，管理者的素
质和认识是实施市场化改革的前提条件。如上所述，每一类服务都是一
个相对独立的体系，不仅包含着诸多的具体领域和项目，而且就内容而
言，又涉及项目组织、标准规范、经费筹措、信息提供、价格决策、责任约
束、监督管理等多个方面。研究中对县级体育行政部门管理人员就公共
服务常用的市场化方式和手段进行了调研，如对政府内部市场化改革较
为了解的人占到调查样本总数的 35.8%，对民营化、特许经营、用者付
费、补贴制等方式较为了解的人不到半数。进一步说明了加强市场知识
普及和管理人才培训的重要性，从另一方面也揭示出基层政府公共服务
能力中人力资源提升的紧迫性。

二、制约县域体育公共服务市场化的主要因素

体育公共服务已成为新形势下我国服务型政府实现、维护、发展好人民群众基本体育权益,不断满足人民群众日益增长的体育需求的重要内容。基层体育公共服务市场化体系建设是一个长期的过程,更是一项十分艰巨的任务。改革开放以来的中国实践,雄辩地证明了市场是中国奇迹的真正缔造者,凡是市场作用发挥比较好的地区、领域和行业,发展的就快就好;反之,就慢就差。因此,研究中调研了制约我国县域体育公共服务市场化的主要因素,结果见图3-22。

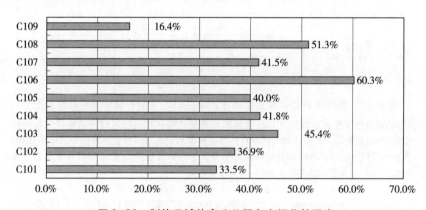

图3-22　制约县域体育公共服务市场化的因素

注:C101:体育公共服务市场化城乡二元体制问题;C102:有关体育公共服务市场化的法律法规;C103:县域体育公共服务市场化的体制机制问题;C104:县域体育公共服务市场化定位问题;C105:县域体育公共服务市场化标准问题;C106:县域体育公共服务的需求和消费问题;C107:县域体育公共服务市场化的质量监管问题;C108:县域体育产业发展水平问题;C109:其他问题。

从图3-22来看,影响县域体育公共服务市场化的因素是多元化的。有60.3%和51.3%的居民认为制约县域体育公共服务市场化的主要因素是公众对于"县域体育公共服务的需求和消费问题"和"县域体育产业发展水平问题",两者都超过了五成,整体上说明县域经济发展水平对体育公共服务市场化的影响。同时,对于县域体育公共服务市场化的体制机制、市场化定位、市场化质量监管以及市场化标准这四个因素,居民选

择都占到四成以上。因此,加快发展体育产业、促进体育消费、创新县域市场化体制机制、合理定位市场、建立体育公共服务标准、加强市场监管成为市场化改革的主导因素。

(一)县域体育公共服务的需求和消费的制约

人的体育需求是作为生物人的自然需要和作为社会人的文化需要的复合性需求。鲍明晓[①]认为,人的体育需求会随着文明进步和社会经济发展水平的不断提升而相应的提升,表现为总量水平不断提高,需求结构不断丰富、保障和供给机制日益复杂和多元。他把人的体育需求分为观赏性需求和参与性需求,而这些需求正是市场驱动的因素。本次问卷调查中,设计了"是否有意愿在居住的县城就能欣赏一场高水平体育比赛?"及"是否有意愿到经营性体育场所付费去健身锻炼?"两个问题,有71.8%的居民曾想到过在家门口观看高水平体育比赛的问题,有42.7%的居民愿意到经营性体育场所付费去锻炼。可见,县域居民观赏性需求较高,超高了七成,但愿意到经营性体育场所付费去健身消费,不足五成。因此,有需求不一定去消费,消费受到多种因素的影响。现阶段,普及健身知识,宣传健身效果,积极引导广大人民群众培育体育消费观念、养成体育消费习惯,成为推动县域体育公共服务市场化改革的起点。

(二)县域体育产业发展水平的制约

如上所述,过去30多年来,我国县域经济得到了较快发展。但是这种发展是以初级工业化为目标,以 GDP 增长为核心,低层次、粗放型、过度追求规模和速度的传统工业化发展路径,导致经济效益、环境效益和社会效益失衡。就体育产业而论,统计数据显示,[②]2006 年中国体育及相关产业实现增加值 982.89 亿元,2007 年实现增加值 1265.23 亿元,2008 年

---

① 鲍明晓.推动群众体育与体育产业协同发展——国务院〔46 号〕文件解读[R].2015-02-06.

② 国家体育总局.2006—2008 全国体育及相关产业统计公报[EB/OL].(2010-04-29)[2013-12-01].http://www.sport.gov.cn/n16/n1077/n1467/n1513017/n1514290/1517921.html.

实现增加值 1554.97 亿元。据推算,2007 年我国人均体育产业 GDP 是 227.88 元人民币。但是,体育产业发展很不平衡,区域性差异很大。体育用品业在东部沿海地区发展力量强大,体育服务业在个别中部、西部和东北地区发展较快。"一些体育产业落后地区的体育产业增加值连体育产业发达地区的千分之一都不到"。① 体育产业发展大多集中在经济发达地区和城市,县域作为城乡一体化发展的枢纽,整体上体育产业发展相对缓慢。消费是拉动产业发展的原动力,完善体育消费政策,促进康体结合,将成为县域体育公共服务市场化发展的有效动力。

(三)县域体育公共服务市场化标准的制约

县域体育公共服务市场化标准的缺失,不但不能扩大市场范围,满足市场、县域居民个性化的体育需求,从侧面也将影响县域城镇化和县域经济的发展。孙雷鸣②在探讨广州体育服务标准发展中提到体育企业服务标准化认证的认识和运用缺乏第三方组织认证监督的机制,全国仅有少数机构进行体育服务认证,这都将制约体育公共服务市场化发展。课题组对山西省县域居民进行了专题调查,有 43% 的居民认为县域体育公共服务市场化标准是制约县域体育公共服务市场化的主导因素之一,因此在今后的发展过程中,县域政府应当正确引导私营企业实施标准化,构建符合县域体育市场运行规律的监管体系,从而保障县域居民的权益和服务质量,促进县域体育公共服务事业稳定、快速、可持续发展。

(四)县域体育公共服务市场化定位的制约

近年来,我国经济在经历了 30 多年的高速增长后,劳动力、土地、市场等资源禀赋的条件都发生了一些新的变化,县域经济和社会文化事业发展呈现了一些新的特点。政府在履行公共服务职能中开始将手中"权力"释放给市场和社会,这必然要求公共服务各领域明确自身的定位。

① 张林,黄海燕.中国体育产业发展报告[M].北京:人民体育出版社,2013:10.
② 孙雷鸣.广州市体育服务标准化发展对策研究[J].西安体育学院学报,2011,28(4):449-452.

政府只有给自己定好位,才能在公共服务市场化中起到积极的作用。对于县域政府部门来说,县域体育公共服务市场化改革就意味着自己的部分权力和资源流失,如何根据体育公共服务和产品的特征、属性,发挥县域体育资源优势,结合本地的经济发展水平、消费习惯及资源禀赋等条件准确地进行市场化定位,是县域体育公共服务市场化改革面临的机遇和挑战。

(五)县域体育公共服务市场监管的制约

伴随着全球化和市场化的进程,公共服务市场化与政府监管的实践探索已有30多年的历史,重要的结论之一就是公共服务市场化不是政府放松监管,而是以此来创新公共服务监管组织体系、法律体系和实施方式。如何在依法治国背景下,培育多元供给主体,形成一个政府、社会、市场分工合作、事业产业相互促进、体育公共服务与体育产业联动发展的新格局,是县域体育公共服务体制机制改革中的重要问题。一是完善体育公共服务市场化的相关法律制度,使体育公共服务市场化改革有法可依,因循法制轨道来进行;二是建立一个科学的监管体系,形成政府监管市场与市场监督政府并用,确保公共利益的实现;三是制定合理的监管评估体系,实现管制主体的专业化与社会化,实施第三方评估制度,确保县域体育公共服务市场化顺利拓展。

第四章 | 县域体育公共服务与市场服务的制度建构

伴随着经济的持续快速增长,我国社会也在加速转型。显著的标志就是广大社会成员的公共需求全面、快速增长,体育公共服务成为县域公共生活中一个不可或缺的重要方面。但由于传统城乡二元分割的公共服务制度安排、资源禀赋及其文化环境的局限,在县域存在着严重的包括体育公共服务需求增长与公共服务不到位及其供给短缺的矛盾。由此,加快建立和完善县域公共体育服务体制既有现实性,又有迫切性。我国已将全民健身上升为国家战略,并把公共体育服务基本覆盖全民作为发展目标之一。因此,在汲取发达国家公共服务理论与实践经验的基础上,构建我国县域体育公共服务与市场服务的制度框架与模式非常重要。①

第一节 县域体育公共服务发展的背景与制度溯源

任何社会的变迁与发展,一定的公共管理和公共服务不仅是人们生

---

① 郑旗.论县域公共体育服务供给制度的模式及其治理机制[J].体育研究与教育,2015,30(3):1-7.

活的共同需要,也是一个社会存在和延续的基础。在我国总体性的行政体制架构中,其层级设置、各层级之间的体制关系及其实际运作中的权力配置等,随着我国社会的变迁和发展而改变。新中国成立以来,随着县域经济制度的变革和行政区划的调整,县域公共服务的制度处在不断地变迁中。就体育公共服务发展的背景与制度变化而论,大体经历了以下几个重要时期。

一、过渡时期体育公共服务发展背景(1949—1958 年)

这一时期是我国由新民主主义革命向社会主义建设过渡的时期,也是新中国体育体制的孕育和初创时期。1949 年 9 月,中国人民政治协商会议制定的《共同纲领》中规定:"国家提倡国民体育。"1949 年 10 月 27日,中共中央副主席、中华人民共和国副主席朱德在中华全国体育总会筹备大会上的讲话中强调:"过去的体育是与广大人民群众脱离的,现在我们的体育事业,一定要为人民服务,要为国防和国民健康服务。"[①]中国新民主主义青年团中央书记冯文彬在筹备大会报告《新民主主义的国民体育》中指出:"我们的体育,是要普及于广大群众中去,为人民服务,使体育成为人民的体育运动。"[②]"体育为人民服务"宗旨的提出,是毛泽东"为人民服务"的思想和新民主主义"大众性"文化特征在体育上的体现。从 1950 年开始,在全国范围内很快掀起群众性体育活动的热潮,各级政府和体育职能部门,设置专门机构、培训专职人员,组织群众性体育活动和竞赛,"体育为人民服务"思想得到了具体落实。

1952 年 6 月 10 日,毛泽东主席为中华全国体育总会成立题词:"发展体育运动,增强人民体质。"明确和规定了我国体育的目的和任务。中华全国体育总会还通过了在各大行政区和省(市、县)设立体育分会、建

---

① 朱德.在中华全国体育总会筹备会议上的讲话[J].新体育,1950(1):7.
② 冯文彬.新民主主义的国民体育[J].新体育,1950(1):8.

立并完善由上而下的体育管理组织体系的决议。1952年11月，中央人民政府委员会第十九次会议决定成立"中央人民政府体育运动委员会"，并于1954年改名为中华人民共和国体育运动委员会，各省、市（县）设立体育运动委员会。至此，新中国发展体育事业的体制及其管理体系初步形成。

这一体制的本质和核心就是"体育为人民服务"，是对新中国国民权利和人民政府职能的新认识。这一时期的体育，不仅把增强人民体质作为当时党的一项重要的政治任务，而且在发展国民经济和保卫国防诸方面成果显著。尽管新中国成立初期县域范畴还谈不上现代意义的体育公共服务，体育供给的内容很有限，但确定的体育建设的方针、任务和目标，尤其是确定的我国体育为人民服务的本质属性，随着过渡时期体育体制的形成而得到有效落实。

二、人民公社时期体育公共服务发展背景及其供给制度（1958—1978年）

社会主义建设初期，国家面临的最大任务在于实现国家的工业化和现代化。将一个落后的农业国建成现代工业化国家，而一家一户的分散经营与国家工业化目标之间存在内在矛盾。在土地改革和合作化运动的基础上，中共中央于1958年8月作出了《关于在农村建立人民公社问题的决议》。人民公社是"政社合一"的组织，既是一个政治实体，又是一个经济组织。实行人民公社的体制，使国家的职能迅速扩张，在短期内快速提供了县域范畴内急需的公共服务，尤其是农村公共服务供给取得了较大的成绩。

在此背景下，1958年9月《中共中央批转国家体委党组关于体育运动十年规划的报告》中提出："体育运动的根本任务是增强人民体质，为劳动生产和国防建设服务。根据这一任务，体育运动的方针是：适应生产大跃进中广大劳动人民对增强体质的要求，大力开展群众性的体育运动，在体育广泛开展的基础上,提高技术水平。不断地创造新纪录。在组织了人民公社的地方,体育运动应在人民公社的统一安排下,结合劳动生产,使之成为广大群众热烈喜爱的事情。"①人民公社管委会不仅设立了农业技术推广站、水利站等农业生产服务和农村经济服务机构,还设立了文化站、广播站和卫生院等承担农民精神文化服务和医疗保健服务职能的机构。② 尽管1958年"左"倾思想占据主导地位,出现全国性的"大跃进"运动,高指标和浮夸风在各行各业中盛行,造成体育事业的发展脱离了实际,但部分县城体育场地设施得到了修建和补充,农村体育活动则与民兵训练相结合,成为人民公社条件下开展群众体育活动的普遍形式,普及农村体育活动的县有160多个。在1960年至1962年的经济困难时期,体育活动很快陷入低潮,随着党中央决定对国民经济实行"调整、巩固、充实、提高"的八字方针,从1963年起,国民经济有所好转,体育战线恢复了生机,在群众体育领域形成了"业余、自愿、因时因地因人制宜,小型多样"的指导思想,对县域体育工作有着一定的推动意义。1966年后,我国进入"文革"时期,各级体育部门陷入瘫痪状态,体育事业遭到了极其严重的破坏,出现了随社会政治形势变化的阶段性特点。例如,1968年至1978年的全国知识青年上山下乡,在一定程度上促进了县域体育活动的发展。

从公共服务的供给制度视角来看,人民公社热潮以后,全国性计划经济的体制逐渐加强,体育的社会组织管理系统的功能和作用逐渐削弱。由新中国成立初期国家和社会力量共同办体育的格局,逐渐向国家体委独家领导和管理的模式转变,实际上国家体委包揽了体育事业的各个方面工作,也逐步形成了计划经济指导下我国体育事业发展的模式。同时,随着城乡基层社会组织与管理体制及所有制结构的不同安排,城乡居民

---

① 国家体委政策研究室.体育运动文件选编(1949—1981)[M].北京:人民体育出版社,1982:33.

② 徐小青.中国农村公共服务[M].北京:中国发展出版社,2002:62.

的服务需求及福利待遇实行了"二元制"供给方式。城市基本上由国家、企业和单位提供,而农村则主要依赖集体及农民个人自我供给。在当时的国力状况下,高度集中对体育事业,尤其是对我国竞技体育的发展起到了保障作用,但也因此加大了城乡公共体育文化事业发展的差距,如县域公共体育设施建设,实际上无论数量和质量水平都很低。

三、改革开放新时期体育公共服务发展背景与制度分析(1978—2000年)

1978年底,中央召开了具有重大历史意义的十一届三中全会,开启了改革开放历史新时期。我国县域经济体制改革正式开始,延续了20多年的人民公社制度逐渐解体。1982年12月4日,第五届全国人民代表大会通过的《中华人民共和国宪法》确定了废除人民公社体制,建立乡(镇)政府。我国体育业迅速进行了拨乱反正,逐步理顺了各种关系,对新中国成立后体育工作进行了认真反思和总结,并不失时机地进行了体育工作重点的转移。

1978年至1980年连续三年的全国体育工作会议,对新时期体育发展战略问题进行了重点讨论。1984年10月5日,中共中央发出《关于进一步发展体育运动的通知》,充分肯定了改革开放后我国体育事业取得的成绩,明确提出积极发展城乡体育活动,努力提高人民健康水平。为适应新形势,1986年4月15日国家体委制定了《关于体育体制改革的决定(草案)》,提出了进一步推进体育社会化,实现国家办与社会办相结合,充分调动了社会办体育的积极性。县域体育活动内容逐渐丰富多彩,公共体育设施与场馆状况得到明显改善,公共服务初步呈现多元化供给的态势。

1992年初,邓小平同志南方谈话,同年10月,中国共产党召开第十四次全国代表大会,提出"社会主义市场经济"理论,确立了社会主义市场经济体制的改革目标。1993年4月,国家体委下发了旨在深化体育改革的系列文件,探索社会主义市场经济条件下体育事业的发展模式。1995 年 6 月,国务院正式颁布《全民健身计划纲要》,提出了到 2010 年基本建成中国特色全民健身体系的奋斗目标,反映了党和国家全心全意为人民服务的根本宗旨。1995 年 10 月 1 日,我国开始实施《中华人民共和国体育法》,标志着我国体育公共服务的建设进入了依法治体的新阶段。

改革开放新时期后,我国的体育事业蓬勃发展,取得了举世瞩目的成就。尤其是强调了全民健身的基础地位,面对群众体育设施供给严重不足的矛盾,各级党委和政府高度重视,建立了具有我国特色的群众体育制度或制度供给,为审视和设计后续的体育改革提供了值得思考的制度主义经验。例如,1984 年 12 月,国家体委下发的《关于加强县体育工作的意见》中,在全国实施体育先进县的创建活动,从 1985 年至 2000 年,全国命名了 7 批 694 个全国体育先进县,占 2000 年全国县(市、区)总数的 33.2%,对农村体育事业产生了强有力推动作用,大大调动了县级政府发展县域体育事业的积极性和主动性。

四、新世纪以来体育公共服务发展背景与制度分析(2000 年至今)

到 21 世纪初,我国社会主义建设取得了巨大成就,胜利实现了邓小平同志提出的现代化建设"三步走"战略的第一步和第二步目标,人民生活总体上达到了小康水平。从社会经济发展环境来看,自 2000 年开始,县域农村实行税费改革的探索和实践。2001 年 7 月 13 日,北京赢得 2008 年奥运会举办权,中共中央、国务院于 2002 年 7 月 22 日颁布《中共中央　国务院关于进一步加强和改进新时期体育工作的意见》,明确提出了新时期发展体育的指导思想、工作方针和总体要求,对继续实施全民健身计划、构建群众性多元的体育服务体系等工作作出了战略部署。2002 年 11 月,党的第十六次全国代表大会提出了全面建设小康社会的奋斗目标,首次把提高全民族健康素质列为党的奋斗目标。2005 年,国家体育总局编制了《体育事业"十一五"规划》和《"十一五"群众体育事业发展规划》,指出群众日益增长的体育需求与社会体育资源不足的矛盾,仍将是我国体育发展过程中的主要矛盾。以科学发展观为统领,我国体育事业发展站在了新的起点上。

2006 年,国家体育总局、国家发展和改革委员会等部门开始启动了县域范畴内的"农民体育健身工程"建设。2008 年 2 月 23 日,中央政治局提出要创新行政管理体制,建设服务型政府。2008 年北京奥运会成功举办后,9 月 28 日,胡锦涛在北京奥运会、残奥会总结表彰大会上的讲话中进一步要求,要继续发展群众体育事业,提出了推动我国从体育大国向体育强国迈进的奋斗目标。2011 年 2 月 15 日,国务院发布《全民健身计划(2011—2015 年)》,确定了 8 个方面的目标和任务。2011 年 4 月 1 日,国家体育总局在我国《体育事业发展"十二五"规划》中进一步明确指出:"在群众体育领域,政府提供的公共体育服务不足,体育场地设施建设、组织体系建立、科学健身指导等诸多方面与广大人民群众的需求存在较大差距,已经成为我国在建设体育强国过程中的基础性薄弱环节。"并提出以满足人民群众不断增长的体育需求为宗旨,以建设体育强国为目标,以转变体育发展方式为主线,以建立完善符合国情、比较完整、覆盖城乡、可持续的公共体育服务体系为重点的指导思想。2012 年,国家发布《国家基本公共服务体系"十二五"规划》,将"体育基本公共服务建设工程"纳入规划,明确提出:"重点支持县级公共体育场建设,加快建设一批面向群众、贴近基层的中小型全民健身中心和灯光球场,充分利用城市绿地、广场、公园等公共场所和适宜的自然区域建设全民健身活动设施。继续实施农民体育健身工程,改善农村公共体育设施条件。"2012 年 9 月 18 日,国家发展改革委和国家体育总局发布《"十二五"公共体育设施建设规划》,对大力加强公共体育设施建设,不断满足人民群众日益增长的体育公共服务需求作出了实施要求,明确了地方各级人民政府是体育基本公共服务设施建设的责任主体,尤其是对县级体育健身中心建设实施专项补助。同时,在全国实施包括体育范畴在内的全覆盖工程,大力推动了县域公共体育设施建设和服务水平的提高。

党的十八大以来,以习近平同志为核心的党中央,从坚持和发展中国特色社会主义全局出发,提出并形成了"四个全面"战略布局的总方略,准确把握基本国情的"变与不变",对我国国情的认识达到了新的水平。2013年国务院专门部署转变政府职能工作,再次强调把政府工作重点转到创造良好发展环境、提供优质公共服务、维护社会公平正义上来。2013年7月,国务院研究推进政府向社会力量购买公共服务工作。2014年10月,国务院印发了《关于加快发展体育产业促进体育消费的若干意见》,明确提出将全民健身上升为国家战略,明晰了体育公共服务体系建设的路线图。2015年10月,党的十八届五中全会通过《中共中央关于制定国民经济和社会发展第十三个五年规划的建议》,明确提出推进健康中国建设的新目标。2016年6月,国务院印发《全民健身计划(2016—2020年)》,进一步强调完善全民健身工作机制;2016年8月,在全国卫生与健康大会上,习近平总书记指出,"推动全民健身和全民健康深度融合",意味着将实现全民健康的侧重点引向前端,从体制机制入手,以供给侧结构性改革为重点,加快体育公共服务体系建设,一个以政府主导、多元供给的体育公共服务制度体系正在显现。

第二节　县域体育公共服务的制度框架与安排

从我国县域体育公共服务发展背景和制度演进不难看出,我国城乡公共服务的差距是由国家制度累进而成的。改革开放40年来,我国县域社会经济发生了巨大而深刻的变迁,农村改革及市场经济的发展,乡村社会分化明显,农民流动加剧,城乡社会联系加强,随着新型城镇化的推进,要解决大批进城劳动力的就业、安居和发展等层面的问题,发展和提升公共服务就成为县域社会经济可持续发展的重要保障。以下,我们对县域体育公共服务的制度框架与安排进行分析。

一、构建县域体育公共服务制度框架的要求

"县"是基层最完备的国家体现物,是整个制度稳定存在的基础构建。① 宏观上,它是国家政府组织具备完整形式和内容的最基础的一级,并在财政体制中拥有独立的财权;微观上,它是一定区域内国家微观管理的集合体,具有"麻雀虽小,五脏俱全"的特点。新制度主义者认为,制度有两层基本含义,其一,制度是行为规则,它决定着人们在经济发展过程中能够与不能够做什么事;其二,制度是人们结成的各种经济、社会、政治等组织或体制,它决定着一切经济发展活动和各种经济关系由此展开的框架。② 按照制度的概念内涵,构建县域体育公共服务的制度框架,必须遵循下述制度要求。

(一)制度要明晰政府与诸社会主体的关系

我国是单一制国家,政府是国家行政机关,作为公共服务供给主体,主要是指各级政府机构,既包括中央级行政机构,也包括省、地、县、乡等地方行政机构。县级行政机构的权限主要表现在"管理本行政区域内的经济、教育、科学、文化、卫生、体育事业、城乡建设事业和财政、民政、公安、民族事务、司法行政、监察、计划生育等行政工作"。③ 理论和实践证明,我国社会经济发展必然要求政府是有限政府,政府不能像以前一样事无巨细地包揽一切。因而,构建县域体育公共服务体系的制度框架,就必须明晰政府部门(公共部门)、私人部门和社会组织等社会主体的关系,

---

① 杨雪冬.市场发育、社会生长和国家构建——以县为微观分析单位[M].郑州:河南人民出版社,2002:52.

② 段文斌,谭庆刚.新制度主义对主流经济学的扩展[J].南开学报(哲学社会科学版),2002(5):68-73.

③ 全国人民代表大会.中华人民共和国宪法[EB/OL].http://www.npc.gov.cn/npc/xinwen/node_505.htm.

才能实现县域体育公共服务的有效供给。

（二）制度安排要确保公正公平

公正公平是服务型政府的道德追求。公正公平是指不同社会特征的公民在基本权利享有上的平等。公正公平的制度顶层设计是基础。制度公正是指"社会在进行制度设计、制度选择、制度实施、制度创新和制度评价过程中要遵循社会公正原则"。① 县域体育公共服务制度建设的核心内容是要在公正的前提下进行城乡体育公共服务供给及标准和选择相关配套制度。现阶段制度不公正主要体现在城乡体育基本公共服务资源占有、服务条件和服务能力等方面的差距上。实现城乡体育公共服务一体化的目标，制度安排必须体现公共性和公正性价值导向。由于历史的原因，县域在农村体育公共服务的供给上欠账较多，因而，要使体育公共服务的政策向县域范畴倾斜，特别是向广大农村地区倾斜，摒除一切不公平和歧视性政策和制度，保障县域体育公共服务对象的"广覆盖"和基本服务水准的"均等化"。

（三）制度要促进城乡一体化的融合

我国二元经济结构的形成原因一方面与其他发展中国家相同，如西方文明的冲击、农村剩余劳动力过多、工业化起步晚等；另一方面与新中国成立后采取的一系列发展战略以及由此出台的相关政策方针有关。1958 年 1 月，全国人民代表大会颁布《中华人民共和国户口登记条例》，将公民分为农业户口和非农业户口，成为二元经济结构的基本条件。城乡不平等的公共服务供给制度是在工业化初期农业向工业"输血"时形成的。在现实世界中，尤其是发展中国家，城市与农村是两个不同特质的共同体。在一定的时期，制度给予它们的安排可以有所不同，但城市与乡村的发展将融于一体。世界上一些发达的工业化国家已经实现了城乡一体化，步入了后工业时代，城乡几乎没有大的差距。近年来，随着城镇化

---

① 刘琼莲.论基本公共服务均等化的制度建构[J].学海,2009(2):139-146.

速度的加快,我国整体社会正在由城乡联系向城乡融合阶段迈进。因此,制度设计与安排,要把握和顺应城乡一体化的趋势,加强农村地区的体育公共服务基础设施投入,正如英国学者霍华德所说:"城市和乡村各有其优点和相应缺点,城市和乡村必须成婚,这种愉快的结合将迸发出新的希望,新的生活,新的文明。"①

(四)制度要充分调动主体能动性

我国农村地域辽阔,人口众多,对体育公共服务需求量极大,需求内容和种类繁多。体育公共服务作为现代服务业中的一个重要组成部分,在制度设计上应充分调动供给主体的积极性和能动性。历史和现实的发展都证实了制度经济学代表人物凡勃伦留下的宝贵的制度主义纲领。他认为,制度对于个人行为具有重建性的力量。个人行为的需要和愿望、结果和目的、方法和手段以及变化,都是制度变量的函数。这个函数具有高度复杂和不稳定的性质。基于此认识,在确保县域体育基本公共服务供给有效、公平的前提下,制度构建要有一定的弹性,避免供给与需求错位、供给结构失衡或者是千篇一律,造成体育公共服务资源低效配置。所以,制度除了要保证发挥县级政府在促进体育基本公共服务均等化的主体作用外,还应充分调动社会力量和农民自身的积极性,以收到事半功倍之效。

二、县域体育公共服务制度框架重构及其安排

承上所述,我国体育公共服务的根本性质、基本内涵、内在要求、发展背景和制度变迁的规律,决定了政府的制度框架与安排在其供给上起主导作用。从国家层面看,"十三五"时期,国家基本公共服务制度紧扣以人为本的思想,对涵盖文化体育领域的七个主要方面进行了制度性安排。这里,结合国情,将从县域体育公共服务的制度框架、制度安排、体制机制

---

① 埃比尼泽·霍华德.明日的田园城市[M].金经元,译.北京:商务印书馆,2006:1.

管理等方面的要求来讨论。就县域而论,体育公共服务体制与机制是两个不同的概念,在整个制度体系结构中,分别处于宏观、中观与微观层面,且有不同的规定、特点和功能定位,发挥着不同的作用。县域体育公共服务体制着重于供给模式,而体育公共服务的机制着重于政策落实和具体实施,具体见图4-1。

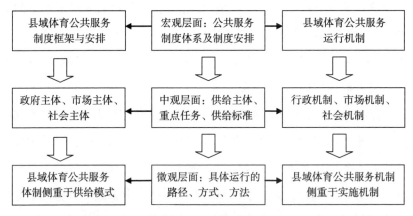

图4-1 县域体育公共服务基本制度框架结构

在这个基本制度框架中,包含了现代社会运行的三种基本结构和机制,但从我国县域公共服务的现实背景和实践来看,政府及其行政机制是勾连三方力量并使之发挥联动作用的最为关键的要素,政府在体育公共服务中扮演着重要的角色。

(一)宏观层面:政府在体育公共服务制度安排中负总责

体育公共服务属于国家基本公共服务体系建设的重要组成部分,市场经济条件下政府的基本职能之一就是公共服务,政府在制度设计和制度安排中负总责。制度安排是制度在社会生活中发挥约束作用的具体化,通过制度的创立和执行实施一套系统性的规范,对社会利益关系进行规范与安排。具体到公共体育服务领域,制度安排意指体育行政部门为更好地向社会公众提供所需的公共体育服务,设计、确立并执行实施一定的规则,约束和规范公共体育服务参与主体的行为,调整各参与主体之间的利益关系,以保障公共体育服务供给的普惠性和公平性。① 如第二章所述,颇具影响力的新公共服务理论不但强调政府服务的角色,并提出了政府的多元责任。发达国家在公共服务领域的发展历程和经验证明,政府在公共服务制度安排中发挥着关键作用,政府的职能已从过去以经济性、社会性公共服务为主,逐步扩展到现在以社会性公共服务为主的阶段。从国内来看,改革开放40年来,我国经济社会领域取得了长足的进步和发展,快速的经济增长带来了社会需求的深刻变化,但公众需求的快速增长与公共服务不足之间的矛盾却日益凸显,尤其是在县域范畴内,迫切要求转变政府职能,重构制度安排。

一般而论,在公共服务制度安排上,各级政府的职能具有各自不同的分工。对于国防、外交、国家安全等全国范围内宏观的基础性公共服务属于中央政府的职能范围,而主要公共服务则划归地方政府,或由中央政府和地方政府共同承担。党的十八大和十八届三中全会进一步明确了深化和健全我国城乡发展一体化体制机制的改革方向,并在财政保障、基本公共服务均等化等制度方面强化了顶层设计。就体育公共服务而论,在各级地方政府中,具体到县级政府,其在公共服务制度安排上具有我国的特殊性,县级政府扮演着多重角色。作为决策者,政府的决策应充分体现县域公众在体育方面的需求和意愿;作为组织安排者,政府至少应将体育公共服务"三纳入",并选择最适合的主体和工具来提供服务;作为直接提供者,政府应直接向县域公众提供所负责的体育公共服务;作为管理者,政府应该制定体育公共服务的规则和标准,并加以严格的监管;作为协调者,政府应联合社会和市场力量共同提供体育公共服务,并成为新型的体育公共服务模式的缔造者。由此可见,政府在体育公共服务制度设计和安排中负主要责任。

---

① 俞琳,曹可强.国外公共体育服务的制度安排[J].上海体育学院学报,2013,37(5):23-26.

(二)中观层面:体育公共服务供给主体多元发展

公共服务的本质是一个公共产品的需求与供给的问题。国外公共服务有效供给理论与实践研究的主要贡献集中体现在两个方面:一是公共服务有效供给的主体研究;二是公共服务有效供给的效率研究。根据对世界各国公共服务实践经验的总结,公共服务供给的主体包括政府、企业和社会组织。三个供给主体按照各自的方式供给产品和服务,形成了公共服务的多元供给制度。

体育公共服务提供的主体,是直接参与体育公共服务或生产的实体。从当前我国行政管理与社会结构来看,县域体育公共服务供给的主体可分为四类:第一类是县域公共部门,包括政府组织(县、乡的行政部门)和县域事业单位;第二类是县域内独资、国有控股、有限责任公司、股份有限公司、合伙企业和个人独资企业等多种类型和形式的企业;第三类是社会组织(或第三部门、志愿部门),主要指那些不以营利为目的、不分配收益,活动有公益性或互益互助性,组织形式主要有社会团体、民办非企业单位和基金会等社会组织;第四类是县域范畴内的街道社区、农村集体和农户个人。

根据公共服务供给的一般规律,从供给主体来说,政府、企业(私人)和社会组织都是供给主体,只要具备一定的条件,三者都可能实现县域体育公共服务的有效供给。但是,诸多领域的公共服务实践证明,政府作为一个非竞争性的公共选择主体,其提供的公共服务的数量和质量可能与社会公众需求不一致。既可能因供给不足而无法满足公众的社会需求,包括特殊需求,又可能因供给过多导致过高的预算支出,还可能因缺少约束导致供给成本超过实际需要造成社会资源的浪费等,这些情况就是学界广泛讨论的"政府失灵"现象。从私人部门来看,由于企业组织竞争与逐利的天性,使得在提供公共服务过程中更有效率和更能提高质量,更重要的是私人部门进入公共服务领域,促进了社会资源的有效配置,为公共服务供给多样化创造了条件,但也面临着一些难以解决的外部性的资源配置问题,这就是所谓的"市场失灵"现象。"市场失灵"的客观存在和自身固有的局限性,其提供的公共服务有效范围只能是部分"准公共物品"及其服务。在"政府失灵"和"市场失灵"的双重困境中,学界呼唤的公民社会理念应运而生。然而,在我国社会组织还不发达,市场机制尚不完善,企业仍是以营利为目的,也同样存在着"社会失灵"现象。这些问题决定了政府还必须是公共服务供给的主体,在公共服务供给中政府仍然要处于主导地位。重要的是,政府要顺应体育公共服务市场化、社会化与分权化的发展趋势,明晰和调整政府职能,将灵活多样的制度安排形式运用在各类体育公共产品和服务活动中,通过制度保障促进构建和完善多元主体参与型的体育公共服务供给体系。

(三)微观层面:建立以体育基本公共服务均等化为目标的运行机制

制度安排是一个复杂并需仔细运作的过程,公共服务有效供给的效率属性要求建立合理的运行机制,真正产生服务效果。这就需要改进公共服务过程,明确服务清单、建立以目标为导向的公共服务运行机制和保障措施。体育公共服务作为社会性需求服务,具有社会性、公益性、共同性和共享性等基本特性,它总是与维持社会存在和发展密切相关。一方面表现为体育公共服务是为了社会公众而不是个人特殊的需求,另一方面表现为这类服务的内容和结构要受到经济社会发展水平的制约,其公共服务供给不应依据社会成员的身份、地位、经济等差异而区别供给,而应持平等化供给理念,更需要恰当的制度安排与设计来实现。由于我国区域发展不平衡,把所有的公共服务都均等化提供不可行,也没有必要,因此只能实现基本公共服务均等化。

基本公共服务均等化就是按标准让所有居民享有相同的基本公共服务权利。《国家基本公共服务体系"十二五"规划》明确了公共文化体育服务国家基本标准;在国家《"十三五"推进基本公共服务均等化规划》中,进一步明确了基本公共服务均等化的内涵,即全体公民都能公平可及地获得大致均等的基本公共服务,其核心是促进机会均等,重点是保障人民群众得到基本公共服务的机会,而不是简单的平均化。要实现这一目标,关键保障在于其运行机制。如前所述,机制的内涵社会有机体各部分的相互联系、相互作用的方式,它强调系统运行的具体方式和方法,换言之,就是要求县级政府要直接或间接地对体育公共服务的制度安排及其目标任务从各个环节实施协调、组织和监控,体现在对国家相关政策的执行力。

三、县域体育公共服务分类与基本内容

体育公共服务分类及其内容范畴,既是一个理论问题,也是一个实践问题,对它的研究既要从公共服务的学理、性质和原则的层面进行,也要结合我国国情尤其是县情,从公共服务的发展阶段、实践和应用的层面来讨论。

（一）准公共物品视角下体育公共服务的属性

从学理层面来看,萨缪尔森经典的"公共物品理论"认为,纯公共物品区别于纯私人物品的显著的特征即消费的非竞争性和受益的非排他性。一般地说,排他性体现在物品占有权和消费权的问题上,竞争性则更多体现在资源的使用方式上。可以这样界定,如果具备既排他又竞争的特点,该物品肯定是纯私人物品;如果既无法设定个人占有权利又无法排除别的人共享,那么,该物品可认定为纯公共物品,介于它们两者之间的混合型情况,就属于准公共物品。

准公共物品可能具有收益性、不确定性与外部性等特征。其中收益性是指"该物品除了满足公众所需要的社会效益以外,还可以在一定条件下满足投资经营者自身的营利性要求";不确定性是指其"本身具有不稳定性,或成为纯公共物品,或成为私人物品,这取决于一定制度条件下项目投资主体、投资方式和经营方式的选择";外部性则是指这类物品的消费会产生或正或负的外部效应,由于消费者无法拒绝或排除这种效应,

因此具有公共性,外部性的大小对其成本补偿有着重要意义。① 从体育公共服务的学理属性来看,并不是所有的体育公共服务都具有纯公共物品的性质,很多体育公共服务具有消费的非竞争性但不具有消费上的排他性,或者具有受益上的排他性但不具有消费上的非竞争性。因而,体育公共服务更多的属于提供准公共物品的服务。

经过实证研究,美国著名的行政学家埃莉诺·奥斯特罗姆夫妇依据物品受益的非排他性和使用方式,将物品分为4类,对我们认识和解释体育公共服务的属性有着重要的借鉴意义。第一类是私益物品,其特点是具有排他性和分别使用,如运动鞋、球拍等体育用品;第二类是收费物品,其特点是具有排他性和共同使用,如体育馆、游泳池等体育场地设施;第三类是公共资源,其特点是非排他性和分别使用,因非制度安排使用会产生"拥挤效应",因使用竞赛和维护性机制会产生"公地悲剧",如户外健身步道、登山旅游等;第四类是公益物品,其特点是非排他性和共同使用,由于消费上的成本免费,其"搭便车"的现象经常存在,多数情况下,私人一般不愿意提供,而只有政府及其公共部门直接提供,如体育法律法规、体育市场秩序的维持、公民国际体育事务和权益维护等。

除了第四类是纯公共物品以外,收费物品、公共资源均属于准公共物品的范畴。公共物品构成了公共服务的载体,可以根据物品属性选择合理的体育公共服务供给方式,以保证效率、成本和社会公平的统一,但这并非物品属性就成为体育公共服务活动方式选择的基本依据,因为体育公共服务包含更多的价值判断因素以及不同国家、地区、民族文化的特点,特别是在我国县域范畴这样一个城乡二元结构且不发达的市场经济社会中,政府所承担的责任、所提供的体育公共服务内容要更多和更为复杂。

---

① 张海斌,江可申,周德群.准公共物品投资主体、投资方式和经营方式探析[J].学习论坛,2004,20(10):22-24.

（二）公共服务分类框架及体育公共服务的内容

无论是从学术角度还是从政策指导的角度，创新和构建公共服务的体系分类都是公共服务相关研究中的重要内容之一。国外代表性的分类，有 William C.Baer 于 1985 年提出的依据公共服务的提供模式划分的分类法，John Christopher McKee 于 1997 年提出的依据公共服务所涉及的人类社会生活的领域划分的分类法，以及联合国提出的"政府职能分类"（COFOG）体系等；国内学者梳理了现行公共服务分类主要标准，即公共支出领域、政府职能体系、公共服务性质、专业知识领域、公共需要内容、资本和劳动力投入比例及消费空间范围，由此形成了 7 种典型的公共服务分类框架，每一框架下又划分不同的类型和内容。[1] 这些分类框架在政府建立体育公共服务清单、指导体育公共服务的具体实践中发挥着重要作用。

学界或政府部门多数认同体育公共服务属于社会性公共服务，但在公共服务内容的认识和政策实践上差异较大。卢映川、万鹏飞等认为，体育公共服务应包括运动知识与普及、公共体育设施与维护、公众体育活动组织与举办、竞技体育组织与管理等 4 个方面。[2] 北京市政府将体育公共服务分为基本公共服务和非基本公共服务。前者指政府依照法律法规，为保障社会全体成员基本社会权利、基础性的福利水平，必须向全体居民均等提供公共服务，包括提高国民身体素质开展的国民体质监测等内容。后者又分为准基本公共服务和经营性公共服务，准基本公共服务可以引入市场机制提供和运营，但由于政府定价等原因没有营利空间或营利空间较小，包括满足人民群众体育健身需求的、需要政府扶持的体育服务；经营性公共服务完全可以通过市场配置资源，满足居民多样化体育需求的服务，包括体育休闲娱乐、体育竞赛表演、体育用品消费、体育中介

① 陈振明，等.公共服务导论[M].北京：北京大学出版社，2011：46-48.
② 卢映川，万鹏飞，等.创新公共服务的组织与管理[M].北京：人民出版社，2007：6.

等体育产业服务。① 深圳市的体育公共服务则包括竞技体育设施、群众体育设施、体育事业产业、体育赛事体育产品、体育建筑、体育旅游等 6 个方面。厦门市的体育公共服务包括大众体育、体育设施、社区体育、农村体育、学校体育、竞技体育等 6 个方面。同时,部分地方政府还规定了体育公共服务主要的发展性指标和具体标准。2012 年 7 月颁布的《国家基本公共服务体系"十二五"规划》中确定了群众体育领域中的体育场馆开放和全民健身服务两个主要方面的国家基本标准。《"十三五"推进基本公共服务均等化规划》中确定了公共体育场馆开放和全民健身服务两大项目。

由此可见,我国现行的体育公共服务分类及实践并没有受到已有分类框架的约束,而是反映了体育公共服务的某一个侧面,且受到政府角色定位、社会发展阶段等因素的影响。这些分类体现了公民体育权利性质,注重保障公民体育基本需求,结合了国情与地方发展实际,对推动区域性体育公共服务的发展具有重要的指导意义;但各个地方对体育公共服务分类标准认识不一,依据多变,服务内容和范畴模糊,服务项目不够清晰,从而影响了分类的应用性和可操作性,并在某种程度上造成制度设计和安排上的困境。

(三)县域体育公共服务的目标定位与基本内容

承上所析,体育公共服务更多的是提供准公共物品的服务,经济学原理已证明,由政府负责提供纯公共物品效率最高,而政府要有选择地提供准公共物品服务,更多的准公共物品服务则由市场和社会组织来提供。这就意味着,在一定的社会经济发展阶段,政府应立足实际,有针对性地确立公共服务的重点任务、内容范围和项目清单。就体育公共服务而论,按照我国政府提出"建立健全公平公正、惠及全民、水平适

---

① 北京市发展和改革委员会.北京市"十一五"时期社会公共服务发展规划[EB/OL].http://www.bjpc.gov.cn/fzgh_1/guihua/11_5/11_5_zx/11_5_zd/200610/t141476_5.htm.

度、可持续发展的公共服务体系,推进基本服务均等化"的政策目标,县域体育公共服务的目标定位就是满足县域居民对体育的多元化需求,实现县域范畴体育基本公共服务均等化,推动城乡体育公共服务一体化的实现。

根据县域体育公共服务的目标定位,确定其服务内容和项目清单成为当务之急。卢映川、万鹏飞等学者认为,"历史阶段性"和"国情适应性"既是解决公共服务分类方法的关键,也是确定公共服务分类内容的基本依据。如前所述,我国体育公共服务发展的背景与制度变化大体经历了四个重要历史阶段,也是体育公共服务的发展不断与社会经济嬗变的结果,尤其是改革开放 40 年,逐步实现了体育公共服务供给由"发展导向—效率优先"向"进步导向—均等共享"的转型。美国著名学者罗斯托[①]从经济学角度将所有社会归于五种类型:传统社会、"起飞"前提条件、"起飞"、走向成熟、大众高消费时代,以及一个尚未可知的消费阶段以后的时期,并认为每个时期都具备独特的时代特点,相应地对各国各级政府公共服务职责的范围也有不同的要求。在有限的生产范畴内发展起来的传统社会,为少数人服务的政府,基本上不提供公共服务,仅包括道路、桥梁、航运等基础设施服务,且是满足统治阶级的需求为目的的。在经济社会发展的第二个增长阶段,政府的公共服务职责主要是提供社会生产和生活所必需的基础产业和公共基础设施,并为经济社会起飞创造前提条件。但由于这一阶段经济社会的主要特征仍然是传统的低效率,政府对公共服务的供给范围仍然有限。社会经济发展的第三阶段是"起飞"阶段,是一个现代社会生活发展的分水岭,经济快速稳定增长,政府的职责主要是消除外部性,克服和防止垄断,以弥补市场的不足。"起飞"后大约 60 年,社会经济发展达到较为成熟的第四阶段,那么,政府的

---

① 罗斯托.经济增长的阶段:非共产党宣言[M].郭熙保,等译.北京:中国社会科学出版社,2001.

公共服务则从以社会基础设施为主的服务结构,转向教育、卫生保健、保险和社会福利为主的基本结构。第五阶段也就是大众高消费时代的来临,此阶段社会经济发展的主导特征之一就是耐用消费品和服务业的繁荣,社会经济发展不再把现代技术进一步视为压倒一切的目标,而更多地关注社会发展的公平与公正。发达国家在这一时期特别强调政府公共服务职能的扩张,通过政治程序把更多的资源用于社会福利和社会保障,以保障公民"从摇篮到坟墓"全面利益的福利国家实现。

我国是世界上最大的发展中国家,人口多、底子薄、人均资源相对短缺,地区发展不平衡,城乡二元结构尚在破解中,城镇化速度快速提高。2012年我国城镇化率已达 52.6%,城镇常住人口超过了农村常住人口,实现了由乡村型社会为主体时代向城市型社会为主体的新时代转变,但这种转变仍然停留在农民居住空间和职业的变动上,在公共服务等实际方面并没有呈现"同城化"的状态。相对于大中小城市,县域公共服务是城镇公共服务的重要组成部分,是城乡一体化的基础和关键环节;而相对于农村而言,县域则是城乡一体化的龙头,是连接"城"与"乡"公共服务的纽带。"任何文明社会的一个重要标志就是向其大众提供某些关键产品(如健康照顾或住房服务)最低水平的消费品。"①公共服务的性质必须是为了最大多数人的利益而生产提供。因此,世界发达国家政府在其不同的经济发展阶段提供的公共服务基本遵循了一个"最低纲领",即"所有由公民消费了便具有普遍意义、所产生的社会经济效益能够覆盖全社会的公共服务和公共产品,必须由政府主导提供,而且必须惠及最大多数人"。② 基于相关成果的研究,借鉴发达国家成功的经验,根据我国县域实际情况,本书按照一定社会经济发展阶段下"公民对公共服务的基本需求""政府提供公共服务的最小范围"的标准,可称之为"最低纲

---

① 卢映川,万鹏飞,等.创新公共服务的组织与管理[M].北京:人民出版社,2007:100.
② 卢映川,万鹏飞,等.创新公共服务的组织与管理[M].北京:人民出版社,2007:99.

领",将县域体育公共服务确定为基本的体育公共服务和发展性体育公共服务两类。

　　所谓基本的体育公共服务,是指建立在一定社会共识基础上,由政府主导提供的,与经济社会发展水平和阶段相适应,旨在保障公民身体健康素质和满足公民基本体育需求的公共服务。对基本的体育公共服务的界定有三层内涵:其一是提供基本的体育公共服务是政府的责任;其二是体现了保障全体公民基本身体健康权利,满足公民对体育的最低消费需求;其三是一个动态和发展的概念,体现在与国家经济社会发展水平相适应,本质上规定了一定阶段上基本的体育公共服务覆盖的最小范围和边界。

　　所谓发展性体育公共服务,是指一定时空条件和社会经济发展阶段下,建立在一定社会共识基础上,政府使用公共权力和公共资源,采用政府、市场和社会组织多元供给,旨在满足公民多元化的体育需求的公共服务。对发展性体育公共服务的界定有两层内涵,其一是依据区域经济社会发展情况,仍然坚持政府的主导作用,实现体育公共服务的政府、市场和社会组织的多元供给;其二是体现在满足社会公众对体育的多元化需求上。

　　由于对现实性、可行性和前瞻性的思考和基点不一,学界对于"基本的体育公共服务"与"发展性体育公共服务"的领域范畴和内容认识也不尽一致,二者均须结合各县域社会经济发展阶段的具体情况,在体育公共服务的基础上进行遴选。随着县域经济社会的发展,由政府提供的"基本的体育公共服务"的种类和项目会越来越多,居民对服务的数量与质量、覆盖面等方面的要求会越来越高。社会经济发展程度较低时期的"发展性体育公共服务",可以逐步转变为发展程度较高时期的"基本的体育公共服务"。课题结合专家调查与实地调研,将现阶段我国县域体育公共服务领域和内容初步遴选如下(见表4-1)。

表 4-1　现阶段我国县域体育公共服务领域与基本内容

领域	基本的体育公共服务	发展性体育公共服务
运动知识普及	(1)全民健身知识普及 (2)国民体质健康状况监测 (3)体育锻炼标准制定实施 (4)社会体育指导员培训	全民健身服务信息化
公共体育设施	(1)公共体育场馆 (2)健身场地和设施建设及维护 (3)社区(乡镇)多功能运动场	(1)运动休闲设施 (2)体育公园(广场) (3)体育健身户外活动基地
居民体育活动	(1)群众性体育运动会的举办 (2)体育健身活动组织 (3)科学健身活动指导	休闲体育
体育文化建设		(1)挖掘、整理民族、民间传统体育项目 (2)体育非物质文化遗产保护
竞技体育发展		(1)竞技体育后备人才培养 (2)训练基地和设施建设 (3)重大体育赛事组织举办
体育产业发展		(1)体育用品生产和消费 (2)体育健身类服务业 (3)竞技体育类服务业 (4)高危险性体育类经营 (5)体育中介咨询服务 (6)体育会展、体育表演 (7)体育旅游 (8)体育彩票

第三节　县域体育公共服务供给的有效制度模式探索

　　长期以来,县域体育公共服务落后于城市,其原因不仅仅在于城乡二元结构不合理的制度安排上,还在于有效供给模式的选择及其效果上。县域是行政性区域的范畴,我国有 60 多万个村,200 多万个自然村,实现城乡体育公共服务一体化,主要瓶颈在农村,探索符合我国县域情况的、适用有效的体育公共服务供给制度模式是需要面对的现实选择。

一、县域体育公共服务供给制度模式的一般阐释

众所周知,人类自身福利依赖于整个社会所能提供的产品与劳务,有效推进共享人类社会发展成果,取决于经济制度的运作效率。党的十八届三中全会明确提出我国经济体制改革的核心问题是处理好政府和市场的关系,使市场在资源配置中起决定性作用和更好发挥政府作用。政府作为提供公共服务的主体,只有在形成完善的制度和市场经济体制相配套的情形下方能有效运行。

制度的功能是增进秩序,提高效率。县域体育公共服务供给制度模式可阐释为人为设定的体育公共服务供给行为的规则,它由一系列相关联的规则制度所构成,包括总体思路、目标定位、主体结构、生产与管理、供给方式、绩效评估、保障措施、实施机制等。而每一方面都有多种不同的选择,每一种不同的选择则构成了一种新的供给制度模式。

在一定的社会经济背景情况下,选择何种制度模式的理论根据和标准各异。从国外来看,在公共服务的创立与发展阶段,其制度模式的选择以公平为价值取向;在成熟与改革阶段,新公共管理等理论使公共服务奉行效率至上的原则;在反思与创新阶段,新公共服务理论又主张公共服务回到公平正义的价值轨道上来。而"整体政府"理论则在反思和批判传统官僚制公共服务模式和新公共管理"管理主义"公共服务模式的基础上,主张通过协同和整合的方式为公民提供无缝隙服务。显而易见,一种公共服务制度模式的选择因试图解决现实问题而打上时代的烙印,视角和主张也不尽相同。从国内来看,随着市场经济体制的建立和深化,公共服务供给体制经历了从垄断供给到市场化、社会化供给等发展阶段,政府在选择制度模式上随着职能的调整而变化。党的十八大明确提出公平正义是中国特色社会主义的内在要求,因此,现阶段县域体育公共服务制度模式的选择,必然以公平和效率的双重目

标来衡量其优劣。

二、县域体育公共服务供给有效制度模式的分析

为保证公共服务的有效供给,奥斯特罗姆夫妇提出了6种制度设计,萨瓦斯则提出了10种制度设计,我国学者宋世明针对公共服务的市场化提出了商业化制度设计、竞争性制度设计和分权化制度设计。前述可证,政府、市场、社会组织和自主供给是现阶段县域体育公共服务供给的四类主体,它们各自独立又相互渗透、相互依赖和补充。在理论上,根据主体的不同,可以划分为多种不同的体育公共服务供给制度模式:一是政府的权威型供给制度模式;二是市场主导型供给制度模式;三是社会组织供给制度模式;四是自主型供给制度模式;五是多元主体的网络供给制度模式。前三种模式已得到学界认可,并在我国公共服务领域实践中得到广泛采用,而自主型供给制度模式,将是实现县域体育公共服务有效供给的必然选择。因为,县域包含着广大的农村,随着县域城镇化的快速推进,新农村建设对体育文化的迫切需求,充分发挥居民自发供给、协同供给和社区供给等自主供给模式的积极性,已成为政府提供体育公共服务的有效补充。第五种模式是建立在治理理论和网络组织理论基础之上,并在新公共管理改革实践上被成功应用。

事实上,任何制度设计都需要相应的制度环境,必须符合一国的国情,并且每种制度模式和结构都有自己的特点,没有单一的"最佳"组织形式。鉴于现阶段我国县域体育公共服务体系建设的现状,在参考相关成果的基础上,课题提出县域体育公共服务选择"一主多元的协同合作"供给制度模式,即以政府供给为主导,以市场供给、社会组织供给、居民自主供给协同合作的模式,见图4-2。

在这一模式中,各个供给主体的地位和作用是不同的:政府供给是制度内供给形式,供给重点为县域范畴基本的体育公共服务和纯公共服务(公益物品),主要责任是履行县级政府体育公共服务的职能,并为其他

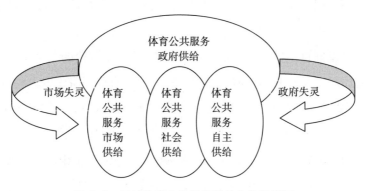

图 4-2　县域体育公共服务供给主体关系图

公共服务的主体提供制度激励,规制其负外部性,①保护公众的利益。市场供给的重点为县域范畴发展性体育公共服务、准公共服务和私益物品,主要职责是尽可能满足不同群体对体育的多元需求。社会组织(非政府组织)既非政府单位,又非一般民营企业,西方国家称非营利组织(NPO)或第三部门,又称为志愿部门。从职能上讲,社会组织为社会提供特殊形式的体育公共物品,它提供的服务和产品往往有着明显的公益性或互益互助性,不仅可以在一定程度上弥补"政府失灵",也可以在很大程度上弥补"市场失灵",还可以通过接受政府委托或参与政府采购,加入政府公共服务体系,拓宽公共服务空间并提高公共服务效率,形成与政府公共服务之间助力互补、共同发展的关系,但也客观地存在着"志愿失灵"。自主供给在县域范畴内主要指居民委员会、村民委员会和居民个人等提供的体育公共服务。居民委员会和村民委员会是具有我国特色的基层群众性自治组织,《中华人民共和国宪法》与《城市居民委员会组织法》《村民委员会组织法》都明确规定,居民委员会与村民委员会是居民和村民"自我管理、自我教育、自我服务的基层群众性自治组织"。从制度规定上看,二者属于典型的非政府组织,但我国学术研究中,除个别学者外,二

---

①　"外部性",即指行为主体的活动对他人和社会所产生的影响,对他人和社会产生的积极影响,称之为"正外部性",反之为"负外部性"。

者一般不被归入非政府组织,这在很大程度上与我国基层组织的政治性和行政性特点有关,但在县域体育公共服务供给上,尤其是广大的农村地区要充分发挥自主供给的主体作用。因为,从民主理论的角度讲,国家起源于公民对自身权利的让渡,也就是说,一个具有公民身份的人相对于国家而言,就是一种契约的关系,他在让渡一部分自由并对国家尽相应义务的同时,对这个国家政府权力的产生有权施加影响;反过来政府也就对国家公民的生活状况产生了责任。它要为公民提供一个能体现人的尊严的生活条件,使其享受社会的公正和平等,正如奥斯特罗姆夫妇所提出的,公共服务供给和提供之适当安排有若干潜在的选择,可以在政府与市场之外找到"自主治理"之道,包括政府经营自己的生产单位、与私人签约、让消费者购买、签发凭单、与其他政府签约、与其他组织共同提供服务。与此相适应,体育公共服务的"一主多元的协同合作"供给制度模式,伴随着国家治理体系与治理能力的现代化建设,致力于公共治理所追求的公平正义的核心价值取向,才能调动社会成员的积极性和创造性,为公民提供最好的体育供给服务。

三、县域体育公共服务供给模式运行的机制保障

在县域体育公共服务中,实施"一主多元的协同合作"供给制度模式,政府、市场、社会组织和自主供给各自拥有对方所不具备的比较优势,但各级政府发挥着不可替代的主导作用。从制度设计与安排角度来看,有效的供给模式离不开相适应的运行机制。

(一)畅通县域体育公共服务需求表达机制

体育公共服务需求表达是政府从事供给活动的逻辑起点,是政府、市场、社会组织及居民自身提供公共服务活动的动力源泉。近年来,学界对于公共服务的需求表达和供给上,不仅有典型经验研究,也有制度层面的一般理论研究,但很少有将居民公共服务需求表达与供给置于城乡一体化、新型城镇化这一社会大背景下。当前我国的体育公共服务发展实际

上仍是一种"自上而下"的发展模式,各级政府和体育管理部门决定着我国体育公共服务的大部分资源,并利用资源优势决定体育公共服务的供给内容、方式、对象。① 由此看来,县域体育公共服务由谁来表达、向谁表达、表达什么、如何表达、究竟建立起一种什么样的体育公共服务需求表达机制等,都还有待深入研究。无论是建立以居民偏好为主的表达机制,还是考虑各供给主体组织化表达机制,只有畅通县域体育公共服务需求表达机制,实现决策程序由"自上而下"向"自下而上"的转变,增强体育公共服务供给的针对性和有效性,才能保障"一主多元的协同合作"供给制度模式的实现。

(二)建立县域体育公共服务多元主体协同机制

在汹涌澎湃的全球政府改革浪潮中,各国政府不仅大刀阔斧地对公共服务体制进行改革,还回过头来重新审视已经走过的道路,认为公共物品与服务本身是一项公共权利,不少国家提出了公共服务领域新的运行机制和发展方向。如英国近年来推出的"地方战略伙伴关系"(Local Strategic Partnerships,LSPs),②更加强调地方政府的灵活性,鼓励地方政府与其伙伴(营利和非营利组织)根据当地实际情况来共同提供公共服务,以使公共服务更加敏感地回应当地的民众。总的来看,其制度模式运行机制的选择,更加强调政府能力的治理和责任承担,在日益强调理性地发挥市场力量的同时,更加关注公共服务的广泛网络和合作潜力,在公平服务供给过程中通过共同的工作、联合的信息系统、各机构间的对话来实现公共服务的政策目标。罗伯特·伍思努认为,政府、市场和非政府组织的界限正变得日益模糊,它们之间存在着频繁的互动和交换关系,这包括竞争与合作、各种资源交换、各种符合交易等。③ 当前,我国已经在公共

----

① 李建波,刘玉.我国体育公共服务包容性发展理论、实践与基本范式[J].上海体育学院学报,2013,37(6):14-23.
② 陈振明,等.公共服务导论[M].北京:北京大学出版社,2011:155.
③ 刘志欣.非政府组织管理:结构、功能与制度[M].北京:清华大学出版社,2013:184.

服务领域中探索了政府与其他供给主体之间的合作、互动、协同关系,如通过行政合同进行行政委托或政府采购以实现服务职能。如江苏省常州市实施政府向体育社会组织购买体育公共服务。因此,探索县域体育公共服务制度模式,不但要建立多元化供给主体的竞争机制,更要强调符合我国国情的多元主体协同机制。

(三)加快与培育县域体育公共服务市场化机制

体育公共服务的市场化是公共服务提供机制的一个重要方面,市场机制是通过市场来配置体育资源的运行方式。综观各国的改革基调,尽管各有差异,但无一不把向企业学习、引入竞争机制作为重要的改革方式。国内外在公共服务市场化改革理论与实践上都取得了丰硕成果。《中共中央关于全面深化改革若干重大问题的决定》提出使市场在资源配置中起决定性作用和更好地发挥政府作用,既是对我国过去几十年改革建设经验的高度概括,也为今后进一步处理好政府与市场的关系确定了方向,标志着我国改革进入新的阶段。体育公共服务市场化由体育公共服务与市场经济内在特性所决定。探索县域体育公共服务市场化机制,其实质就是把市场经营模式和市场的竞争机制引入体育公共服务供给中来,尽量把市场能够解决的体育公共服务供给交给市场,关键在于现阶段我国县域体育公共服务起点低、水平差、城乡背景差距大,政府在保证基本体育公共服务全覆盖的同时,还应关注如何通过市场提供发展性体育公共服务,推动县域体育公共服务市场化改革,把体育公共服务纳入民生类市场化改革,加强体育市场监管,规范各类经济主体的行为,创造公开、公平、公正的竞争环境,切实提高体育公共服务的效率和质量。

(四)改革社会组织体育公共服务的参与机制

我国目前正处在经济和社会全面转型时期,县域范畴内的社会经济发展,不仅面临着市场机制存在缺陷的问题和不发达市场经济的市场机制力量薄弱问题,还面临着城镇化过程中基础设施建设、社会事业发展、农业转移人口市民化和后工业社会带来的多元化问题。作为政府和市场部门之外的"第三种力量"的社会组织,在提高社会资源配置效率、满足社会个性化和多样化的需求、完善公共服务结构等方面都有巨大作用。不过从县域范畴内的体育社会组织来看,虽然起到了弥补政府失灵、辅助政府管理体育工作的功能,但作用发挥还不充分;尽管有的体育社会组织已成为基层多元利益表达的组织载体,但在利益表达和聚合上的作用还很有限。如县域农民体育协会、乡村体育项目协会等社会组织和民间体育组织。究其原因,一是县域基层体育社会组织的管理体制问题;二是基层体育社会组织自身建设和能力上的不足;三是基层体育社会组织的文化价值观念上的约束。县域基层体育社会组织在公共服务上过多地依赖政府,这也可能是我国长期城乡二元结构制度形塑的结果。近年来,国务院部署了深化社会治理体制改革、加快形成现代社会组织体系的一系列工作。因此,如何通过制度设计与安排培育和发展基层体育社会组织,合理划分体育行政、事业单位与体育社会组织的职能,充分推动社会体育指导员协会、体育志愿者组织、体育项目协会、人群类体育协会等参与到体育公共服务活动中来,促进体育公共服务的多元发展,必须积极应对。

（五）强化县域体育公共服务的监督机制

县域体育公共服务的质量和水平,事关公众的切身利益,必须强化和完善其监督机制,创新政府管理。为确保县域"一主多元的协同合作"供给制度模式的实施,需要构建一个严密有序、分工合理、协调互动、运行有效的监督体系。要积极发挥县级人大监督、财政审计监督、居民委员会和村民委员会、公民监督以及上级监管的作用,形成相互协作且有力有效的基层体育公共服务监督体系,促进体育公共服务资源优化配置。对于在县域实施基本的体育公共服务项目,如"农民体育健身工程""雪碳工程""青少年户外体育活动营地"等,要加强供给过程的管理,强化资金和工程质量监督,以防资金的滥用、挪用和浪费,真正保障县域体育公共服务的有效供给。

第五章 | 县域体育公共服务市场化改革的探索

随着探索适合我国公共服务市场化改革体制的深入,市场机制这只"看不见的手"在提升县域体育公共服务水平过程中发挥着越来越重要的作用。一方面,体育公共服务市场化把一部分原来归政府承担的职能转移出来让市场来经营,使市场在资源配置中起决定性作用,提升县域体育公共服务供给的质量和效率;另一方面,推动体育公共服务的市场化,不断促进政府完善其管制行为,提高综合治理能力。本章将结合我国县域社会经济发展的现实基础和实践案例,探索县域体育公共服务市场化改革的基本原则、模式和运行机制及其制约因素。[①]

第一节 体育公共服务市场化的研究进展

一、公共服务市场化的内涵

"市场化"概念是美国管理学家德鲁克于 1969 年首先提出的,最先

---

① 贾玉琛.县域体育公共服务市场化的研究[D].临汾:山西师范大学,2014.

用的词是 reprivatize,即"重新私有化"。从已有的文献研究来看,学界对"公共服务市场化"概念的相关表述较多,具体有"民营化""代理政府""国家的市场化""市场治理"以及公私伙伴关系等。

20 世纪 80 年代以来,公共服务市场化改革在全球蓬勃发展,其中西方发达国家将公共服务市场化改革视为国家行政体制改革的核心。诺曼·弗林①将"市场化"定义为"引入市场机制",并认为市场化的程度取决于引进竞争的程度,具体包括从没有竞争的简单内部市场开始到买方可以自由选择供应方的竞争性市场。皮埃尔②则认为市场化包括三个方面的重要内容:一是利用市场标准去配置公共资源,并利用市场标准去评估公共服务的生产和供应者的效率;二是公共服务市场化属于新公共管理的一个分支,强调移植私营企业的管理经验,更强调以结果为本;三是公共服务消费者个体可以在不同的公共服务供给者之间进行选择。由此可见,公共服务市场化的要旨是竞争机制的引入。

国内学者对公共服务中的市场化内涵做过一些分析。宋世明③在对西方工业化国家公共服务市场化改革进行研究的基础上,概括了市场化的三重含义:一是将决策和执行分开,即政府更多的是"掌舵",而不是"划桨";二是公共服务的供给者多元并存,倡导打破垄断,竞争发展;三是公共服务的消费者拥有在多元的供给者之间进行选择的权利,并拥有可选择的资源。句华④则从市场理念的认同、市场价值的肯定、市场规则及激励的约束、市场机制的引入、市场技能的借鉴、市场主体的介入、市场

---

①　诺曼·弗林.公共部门管理[M].曾锡环,等译.北京:中国青年出版社,2004:119-146.

②　Jon Pierre.The Marketization of the State:Citizens,Consumers,and the Emergence of Public Market [M].Guy Peters and Donald Savoie (eds),Governance in a Changing Environment,MCGI11 Queens University Press,1995:55.

③　宋世明.工业化国家公共服务市场化对中国行政改革的启示[J].政治学研究,2000(2):46-53.

④　句华.公共服务市场化的内涵和动因[J].社会科学战线,2003(3):49-52.

资源的利用等多方面对市场化的含义做了深度分析。刘美萍①述及了公共服务市场化与我国非政府组织发展的关系,认为公共服务市场化的核心就是将竞争机制引入政府公共服务部分领域,由非政府组织和私人部门进行公共服务供给,政府只承担服务监督和监管职责。梅锦萍②通过对本土经验的逻辑归纳和理论探析,认为公共服务的市场化主要是基于三个维度来讨论,具体包括公共服务提供方式上的市场化、公共服务生产方式上的市场化、公共服务借鉴市场和企业治理模式的市场化。董留学③通过分析发达国家社会发展的经验,认为政府公共服务市场化具有多重特征,体现在目的的公共政策性、政府的主导性、功能的财产供给性、手段的可调节性、主体的特定性、适用范围的限定性、法律适用的综合性、政府市场化行为的非营利性、公共服务产品的公益性等。闵锐④对公共服务市场化内涵以及发达国家公共服务市场化的改革实践进行分析,认为公共服务市场化具有主体多元性、参与平等性、形式多样性、行为的非营利性。国内其他一些学者,也立足于国情,对公共服务市场化的内涵进行了讨论。

综上所述,公共服务市场化的核心内涵是将市场机制引入公共服务领域,利用市场竞争机制,打破原来由政府垄断的公共服务,把由政府承担的某些职能推向市场,利用市场机制对资源优化配置的功能,有效地改善和提升公共服务质量。

二、体育公共服务市场化改革研究述评

我国公共服务领域的市场化改革启动于1992年,以国务院颁布的

① 刘美萍.论公共服务市场化与我国非政府组织的发展[J].徐州师范大学学报(哲学社会科学版),2007,33(1):121-126.
② 梅锦萍.公共服务的市场化:本土经验及其理论解析——以江苏省宿迁市医疗改革为例[J].河海大学学报(哲学社会科学版),2011,13(1):24-27.
③ 董留学.我国政府公共服务市场化研究[D].郑州:郑州大学,2005.
④ 闵锐.西方国家政府公共服务市场化及其启示[D].哈尔滨:黑龙江大学,2009.

《关于加快发展第三产业的决定》为标志。20 多年来,国内在公共服务市场化问题上形成了不少改革理论,同时也积累了不少实践经验。体育公共服务领域中市场化改革及其研究相对较晚一些,近年来国内学者主要围绕体育公共服务市场化的背景和基本问题、发达国家的经验与借鉴、体育公共服务市场化的供给模式和实践等方面来展开。

　　从现有的研究来看,尽管我国在体育公共服务体系建设的理论研究上取得了丰硕成果,但就体育公共服务市场化的理论研究而言尚处于起步阶段。如前所述,发达国家实行的公共服务市场化改革,与新公共管理理论、治理理论、公共选择理论、委托代理理论有着紧密的联系,这些理论直接影响着公共服务市场化的实践。我国体育理论界通过争论,突破了"体育只能产业化,而不能市场化"思想观念的束缚。[①] 王伯超、范冬云、王伟超等[②]梳理了西方主要发达国家体育公共服务改革的理论和实践背景,针对当时我国市场经济体制建设的现状,提出了稳步推进体育公共服务"有限市场化"论点。彭跃清、陈利和[③]讨论了我国体育公共服务体制改革立论的基础,认为我国体育公共服务体制改革面临着两个基本问题,一是提供哪些体育公共服务,解决该问题需要确定体育公共服务的范畴,明确政府与市场的功能界限;二是如何提供体育公共服务,解决这个问题必须明确体育公共服务的产品由谁来生产,是政府还是市场,或是两者兼容,这需要很好的研究和讨论;并认为市场机制完全可以在政府"看得见的手"的引导下,通过参与具体的生产环节以提高公共服务的效率和效益。孟文娣[④]在其博士学位论文中认为,不同类型的群众体育公共产品

　　① 王学实,汤起宇.论体育的市场机制引入——"体育可以产业化而不能市场化"质疑[J].天津体育学院学报,2007,22(3):211-213.

　　② 王伯超,范冬云,王伟超,等.发达国家体育公共服务改革的背景及启示[J].上海体育学院学报,2010,34(3):6-9.

　　③ 彭跃清,陈利和.体育公共服务体制改革的立论基础[J].山东体育学院学报,2011,27(7):12-15.

　　④ 孟文娣.中国群众体育公共服务市场机制引入方式的研究[D].北京:北京体育大学,2008.

和服务与各种市场机制引入方式有着不同程度的关联,决定采用何种制度安排,需要考虑不同类型群众体育公共产品和服务的性质、特点,以及不同制度安排的相关特征和影响因素。樊炳有研究后认为,①我国体育公共服务引入市场机制主要体现在两个大的方面:一方面,从体育公共服务市场化目标来看,首先意味着在体育公共服务领域重新界定政府与市场的功能,以解决"提供什么"的问题,主要表现为政府逐渐淡出;其次意味着政府决策机制更加民主化,鼓励人们显示自己的需求偏好,以解决"提供多少"的问题,主要表现为政府决策权力的下放等;再次意味着在确定政府承担提供体育公共服务责任的前提下,把市场管理的机制、手段、方式引入体育公共服务之中,追求体育公共服务提供者的有效性,主要表现为企业管理方法和手段的引入。另一方面,从体育公共服务市场化方式方法来看,体育公共服务市场化至少包含着基本理念是相信市场的优越性、市场价值的肯定、市场机制竞争和多样化、市场主体多元化及经营方式等多层含义。李建波等②则针对体育公共服务市场化改革中,由于受传统思维的影响,在一些既得利益领域,政府不愿放松准入限制,体育公共市场化改革实质演变成了通过改革实现利益瓜分等问题,并提出了体育公共服务包容性发展理论和范式。这些成果为认识和深化县域体育公共服务市场化改革提供了理论基础。

体育公共服务市场化研究的另一焦点就是发达国家的经验与借鉴。陆小聪③在分析西方公共服务理论历史发展脉络的基础上,提出了我国公共服务建设的基本价值诉求和体育发展方式的路径选择。刘玉④以美

① 樊炳有.我国体育公共服务供给制度及实践路径选择探讨[J].体育与科学,2009,30(4):27-31.

② 李建波,刘玉.我国体育公共服务包容性发展理论、实践与基本范式[J].上海体育学院学报,2013,37(6):14-19.

③ 陆小聪.我国公共体育服务发展的时代背景[C]//戴健.中国公共体育服务发展报告(2013)[R].北京:社会科学文献出版社,2013:29-45.

④ 刘玉.体育公共服务市场化改革——发达国家经验及借鉴[J].北京体育大学学报,2012,35(11):6-10.

国、英国、德国等发达国家体育公共服务市场化改革为主要研究对象,分析了发达国家体育公共服务市场化改革取得的重要经验,主要集中在政府改革职能转变与市场化改革相协调、注意市场的边界与限度、采用丰富的市场手段、实行严格的监管制度、重视俱乐部等体育非营利的基础性作用和注重融资渠道多元化等六个方面。如英国属于较早实行体育公共服务市场化改革的国家,体育公共服务供给主要通过强制性竞标方式来完成,政府出台一系列的改革措施,强调私人主体、社会主体与政府的相互协作;美国政府在体育公共服务供给中大都通过市场手段把体育公共服务供给权力下放给私营部门和非营利部门;意大利的许多体育场馆通过合同出租的方式由私营公司经营,为食品服务商提供场地摊位及特许经销权,收益都属于私营公司,但私营公司要把体育场馆面向公众开放,收费要接受政府及公众监督;日本的体育设施建设运营主要采用 BOT 模式;等等。基于发达国家的体育公共服务经验,刘玉提出了强化理论研究、明确市场参与供给的边界与限度、不断丰富市场化手段和加强制度建设等四方面的建议。刘兵①系统分析了芬兰公共体育服务政策演进的社会结构与文化环境,认为芬兰主要是以社会组织为主体的管理体制来实施体育公共服务工作。俞琳、曹可强②讨论了国外体育公共服务市场制度安排的主要形式。王伯超等③在分析了发达国家体育公共服务改革的背景后认为,福利国家制度保留下来的完备的体育设施、完善的法律制度和规范的市场体系,是西方主要发达国家体育公共服务市场化改革得以顺利推行的前提条件。总之,发达国家非常重视市场机制在体育公共服务供给中的作用,通过市场和政府的有机结合,既满足了公民在体育公共

① 刘兵.芬兰公共体育服务研究[C]//戴健.中国公共体育服务发展报告(2013)[R].北京:社会科学文献出版社,2013:213-228.

② 俞琳,曹可强.国外公共体育服务的制度安排[J].上海体育学院学报,2013,37(5):23-26.

③ 王伯超,范冬云,王伟超,等.发达国家体育公共服务改革的背景及启示[J].上海体育学院学报,2010,34(3):6-9.

服务方面的个性需求,又考虑到了体育公共服务的属性,特别重视市场的边界和限度,促进了体育公共服务的多元化发展。值得注意的是,发达国家市场化改革所取得的一些成功,根源于其成熟的市场机制,他们在选择公共服务市场化供给机制时,已具备完善的市场经济体制,而在转轨国家和发展中国家采用市场机制时,面临着市场经济体制建立尤其是完善的问题。

从我国体育公共服务市场化供给模式和实践的研究成果来看,2010年国务院办公厅下发《关于加快发展体育产业的指导意见》,明确提出要"在加强体育公共服务、不断提高服务能力和水平的同时,不断增加体育市场供给,努力向人民群众提供健康丰富的体育产品"。王骏等[1]基于上海市杨浦区政府、学校、体育俱乐部合作模式的调查研究,形成了"补贴—委托—合作参与式模式",即政府引导与资助、社区体育健身俱乐部管理与运作、社区体育健身俱乐部与学校共同生产与提供、社区居民参与和协助的模式。这种模式就是政府通过体育公共服务的市场化制度创新而探索出来的,取得了很好的成效。秦小平等[2]根据公共物品理论、市场理论和政府采购理论,提出了农村体育公共服务的"以钱养事"的机制,即按照"体育行政职能整体转移、经营职能走向市场、体育公益服务职能面向社会"的思路,进行体育公共服务部门转制及身份转换,使得体育公共服务资源和财政拨款由"养人"变为"养事"。刘玉[3]则根据农村体育公共服务中存在"两极"失灵的现状,提出了分层次、多元化、竞争式体育公共服务社区化供给模式,并指出当前市场性质体育公共服务的供给应

① 王骏,周日智.补贴与项目委托契合下体育公共服务供给模式的创新——基于上海市杨浦区政府、学校、体育俱乐部合作模式的调查[J].山东体育学院学报,2012,28(1):1-5.

② 秦小平,王志刚,王健,等."以钱养事":农村体育公共服务供给机制改革新思路[J].上海体育学院学报,2012,36(1):32-35.

③ 刘玉.分层次、多元化、竞争式农村体育公共服务社区化供给研究[J].山东体育学院学报,2011,27(12):1-6.

以乡镇社区为中心,逐渐向周边农村社区辐射。唐立慧等[1]对我国公共体育领域应用市场化的相关问题进行了初步探索,认为我国公共体育服务市场化的边界限定在政府供给成本高、效益低的领域,即公共体育场馆服务、公共体育设施服务等,可能应用的市场化方式有 PPP、政府购买合同制外包等。张瑞林等[2]根据公共服务凭单制内涵、作用机理等理论成果,探讨了全民健身公共服务凭单制运行的可行性,为体育公共服务市场化机制提供了一个新的模式。赖其军等[3]研究发现,政府购买是优化公共体育服务政府供给的创新路径之一,对改变公共体育经费投入模式具有重要的意义。

总之,体育公共服务领域中的市场化是与市场经济体制紧密联系在一起的概念,在我国努力完善市场经济体制的背景下,讨论该问题,既不能脱离经济学、公共管理学等学科理论的支撑,尤其是国外公共服务理论的最新发展和实践经验,又要紧密结合我国国情和县域体育公共服务事业发展的特点,充分考虑"使市场在资源配置中起决定性作用和更好发挥政府作用",从而实现体育公共资源的有效配置和体育公共服务的高效和公平供给。

第二节　县域体育公共服务市场化的基本原则与范围

如上所述,体育公共服务市场化是全民健身服务体系建设中的一个重要方面,甚至可以说是当前全球性的体育公共服务提供机制改革诸多选项中的主流,应用和实践模式甚广,争议也颇多,尤其是在转轨国家中

---

① 唐立慧,郇昌店,肖林鹏,等.我国公共体育服务的市场化改革研究[J].西安体育学院学报,2010,27(3):257-261.

② 张瑞林,王晓芳,王先亮,等.论我国全民健身公共服务"凭单制"供给[J].体育学刊,2013,20(4):14-17.

③ 赖其军,郇昌店,肖林鹏,等.从政府投入到政府购买——公共体育服务供给创新研究[J].体育文化导刊,2010(10):7-9.

均面临着实践路径选择的问题。就我国县域体育公共服务市场化改革而论,同样面临着诸多挑战,如新型县域城镇化、城乡户籍制度的改革加快、公共基础设施建设相对滞后、县域社会经济发展不平衡等。因此,探讨县域体育公共服务市场改革,必须把握市场化的基本原则和范围这两个基点。

一、县域体育公共服务市场化的基本原则

(一)坚持政府管制的原则

体育公共服务属于民生类公共服务,与老百姓的基本生活息息相关。体育公共服务的发展有其自身的规律和特殊性,由于我国县域体育公共服务发展起步晚,发展的资金投入有限,体育公共产品和服务总量不足,不能满足社会公众的多样化需求。借鉴发达国家和国内公共服务市场改革的经验和教训,实施县域体育公共服务化市场化改革,在现阶段必须坚持政府管制的原则。政府管制更是现代市场经济不可或缺的制度安排和保障措施,其内涵主要体现在为了实现某种公共政策目标,运用司法、立法和行政等手段对特定产业或微观经济行为主体的各种行为进行限制、引导、监督和规范。"市场化"并不是不要发挥政府作用,而是要更好发挥政府的主导作用,因为有效的市场离不开有作为的政府。

(二)坚持公益性原则

县域体育公共服务市场化的主要目标是满足群众日益增长的多元化体育需求。我国体育事业的公共性,决定了市场化改革要以人们的共同利益和价值为目的,而不是以营利为目的。公益性是指不以营利为目的并以增强社会效益为目标。体育公共服务具有鲜明的公益性,虽然在市场化的过程中引入了市场的竞争机制,接受利益驱动的驱使,但是其公益性本质内涵不可改变,而且需要在市场化的过程中进一步巩固加强。引入市场机制,并不意味着政府的完全退出,在政府承担体育公共服务主体责任并发挥主导作用的前提下,重新确立和科学界定公共服务领

域中政府的管理职能、管理范围,这样才可能实现体育公共资源配置由市场起决定性作用,才可能防范体育公共服务市场化过程中出现的私营垄断。

(三)坚持平等性原则

现代文明的一个重要特征是机会均等化概念从条件无涉及的状态转变为条件依赖的状态,这其实意味着平等获得均等的机会,因为某些个体可能根本不具有利用均等机会的条件。因而,县域体育公共服务市场化,就需要在公私平等的原则基础上,让公共部门与私营部门进行公平、平等的博弈,做到供给主体公平,消除政府或某些非政府部门垄断供给的问题。与此同时,县域体育公共服务市场化也要将提供的体育公共服务产品和服务与居民的收入水平、消费水平、生活质量相关联,尽量满足每个人都能享有体育公共服务,尤其是经济欠发达的县域地区居民,真正拥有机会均等的可能性。从国内外公共服务改革较好的地区经验和案例来看,政府可以通过专项补贴和彩票公益金等方式来调节不同地区之间的差异,对市场进行监管,公平平等地进行县域体育公共服务市场化改革。

(四)坚持多元主体合作的原则

县域体育公共服务市场化改革要坚持多元主体合作的原则,政府、市场、体育社会组织都是体育公共服务市场化改革的竞争主体。必须明确,政府、市场、体育社会组织之间的关系不是替代关系,而是互补关系。在保证体育公共服务产权国有的情况下,要保证市场化的效率和真正服务实效,必须坚持多元主体有效合作,市场化的经营权应该采取多元化的模式,要有效消除和减弱"政府失灵",政府不能退出,而且体育社会组织要加入,但也要控制"弗里德曼之手",更不能形成完全私营化。多元化供给主体是适应现阶段我国县域体育公共服务发展实际的,通过多元主体之间的相互协调、竞争与合作,促使各供给主体提高质量和效率。

二、县域体育公共服务市场化的合理范围

我国改革的过程就是逐步打破体制障碍建立新体制的过程。研究表明，①目前发达国家公共服务的市场化的重心在于资源配置方式的改革，即市场标准在公共部门的应用；而在转轨国家则首先要在制度层面上实现变迁，即在构筑完善的公共服务市场的基础上再去研究市场化实现方式的问题，因而公共服务市场的建构是研究重心。本书第四章"县域体育公共服务与市场服务的制度建构"中，曾讨论过县域体育公共服务分类的框架及其基本内容。究竟哪些体育公共服务适合市场化？该问题实质上是体育公共服务市场化边界的问题。从学理上来看，学界对于公共服务市场化边界划分的问题，主要理论依据是公共物品提供理论和威廉姆森提出的交易成本三维度理论。

从公共物品提供理论来分析，可有两层解释：其一，尽管公共物品与公共服务有所区别，但其有效供给无法离开公共物品。公共服务的供给通常是以公共物品尤其是公共基础设施和技术设备为载体的，公共物品在很大程度上制约了公共服务的有效供给。如前所述，公共物品具有两大基本特征，即非竞争性和非排他性，以此为参考可将公共物品分为纯公共物品和准公共物品。与此相对应，公共服务本身是否具有排他性和竞争性，也可分为纯公共服务和准公共服务。对于纯公共服务，一般都是由政府来提供，而不能随意推向市场；对于准公共服务完全可以引入市场机制来提供。其二，公共物品的提供和生产是两个不同的概念，区分公共物品的提供与生产是该理论的核心。"提供"指的是谁为产品付款以供人们消费，即产品的成本补偿；而"生产"是指产品组织产出的方式，即由谁来从事产品的具体产出。因此，提供者和生产者可以是同一个单位或机构，也可以不是，这为体育公共服务创造性地选择市场化提供了理论

---

① 陈振明，等.公共服务导论[M].北京：北京大学出版社，2011：172.

依据。

从威廉姆森提出的交易成本三维度理论来看,他认为交易维度是影响交易成本的关键因素,包括资产专用性程度、交易不确定性程度以及交易频繁性程度。资产专用性程度,是指一项资产用于某一项商品时的必须和单一程度。这种必须和单一程度越高,这种资产的专用性程度就越高。在他看来,交易不确定性程度,是指市场交易顺利实现的可能性程度,交易实现的可能性越大,其交易的不确定性程度就越小,反之亦然。而交易频繁性程度,是指相同性质的交易行为产生次数的多少,发生频率的强弱。根据交易成本理论,在公共服务市场化改革中,当公共服务提供者和生产者不相同时,就产生了交易成本,即聘用和管理生产者的成本。因此,交易成本是决定公共服务市场化改革成败的关键因素,从交易成本的视角可以构建公共服务市场化的边界及不同类型的市场化选择模型,同时,这一理论对私人资本进入体育公共服务领域,尤其是政府建立"公私伙伴关系"机制有着重要的启示。

县域体育公共服务包括不同的领域和种类,其最终产品离不开"人"这一社会活动的主体和最终消费者。在很多情况下,提供某一种体育公共物品时,就可以视为一种体育公共服务的实现,但这并不意味着所有的体育公共服务都是通过公共物品的提供来实现的,体育公共服务实际上是一个比公共物品更宽泛的范畴,体育公共服务既包括以公共物品的形式体现出来的结果,也包括提供体育公共物品的这一过程。现阶段,"县域发展性体育公共服务"的内容(参见本书第四章)均可列入市场化的范围。

第三节　县域体育公共服务市场化的模式选择

党的十八届三中全会中明确指出:"建设统一开放、竞争有序的市场体系,是使市场在资源配置中起决定性作用的基础。"同时提出"推广政府购买服务,凡属事务性管理服务,原则上都要引入竞争机制,通过合同、委托等方式向社会购买"。① 我国为了提高体育公共设施建设效率,缓解政府资金压力,已经逐步引入市场资金参与体育公共场地设施建设。

县域体育公共服务市场化运营模式是县域体育公共服务运行和操作过程中市场化实施的主要方式,是提升县域体育公共服务质量、缓解政府供给压力的具体手段。随着特许经营、合同外包等市场化运营模式在我国公共事业中逐渐被引入,其不断完善的理论体系、日益健全的政策法规,逐渐科学化的政府管理以及配套的后期运营管理模式都为县域体育公共服务市场化提供了理论基础。根据萨瓦斯等人对于民营化运营方式的研究,结合县域体育公共服务和各运营模式的特点,选择合理的运营模式,在县域体育公共服务中,选择服务外包、特许经营、购买服务、用者付费、补贴制等五种模式进行探讨(见图5-1)。

一、服务外包运营模式在县域体育公共服务中的应用

服务外包是公共服务市场化中最常见的运营模式,长期以来主要运用于商业领域,为企业的内部生产和经营服务,在公共服务领域主要有合同出租和委托承包两种形式。服务外包有助于提升资源配置效率、缓解政府供给不足、降低供给成本。在县域体育公共服务中采取服务外包运营模式可以解决县级政府财政压力、满足县域居民体育文化需求,例如四川省成都市双流县体育中心服务外包运营案例。根据我国的现实情况,通过服务外包形式让私营部门进行操作和运营,服务外包的成功与否,不仅取决于服务本身性质,还受实施过程中具体环节等因素所影响。

---

① 新华社.中共中央关于全面深化改革若干重大问题的决定[EB/OL].(2013-11-15)[2013-12-01].http://news.xinhuanet.com/politics/2013/11/15/c_118164235.htm.

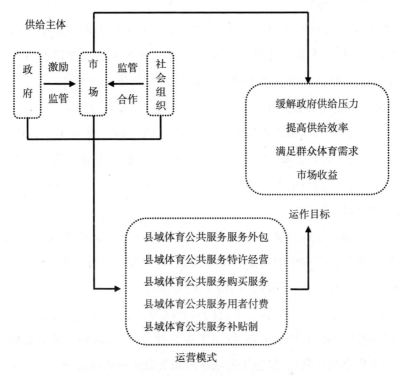

图 5-1　县域体育公共服务市场化运营模式

案例 5-1:四川省成都市双流县体育中心服务外包运营案例①

　　双流体育中心占地 234 亩,投资 6 亿元(基建投资 3.2 亿元),中心功能完善、设施一流。有能容纳 25000 人观看的 400 米 8 跑道标准田径场、开放式足球场、网球场、篮球场、门球场,以及能容纳 3400 人观看的体育馆、训练馆、标准比赛游泳池、少年游泳池、儿童戏水池,是西南第一个规格最高、环境最优美的县级体育场馆。其管理方式是我国体育场馆较早采用市场化模式的场馆,采取"国家建设,企业管理"

①　双流县政府门户网站.双流体育中心[EB/OL].(2012-12-05)[2013-12-01].ht-tp://www.shuangliu.gov.cn/people/detail.jsp? id=703997.

的模式进行管理和运营,具体由双流县体育产业营运管理有限公司运作,资本金所有权归属双流县人民政府,县政府委托县国资办行使出资人职能,并负责监督管理。双流县体育产业营运管理有限公司通过招标将体育中心的全部服务性工作和基础设施等进行外包。

四川省成都市双流县体育中心服务外包的初步成效:

第一,四川省成都市双流县体育中心将场馆运营中的日常服务、保养、设备维护、接待保障等服务运用服务外包管理模式,不仅缓解了政府压力,更降低了运营成本。借助专业外包公司的经验和优势,创造了舒适良好的中心环境。

第二,保障了各大赛事、演出的有序进行。举办各大赛事或者文艺演出时,各部门都有专业的负责人员与团队,成立相关工作小组,各工作小组各负其责,有条不紊,确保赛事活动的稳步进行。

第三,促进县域体育服务事业的可持续发展。双流县体育中心进行服务外包时,不断开拓了市场,推出了体育健身项目,减轻了政府财政压力,形成资金循环利用,推进了县域体育服务事业的快速发展。

总之,服务外包运营模式在县域体育公共服务中借助专业外包公司的经验和优势,缓解政府压力,形成资金循环,保障了各专项活动、赛事、体育场馆日常维护等县域体育公共服务事业的可持续发展。

二、特许经营运营模式在县域体育公共服务中的应用

特许经营是县域体育公共服务市场化中另一种比较常见的模式,它是政府通过合同或其他方式授予企业在一段时间和范围内获得某公共产品和服务的经营权,实际上就是同私营企业达成某种协议,与服务外包一样,政府还是提供者、私营企业是生产者,不同之处是,特许经营模式下产生的费用由消费者直接付出。

国际公共事业中的融资模式具有代表性的有 BOT、TOT、PFI 等,在这几种模式的基础上也衍生出多种项目融资具体操作模式,如 BTO、BT、

BOO、ABS 等。县域体育融资普遍认为是市场化的核心问题,主要包括政府直接投资、BOT、TOT、PFI 等融资模式。它们在县级各类体育公共基础设施和服务投资建设方面取得了良好的成效,是县域基本体育公共服务发展的重要资金来源与保障(见表 5-1)。

表 5-1　BOT、TOT、PFI 融资模式的比较①

比较内容	BOT	TOT	PFI
主要适用的范围	新建的基础项目	已有的经营类项目	新建的基础项目
风险的大小	政府高私人高	政府高私人低	私人高
责任的承担	多方共同承担	私人承担	私人承担
项目管理方式	多方共同管理	政府监管,私人管理	私人全权管理
筹资主体	私人	政府	私人
项目的经营权	政府/私人/公私合营	私人	私人
融资的难易程度	难	较难	难
回报的形式	经营权/资金	经营权	经营权/资金
主要目标	政府获得项目所有权	通过转让所有权获得资金	私人提供产品或服务

(1)BOT 融资模式:BOT(Build-Operate-Transfer),是指私营部门参与公共基础服务、基础设施建设,与政府签订特许权协议,承担项目投资、建设、经营、管理与维护,建成后一定时期内享有对该项目的所有权与经营权,在一定期限后将公共基础设施无偿或有偿移交给政府部门(见图5-2)。其最大的优势是缓解一些需要大量资金投入的新建项目融资问题,后期经营可以是私营部门经营,可以是政府经营,也可以是政府与私营部门共同经营。它适用于新建的基础项目或者改扩建原有项目,它的

① 张征斌,郑旗,贾玉琛.体育公共服务市场化融资模式及其路径选择[J].太原师范学院学报(社会科学版),2013,12(6):73-75.

多种衍生模式在基础公共服务建设中也起到相应的作用。但是 BOT 融资模式一般耗资巨大，项目投资生产的周期相对比较长，历经时间比较久，这其中不免产生一定的风险。由于其需要大量的资金投入并且收益周期较长，融资相对于其他四种方式更难。但在体育公共服务中涉及较少，我们应当汲取 BOT 融资模式在各类公共服务中的成功经验，加强其在大型体育场馆与基础设施等方面的应用，满足县域居民的体育需求，优化县域体育公共服务的供给能力。

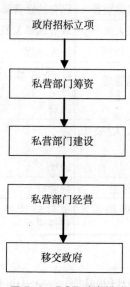

图 5-2　BOT 融资模式

（2）TOT 融资模式：TOT（Transfer-Operate-Transfer），是指政府与私人通过签订特许经营协议，将已建设运营的公共基础设施、基础服务项目在一定期限内交由私人经营，特许期内收益归私人投资者所有，同时政府可以从私人投资者处获得一定的资金，用于偿还该项目建设贷款或投资建设新的公共基础设施服务等。特许期结束后，私人投资者再将项目无偿移交给政府部门（见图 5-3）。相对于 BOT 融资模式，TOT 融资模式由于省去了投资建设的环节，从而大大地降低了私营部门的投资风险，同时在一定程度上缩短了政府投资的回报周期。TOT 融资模式比较适用于县域体育公共服务中的体育场馆经营等相关产品与服务,更有助于盘活县域体育公共设施的存量资产,增加县域体育事业投资总量,带动整个县域体育相关行业经济增长。同时其相对较低的私人投资风险也大大增加了私营企业对县域体育事业投资的热情。

(3)PFI融资模式:PFI(Private Finance Initiative),是指政府部门根据大众对公共服务的需求,提出需要建设的项目或需要提供的服务和产品类型,投标给私营部门,由中标的私营部门进行项目的建设与经营,并最终实现公共设施、产品与服务的投资、生产、提供。政府并不直接买入公共基础设施等固定资产,而是最终购买由这些固定资产产出的产品或服务(见图5-4)。它最大的特点就是将所有权交给私营部门,私营部门

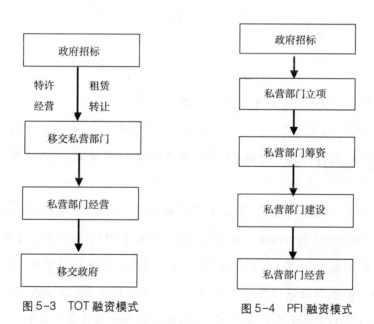

图5-3　TOT融资模式　　　　图5-4　PFI融资模式

与政府签订服务合同,政府只负责监管,这在很大程度上缓解了政府承担的资金投入与风险压力,同时其较大的运作空间在一定程度上增加了对私人的吸引力,提高了私人的运营效率,实现高效提供高质量的公共服务的目的。国外体育场馆发展从最初的政府直接管理到独立市场化运作,

再到独立托管阶段,直到现在成熟发展阶段集团化托管,对于我国大型体育场馆运营有良好的借鉴作用(见图5-5)。

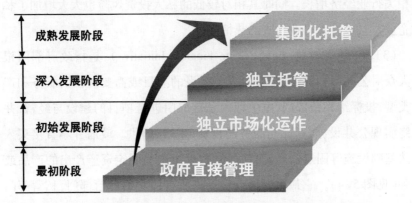

图5-5 国外体育场馆集团化托管模式经验

案例5-2:丰田体育中心特许经营的案例分析

(1)丰田体育中心特许经营的基本概况

2002年,中国"小巨人"姚明以状元秀身份加入美国职业篮球联赛(NBA)的休斯敦火箭队,丰田体育中心2003年竣工,建设费用达到1.75亿美元,位于美国得克萨斯州休斯敦市中心的室内体育馆,它的最终所有人还是得克萨斯州哈里斯县休斯敦体育管理局,由 Clutch City Sports and Entertainmen 公司经营,日本丰田汽车公司冠名赞助。美国职业篮球联赛(NBA)的休斯敦火箭队、全美冰上曲棍球联盟(AHL)的休斯敦航空队以及美国女子职业篮球联赛(WNBA)休斯敦彗星队的主场都是丰田体育中心,这里还举办一些日常比赛和活动。

(2)丰田体育中心特许经营的初步成效

丰田体育中心属于典型的公私合营,采用集团化托管,在场馆建设的时候曾经与市政府共同进行资金投入。体育中心自行开发季票、附赠式有奖销售、俱乐部坐席票,而且致力开发特许经营权,设立特许经营销售店,包括各种特色餐厅和小吃店,如 Space City Dogs、Rocket Tacos 等。

特许经营在县域体育公共服务中的成功经验:特许经营运营模式在县域体育公共服务中通过委托经营、集团化管理让私营企业全权负责,通过对美国丰田体育中心的成功案例分析,可以借鉴到我国县域体育公共服务中,将县域大型体育场馆等基础公共体育设施、体育赛事的开发等交由私营企业全权负责,政府充当监督者。

三、购买服务在县域体育公共服务中的应用

政府购买公共服务是一种新型政府提供公共服务的方式,简单来说就是由市场和社会来运营生产,政府支付相应费用购买服务产品。政府购买作为一种制度创新,课题将在第九章中专门论述,现简述其在县域体育公共服务领域中的应用案例。由于县级政府购买公共服务尚处于起步阶段,政府购买供给,不仅可以节约政府生产成本,提高供给效率,还可以使政府行政透明化,群众可以有效监督。山西省县级政府在体育公共服务政府购买方面取得初步尝试,一方面加强对县域体育公共服务的规划与监管,另一方面积极探索政府购买体育公共服务模式,制定了"政府承担、定项委托、合同管理、评估兑现"的实施方式,借助市场资金、人才、运行模式等,提高县域体育公共服务水平和质量,打造多元化、集团化县域体育公共服务综合体。

案例 5-3:山西省长治市长治县体育公共服务政府购买案例分析

长治县体育中心占地面积 33300 平方米,包含综合体育馆(含游泳馆、综合训练馆、健身娱乐中心)、国际田径场(含足球场)、标准灯光篮球场、网球场、羽毛球场、门球场、排球场等以及休闲健身公园等。长治县体育中心依照"政府支持、依托社会、开拓市场、全面参与"的原则,总投资 4000 万元,其中政府投资 1500 万元,长治县西火镇东

华、兴华、振华三座煤矿共同投资 1500 万元,中元外国语中学投资 1000 万元。为促进山西省长治市长治县县域体育公共服务供给合理分配、提高县域体育场馆设施的使用效率,推动"政府购买"方式在县域体育服务领域的实践,长治市政府对县级体育场馆进行补助,补助经费主要用于体育设施免费对外开放、对未成年人及特定人群免费开展体育培训服务,以及举办各类群众体育赛事活动等,推动了长治县"政府购买"体育场馆公共服务工作的顺利开展。

山西省长治市长治县体育公共服务政府购买所取得的成效:

其一,据不完全统计,在长治创建全国全民健身示范城市这两年期间,政府贯彻落实《全民健身计划(2011—2015 年)》和《山西省全民健身实施计划(2011—2015 年)》,体育事业投资达到 40 亿元,长治县将全民健身事业经费列入县财政预算中,每年每人平均不低于 3 元的标准,全县供给 102 万,真正实现了全民健身的"三纳入"。

其二,县级政府购买的市场化模式在长治县体育场馆运营中得到积极探索,转变了大型体育场馆运营模式和市场化运行能力,建立可持续发展的长效机制,同时提高"政府购买"服务内容的多样化,满足县域居民体育健身需求,让县域居民分享体育发展成果,提高县域居民参与体育活动的热情。

总之,政府购买运营模式在县域体育公共服务中得到积极的探索,政府借助市场资金、人才、运行模式等,提高了县域体育公共服务水平和质量,转变了市场运行能力,满足了县域居民的体育需求,增进了他们参与体育锻炼的热情。

四、用者付费运营模式在县域体育公共服务中的应用

由于我国经济体制的原因,体育公共服务一直都被看作是福利事业,一切费用、管理、实施都完全由国家、政府来承担,小到健身设施、器材,大到体育场馆、赛事举办都主要由政府供给,使用者付费是少之又少的。由

此产生了诸多问题,包括公共体育设施的过度损坏、体育场馆运营不利等,这都给政府造成了不小的财政损失,同时也不能满足所有居民的体育文化需求。但是随着我国经济体制向市场经济的不断转变,县域经济得到了发展,居民在满足物质需求的同时,开始追求更高层次的体育活动,纷纷选择付费方式进行体育活动,同时经营性体育场馆的建设、运营在很大程度上缓解了政府的供给压力、提高供给效率,更好地为县域体育公共服务添砖加瓦,我国县域体育公共服务用者付费还处于探索阶段,目前成功案例还比较少,通过借鉴体育公共服务中成功案例来促进县域体育公共服务用者付费模式的不断完善。

案例5-4:绍兴付费体育场地"供不应求"的案例分析①

绍兴体育中心包括体育场、体育馆、游泳健身中心、网球场、门球场、乒乓球综合馆、室外活动设施等。有些场地设施免费对外开放,然而像网球场场地等承包给私营企业,属于收费场所。目前人流量很大,绍兴市区几个大型游泳池、健身馆、各中小学的室内羽毛球馆等也人满为患。群众带动了体育消费市场,也吸引了投资者进入体育产业。

绍兴体育中心用者付费成效:

其一,群众付费参与体育活动,从一定程度上解决了政府维护、修整体育场地设施的费用,带动相关体育产业发展,促进体育消费的更高、更宽、更多发展。

其二,满足群众个性化、多元化体育需求。群众付费参与体育活动,可以选择自己要进行的锻炼项目,满足自己的生活质量,转变自身消费观念。

总体来看,用者付费运营模式在县域体育公共服务中得到一定发展,通过交纳一定费用参与体育活动,转变了县域居民体育消费观念,满足了

① 绍兴市体育中心.中心概况[EB/OL].(2012-07-06)[2013-12-01].http://www.sxtyzx.com/cn/about.php.

自身多元化、个性化体育需求,缓解了政府单独供给压力,带动了相关县域体育产业的发展,促进县域体育公共服务的良性循环。

五、补贴制运营模式在县域体育公共服务中的应用

补贴制资金主要包括体育赞助和体育彩票,它们是体育事业的传统融资模式,是我国政府结合体育事业的发展不断衍生出独具特色的体育融资模式。近年来,随着体育赞助相关法律政策的不断健全以及体育市场化的发展,体育赞助已经成为各类体育活动组织过程中重要的资金来源与保障。尤其是伴随着体育市场化的发展,体育活动组织者的赛事组织能力、宣传能力不断增强以及企业赞助意识的增强,使得体育赞助这种融资变得比较容易。体育赞助无论是赞助形式还是回报形式都多种多样、运用广泛,但回报的不确定性使私营部门承担了相对较高的风险。中国体育彩票是国务院批准在全国发行的合法彩票,募集资金主要用于发展体育事业和促进全民健身运动,是一项取之于民、用之于民的社会公益事业,是政府筹集体育事业发展资金的重要手段。县域体育公共服务事业在体育彩票的支持下取得了迅速的发展,在全国范围内建设了大量的体育健身工程、"雪炭工程"、全民健身路径、各类县域公共体育场地等(见图5-6)。通过返奖的方式吸引民众参与其中,融资相对比较容易,

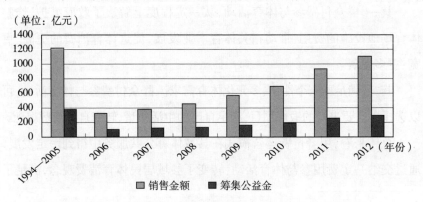

图5-6 1994—2012年中国体育彩票销售金额与筹集公益金比例

政府承担的风险较低,筹得的资金可以进行各类县域体育公共服务的投入。

案例5-5:湖南省长沙市长沙县部分游泳馆暑期免费
对中小学生开放的案例分析①

湖南省长沙市长沙县贺龙体校游泳馆和星沙特立游泳馆对全县中小学在读学生免费开放,从7月10日至8月25日,共47天,周一至周五全天分五个时段免费开放,周六周日上午两个时段免费开放,每个开放时段为90分钟。根据自愿原则,长沙县学籍中小学生,首次参与时,携带学籍手册和家长的签字同意书到场馆登记,申请会员号,验证身份后入池游泳。此后参与时,提前预约,凭预约号码、学籍手册和家长的签字同意书进入场馆。长沙市政府对于此次活动进行整体补贴。补贴的额度及总额按游泳人次进行补贴,每人次小时补贴为6—10元(平均为8元),一个暑期下来基本每个场馆补贴总额为10万元左右。

长沙市部分游泳馆暑期免费对中小学生开放初步成效:

首先,由长沙市体育局和教育局联合组织的补贴游泳馆,使得县级中小学生可以免费进行游泳锻炼,保障了县域群众参与体育公共服务的热情,增进健康,丰富了群众的体育活动。

其次,可以有效减少暑期中小学生私自下江河游泳造成频繁的溺水事故发生,切实保障学生的生命安全,充分体现了政府的民生理念和民生关怀。

总之,补贴制运营模式在县域体育公共服务中通过政府补贴私营企业,免费向县域居民开放体育活动场所,丰富了县域居民的体育文化生

---

① 长沙市政府门户网站.贺龙体校游泳馆和星沙特立游泳馆免费向中小学生开放[EB/OL].(2012－07－06)[2013－12－01].http://www.changsha.gov.cn/xxgk/qsxxxgkml/zsx/gzdt_5237/201207/t20120706_342744.html.

活。长沙市县域政府补贴游泳馆还保障了学生生命安全,体现了政府的民生关怀。

第四节　县域体育公共服务市场化的运行机制

体育公共服务市场化模式反映了政府、企业、公共物品等各要素之间的关系,旨在提高效率、质量并降低成本,而运行机制则是提高微观效率的核心。如果缺乏良好的管理制度和细致的运行机制,易导致寻租及社会不公平等一系列的问题。根据市场的需求,基于县域体育公共服务中政府供给和市场供给的实践,具体分析县域体育公共服务市场化合理的价格机制、均衡的供求机制、民主化决策机制、有效的激励机制、成熟的风险竞争机制、法律制度和监督机制、市场化绩效考核机制等,共同保障了县域体育公共服务市场化的稳步进行(见图5-7)。

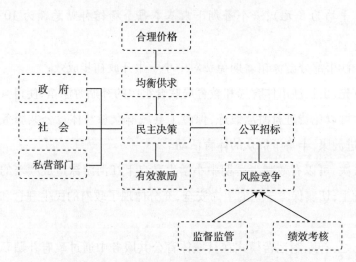

图5-7　县域体育公共服务市场化运行机制

一、合理的价格机制

有市场必然有价格,合理的价格机制直接影响着生产者、经营者、消费者的共同利益,它通过市场价格信息来反映供求关系,通过市场价格调节生产和经营,是市场机制发挥调节作用的重要保障。政府必须结合本县经济发展程度和社会生活状况,建立科学、合理的价格机制,既要有利于建立对投资者的合理补偿机制,保证其投资的热情和积极性,又要有利于保护公民享受体育公共服务的权利。通过市场价格自动调节,可以引导资源配置实现较少投入而获得最大产出的要求;同时,合理的价格机制还可以促进竞争,达到有效的资源配置。县域体育公共产品的多样性,决定了价格的复杂变化,另外,县域体育公共服务公益性较强,政府应当对于体育公共产品进行统一定价,由县级政府的物价部门、业务主管部门按照国家统一规定进行制定和指导价格,消除不平等竞争,净化竞争环境,在市场化过程中,寻求制衡的价格浮动变化。

二、均衡的供求机制

国家体育总局制定的《体育事业发展"十二五"规划》①中明确指出,"十二五"期间,我国体育事业发展中的主要矛盾仍然是广大人民群众日益增长的体育需求和社会体育资源相对不足之间的矛盾。研究通过调查发现,随着我国经济社会的快速发展,人们生活水平的不断提高,在物质需求不断满足的同时,对于体育公共服务有着多样化、高层次的需求。同时由于市场追求利益最大化,也存在不同供给需求,而均衡的供求机制可以运用"无形的手"满足居民多样化需求,缓解供给压力,引入多元化市场主体,在居民与市场之间、市场与市场之间寻求均衡。

三、民主化决策机制

全心全意为人民服务是我党的根本宗旨,县域政府是体育公共服务

---

① 国家体育总局政法司.体育事业发展"十二五"规划[EB/OL].http://www.sport.gov.cn/n16/n33193/n33208/n33463/n2124098/4342624.html.

的决策主体,为居民提供高效的体育公共服务是政府的主要职责,为了避免政府决策倾斜,应当依靠广大群众,采纳群众意见,发挥集体智慧。可以成立县域体育公共服务决策小组,主要成员包括居民、该领域专家学者、私营企业代表以及政府。政府通过听取居民、专家学者和私营企业代表的建议与需求,共同讨论决定出最终意见。同时确立完善的决策系统,包括决策咨询、决策评价、决策监督、决策反馈等,从而促进县域体育公共服务民主化决策机制完善。

四、有效的激励机制

激励机制的核心就是及时性和有效性,通过相应奖励有效激励市场提供更优质的县域体育公共服务,增加私营部门对于政府的满意度和忠诚度,提高私营部门的向心力,通过对市场的有序评估,建立完善的激励机制。激励机制的公平、合理、直观、公开的原则是达到激励效果的可行性保障。县域政府体育公共服务市场化中一方面可以通过政策、物质经济奖惩私营部门,另一方面通过宣传、社会认同等激励私营部门,进一步推进县域体育公共服务市场化发展。

五、成熟的风险竞争机制

通过公平竞争吸引市场资金进入县域体育公共服务领域,形成一种有利于长期均衡博弈的竞争格局,形成优胜劣汰,可以切实有效提高县域体育公共服务水平和供给效率。效仿借鉴欧美国家俱乐部通过上市、电视转播权、产品开发等多种方式得到了巨大收入,从而让居民的体育锻炼得到更多方式、更完善的服务的重要性。竞争存在风险,风险暗示着竞争,两者密不可分,鞭策市场主体改变经营管理方式,提供市场竞争力。引入多主体的竞争机制,例如公公竞争、公私竞争、私私竞争,社会非营利组织也应当加入其中,县域体育场地设施等基础性建设就可以交给私营企业,招标获得建设权。我国的优势项目和民族传统体育项目商业化程度普遍较低,我们应总结和借鉴国外体育赛事运作的先进经验,缓解项目开发不平衡问题,结合各县域实际情况制定政策,引导和培育具有中国特色的国际体育赛事品牌。

六、法律制度和监督机制

有效合理的监管体系是公共服务事业快速有效长久发展的基础,完善的法律体制、专业的监管机构、多元化的传播媒介等都是监管体系的组成部分。政府监管力度也成为公共服务事业不可或缺的变量,应坚持依法治体,大力加强县域体育法治建设。研究制定相关县域体育公共服务市场化的法规和规章,完善行政执法制度,推进县域体育公共服务市场化。同时深入研究和讨论县域体育公共服务市场化各结构部门的职责和职能,完善效率评价和监管机制,严格县域体育专项财务管理,加强安全意识,形成政府、社会、市场三者的共同监管,将县域体育公共服务市场化纳入法治轨道,营造规范、有序的管理监督氛围。根据国家体育总局制定的《经营高危险性体育项目许可管理办法》和国家体委颁布的《关于公共体育场馆向群众开放的通知》,对县域游泳馆和体育公共设施进行市场安全检查。同时政府应当加强对体育经营性场馆的管理和安全进行监督和检查,全力构建县域体育公共服务市场化安全防线。

目前我国县域体育公共服务领域还未形成一套完整、规范的绩效评价体系,这在很大程度上影响着县域体育公共服务的效率和群众的受益程度。政府部门是县域体育公共服务供给的绝对主体,近年来国家对体育的经济投入不断增加,使得县域体育公共服务的供给能力得到很大提升,但是绩效评价体制的缺失使得体育公共服务效率无法得到正确的评价与衡量,工作的成果与信息反馈无法得到保障,这都制约着县域体育公共服务的发展;而且县级政府对于体育公共服务的认知不够,服务的意识相对薄弱。一方面,群众的需求和意见没有可以充分、公开的反馈表达平台;另一方面,问责机制没有跟工作人员的工作表现、私营部门利益挂钩。

县域体育公共服务体制机制缺位,达不到应有的监督作用。因此,建立一套完整的、行之有效的县域体育公共服务市场化评价制度具有很大的现实意义。

七、市场化绩效考核机制

合理的市场化绩效考核是县域体育公共服务市场化可持续发展的重要保障。通过成立考核评价小组,坚持在科学发展中加强干部队伍的建设,运用科学、规范的县域体育公共服务市场化绩效评价理论,对县域体育公共服务市场化进行公平、公正、公开的考核,切实避免"暗箱操作""伪市场""潜规则""权钱交易""权权交易"等不良现象的出现,努力营造廉政、公平的市场化环境。经营性体育场所的出现,是市场经济体制下,县域体育公共服务发展的必然结果和必然产物。需制定相应的考核制度和规范条例,从而有效的管理私营部门提供县域体育公共服务,促进县域体育公共服务健康、稳定、可持续发展。

第六章 ｜ 县域体育公共服务的社会组织供给

处理好政府与社会组织的关系是我国公共体育服务体系升级中面临的关键问题之一。社会结构理论把现代社会组织分为政府组织、市场组织和社会组织。我国各类社会组织主要包括事业单位、群众团体、民间组织、社会中介等，这些社会组织构成了社会的"第三部门"，它们是现代社会建设的重要主体，是政府的伙伴，为社会成员提供政府和市场不能提供的公共服务。体育社会组织是我国社会组织构成主体之一，是多元化全民健身服务体系的重要组成部分。体育公共服务领域中的社会组织提供机制备受学界关注，本章主要从社会组织参与体育公共服务的背景和现实基础、理论阐释、供给途径、创新和完善体育公共服务中社会组织管理体制和运行机制等方面进行探讨。

第一节 社会组织参与体育公共 服务的背景和现实基础

一、社会组织的界定及特征

社会组织，也称非政府组织，是介于政府与企业之间的一类组织，西方国家称为非营利组织或第三部门，又称为志愿部门。国际学术界对非营利组织的关注大致开始于 20 世纪 80 年代，而我国的研究则开始于 20 世纪 90 年代。在我国不同的历史发展阶段对社会组织有着不同的提法，2006 年在党的十六届六中全会通过的《关于构建社会主义和谐社会若干问题的重大决定》中开始使用"社会组织"这一提法，并在之后的党和国家政策文件中得到了沿用，成为一个有别于党政机关、事业单位、人民团体和公司企业的独立概念。

由于社会组织的内涵与外延极为丰富，学界对其大多采用特征界定法，即通过对社会组织特征的研究来明确其内涵。美国著名学者莱斯特·萨拉蒙①认为，非政府组织具有"组织性、私有性、非营利属性、自制性、自愿性"等五个特征；清华大学王名教授②认为，非政府组织是"不以营利为目的，主要开展各种志愿性的公益或互益活动的非政府的社会组织"。非政府组织具有"三个基本属性：非营利性、非政府性、志愿公益性或互益性"。南开大学李维安教授③认为，非政府组织是"具备法人资格，以公共服务为使命，享有免税优待，不以营利为目的，组织盈余不分配给内部成员，并具有民间独立性质的组织"。

综上分析，本研究中的社会组织是指具备非营利性、非政府性和自治性，不属于政府行政组织体系的独立组织。在我国，社会组织的基本类型有社会团体、民办非企业和基金会。因而，其外延涉及符合《社会团体登记管理条例》和《民办非企业单位登记管理暂行条例》规定要求的社会组织和县域范围的基层社会组织，即在县区（不设区的市）以及乡镇（街道）、行政村（社区）这三个层级中不具备登记条件的社会团体和民间组织。民政部对体育社会组织的解释是："从事各种体育运动、健身活动的

---

① 萨拉蒙.全球公民社会：非营利部门视界[M].贾西津，等译.北京：社会科学文献出版社，2007：4.
② 王名.非营利组织管理概论[M].北京：中国人民大学出版社，2010：2.
③ 李维安.非营利组织管理学[M].北京：高等教育出版社，2005：3.

组织。"在我国体育社会组织属社会事业大类、体育门类,如果按登记情况可分为法人体育社会组织和备案体育社会组织,如果按受益面及程度则可分为公益性体育社会组织和互益性体育社会组织。

二、社会组织参与体育公共服务的背景

20 世纪 60 年代到 70 年代以来,伴随着总体社会形势的变化、社会公众的要求、财政压力的增加等多种因素,世界各国政府普遍进行公共服务改革。英国于 1979 年率先开始改革,美国紧随其后,尽管西方各国公共服务领域改革的战略、重点、规模和力度等有所不同,但都纷纷以公共选择和新公共管理为主导理论,采用市场化、民营化和社会化的方法,来推动公共服务改革与发展。

与此同时,随着"全球结社革命"的兴起,"一场有组织的志愿运动和创建各种私人的及非政府的组织的运动,正成为席卷全球的最引人注目的运动。民众正在创建各种团体、基金会和类似组织,去提供人道服务,促进基层社会经济发展,防止环境退化,保障公民权利,以及成千上万先前无人关注的或国家承担的种种目标"。① 作为政府部门和市场之外的"第三部门",不论是在数量上还是在类型上都呈现了大幅成长,并且在经济、社会、教育、文化、体育和国际领域发挥着越来越重要的社会功能。尤其是在提供公共服务上社会组织扮演着重要的角色,逐渐与政府、市场形成鼎足而立的格局,成为支持社会稳定发展,弥补政府和市场失灵的重要社会部门。

从国内来看,社会公共需求的全面快速增长是社会组织参与公共服务供给的现实需要。经过改革开放 40 年的发展,我国综合国力显著增强,人民生活水平不断提升,到 2011 年我国 GDP 已超过日本,成为仅次

① 萨拉蒙.第三域的兴起[C]//李亚平,于海.第三域的兴起——西方志愿工作及志愿组织理论文选[R].上海:复旦大学出版社,1998:7-9.

于美国的第二大经济体。1978年我国的人均GDP只有154美元,是典型的低收入国家,到2012年,人均GDP上升到6078美元,中国正从一个典型的低收入国家迈入上中等收入国家的行列。根据美国经济学家华尔特·惠特曼·罗斯托所提出的"经济成长阶段论",以及公共供求关系理论,人民群众的公共需求发生了重大变化,这样一个特定背景,既对建设公共服务型政府提出越来越迫切的要求,同时也为社会组织参与公共服务提供了重要机遇。

从政策和现实背景来看,政府是公共服务体制机制改革不可或缺的核心主体,但是政府是有限政府,而各类体育社会组织数量多、作用重要,特别在城乡社区最为普遍,能以其灵活性、高效率和自由选择等特征有效弥补政府和市场的不足。当下,理顺政府与社会组织关系问题受到党和政府的高度重视,党的十八大报告明确提出"形成政社分开、权责明确、依法自治的现代社会组织体制"建设目标。社会组织参与公共服务是当前推进社会管理体制改革的重要内容之一,是政府治理社会的主要举措,更是政府转变职能、鼓励和培育新型社会管理主体的一种方式。但由于县域基层社会组织历史欠账较多,登记门槛较高,管理力量和能力不足,发展经费缺乏,在参与体育公共服务的模式及其机制上,尚需在理论与实践中深度探索。

三、社会组织参与体育公共服务的现实基础

改革开放后,我国对社会组织的管理体制大致经历了多头审批、三重管理、双重管理三个阶段。现行双重管理的体制是指分别由登记管理机关进行统一登记,业务主管单位进行业务指导的原则。随着社会组织登记管理双重体制改革的推进,社会组织的数量呈现不断增长的趋势。

据统计,截至2012年底,全国共有社会组织49.9万个,其中社会团体27.1万个,体育类15060个,约占全国总数的5.6%;民办非企业单位

22.5万个,体育类8400个,约占全国总数3.73%;基金会全国有3029个。① 分类统计表明,全国性社团共有1800多个,其中行业协会约800个,全国性体育社会组织共有103个,包括101个社会团体和2个基金会(中华全国体育基金会、萨马兰奇体育基金会)。从数据统计可以看出,虽然体育类社团仅占全国的5.5%,但全国性体育社团占全国性行业协会中的比例超过了12%。以江苏省为例,各类社会组织登记达37905个,城乡基层社会组织备案44231个,平均每万人拥有社会组织达10.2个,南京为22个,②这为社会组织参与体育公共服务提供了现实基础。

诺贝尔经济学奖获得者斯蒂格利茨曾把"中国的城镇化"与"美国的高科技"并列为影响21世纪人类发展进程的两件大事。中国是世界上人口最多的发展中国家,解决好农业、农村、农民问题事关重大。新型城镇化背景下县域公共服务供给问题成为社会关注的焦点。过去数十年我国在推进城镇化中所积累的诸多问题无法回避,如城市急速扩张、公共基础设施建设滞后、城乡差距拉大、生态环境破坏、流动人口增加等。据统计,2012年,中国城镇化率为52.57%,实际的人口城镇化率仅为35%,远低于2011年世界52%的平均水平。因此,以城乡公共服务均等化为目标的改革,成为构建"城乡经济社会发展一体化"新格局的重大战略问题。社会组织作为政府行政权能向社会延伸、细化的关键,不仅是现代政府推动公共服务均等化不可或缺的主体资源,更是维护社会公正和促进城乡经济社会融合的纽带。

县域体育公共服务的改善,离不开城乡民居的参与,城乡居民参与体育公共服务的意识为社会组织进入政府决策和执行过程以及参与公共服务的生产提供了良好的环境氛围和契机。

---

① 史康成.全国性体育社团从"同构"到"脱钩"改革的路径选择[J].北京体育大学学报,2013,36(12):1-5.

② 民政部调研组.发挥社会组织积极作用　助推民政转型升级　促进经济社会发展——江苏省调研报告[J].中国社会组织,2013(4):8-13.

第二节　社会组织参与县域体育公共服务的理论阐释

社会组织是公共服务创新和实践的主体,其发育、发展、健全程度是衡量社会管理水平和社会体制改革能否成功的重要标准之一。我国社会组织经历了从无到有、从盲目到自觉、从感性到理性并获得了相对独立的发展空间,成为参与体育公共服务体系建设的重要主体。究其学理因由,主要可从下述几种代表性理论来解释。

一、资源依赖理论

资源依赖理论萌芽于 20 世纪 40 年代,70 年代后被广泛应用于组织关系研究中,其创立者是杰弗里·菲佛和杰勒尔德·R.萨兰基克。[①] 该理论的核心观点包括:任何组织的生存和发展必须依托一定的资源,资源是组织生存的基础;没有任何组织能够完全自给自足,必须通过与环境交换获得生存所需的资源;组织的生存建立在控制与其他组织关系能力的基础之上;正是由于对资源的需求使组织对环境形成依赖,资源的稀缺性和重要性还进一步决定组织对环境的依赖程度,并使组织间的权力关系显得尤为重要。这些核心观点,已成为理解社会组织提供公共服务及其与政府关系等方面的重要理论。国内研究者杨柯[②]认为,资源依赖理论的一个重要特点在于组织面对资源依赖的事实成因。一方面,政府对社会组织的资源依赖主要体现为对其所提供的公共服务的依赖,社会组织因其拥有能够及时有效满足公共服务的多样化与异质性要求等独特优势,使得选择社会组织提供某些公共服务更有效率。而另一方面,社会组

---

① 杰弗里·菲佛,杰勒尔德·R.萨兰基克.组织的外部控制:对组织资源依赖的分析[M].闫蕊,译.北京:东方出版社,2006:50-51.
② 杨柯.公共服务中政府与社会组织合作机制优化路径分析[J].云南行政学院学报,2013(4):124-127.

织对政府的资源依赖关系主要包括对政策法规、政府资金的依赖。其中政策法规是社会组织合法性的基础;同时,政府资金扶持能够确保社会组织提供高效优质的公共服务。冯欣欣、曹继红①以资源依赖理论为视角,考察了不同类型体育社团与政府间的关系,认为优化体育社团与政府关系的基本前提是转变政府职能、释放社会空间,并提出政府部门改变管理方式、发挥体育社团的资源优势、培育和促进民办体育社团发展等建议。可见,资源依赖理论不仅为社会组织参与公共服务提供了理论依据,而且为县域体育公共服务中的政府与社会组织合作机制提供了一个解释框架。

二、政府和市场失灵理论

政府来源于社会,是以社会为基础并由社会所决定的。政府所确定的公共政策和社会所形成的市场机制是实现社会公平的两种重要机制。在社会发展的任何阶段,政府作为社会的公共领域,是普遍利益和普遍意志的代表。政府作为公共权力机关,由于制度、结构及运行机制等方面的诸多缺陷或限制,使政府可能无法达到有效率地生产和分配资源的目的,从而造成了"政府失灵"的情形;而由于公共物品具有消费上的非竞争性和技术上的非排他特点,它无法排斥不为其付费的消费者,不可避免地会产生个体机会主义行为、"搭便车者"行为,乃至"公共地悲剧"情境的发生,造成"市场失灵",即在某些外在因素的影响下,如自然垄断、排他性、外部性、信息不对称等因素,使得市场在自由运作中背离了帕累托最优的情况。该理论认为,政府、市场和社会组织在满足个人需求方面可以相互替代,当发生政府和市场"失灵"时,这就为社会组织提供公共服务创造了现实需求,既成为公共部门提供公共服务的理论基础,亦是社会组织存在的重要理由。

---

① 冯欣欣,曹继红.资源依赖视角下我国体育社团与政府的关系及其优化路径研究[J].天津体育学院学报,2013,28(5):382-386.

三、政府与社会合作伙伴关系理论

该理论主要源于萨拉蒙所提出的"第三方治理"的概念。他探讨了政府与非营利组织各自的性质和作用范围,认为应该让第三部门或非营利组织成为某些领域公共服务提供的合法主体。该理论从交易成本分析入手,提出政府提供公共服务的交易成本比非营利组织高,非营利组织提供的公共服务具有富于多样性、成本低、弹性大、反应快和针对特定群体等特点。所以,当市场失灵时,非营利组织应是公共服务最初的提供者,这时,政府则成为非营利组织的补充机制。该理论提出了"志愿失灵"的概念,认为政府是"志愿失灵"的替代性制度。这种体制上的互补性及非营利组织提供公共服务的特征,使得政府与非营利组织容易形成合作伙伴关系。同时,随着现代公民社会的发展,社会组织力量不断壮大,民众自治水平与公共治理水平不断提高,新公共服务理论提出了"参与式国家"的治理模式,主张发挥社区与非政府组织在公共管理中的作用。它与新公共管理理论主张"市场式政府"的政府治理模式不同,并认为现代政府的作用是与非营利组织、私营部门一道,为公共服务面临的问题寻找解决办法,政府的角色要从控制转变为议程安排,充当相关各方的调停人、中介人甚至裁判员的角色,为促进公共问题的协调解决提供便利,形成了一种合作伙伴关系。该理论诸多新观点已在我国体育公共服务领域中得到初始实践和应用。①

四、委托代理理论

委托代理理论是新制度经济学的主要内容之一,最初在企业治理中得到了较为充分的运用,后被拓展用于非营利组织治理研究及设计。主

---

① 谷礼燕.我国城市社区体育公共服务供给制度的改革研究[J].广州体育学院学报,2011,31(1):24-27.张永韬.非营利体育组织供给体育公共产品模式研究[J].成都体育学院学报,2012,38(12):24-27.

要描述在所有权与控制权两者分离和利益分割的状况下,代理人能否按照契约的要求和规则来替委托人行事。该理论关注的核心问题是,委托人如何设计一个补偿系统(或一种契约)来驱动另一个人为委托人的利益行动。政府和非营利组织之间可以成为典型的委托代理关系,政府为非政府组织提供资金,非营利组织提供相应的服务,其结果是减少了公共服务成本,提高了公共服务效率,也扶持了社会力量的发展。该理论认为,由于可能存在信息不对称等因素,仅靠双双契约很难防止坑害消费者的行为,"契约失灵"便产生了,而非营利组织的"非分配约束"等特征。[①]美国耶鲁大学的汉斯曼教授认为,"非分配约束"具有两层含义:其一,不能进行剩余利润的分配;其二,不得将组织资产以任何形式转变为私人财产。使其在提供某些公共产品和服务时缺乏投机钻营的动机,因此不会通过提高价格和降低质量来损害消费者利益。公共服务中的委托代理理论已得到了经验研究的支持。[②]

事实上,尽管这些理论对政府与社会组织的相互关系认识不同,但他们都强调一点,就是社会组织已是实现体育公共服务有效供给的重要途径。政府提供公共服务的功能要"归位",表现在政府与社会组织之间的张力,政府要主动促进社会组织的发展,强化政府与社会组织之间的分工、协作以及不同社会组织之间的相互配合。我国县域体育公共服务面临的现实问题和图景,不仅为理论运用提供了场地,更为检验、发展和推进理论的创新提供了源泉。

第三节　社会组织参与县域体育公共服务的供给途径

社会组织参与县域体育公共服务的必要性和可行性已从现实背景和

---

①　石国亮,等.国外公共服务理论与实践[M].北京:中国言实出版社,2011:68.

②　田凯.西方非营利组织治理研究的主要理论述评[J].经济社会体制比较,2012(6):201—210.

理论上得到了诠释,但政府、市场和社会组织之间的合作关系模式及其策略,必须通过一定的途径来实现。由于这三个部门之间合作关系因循的理论、逻辑结构和目标使命不同,因而其合作供给的途径各异。从国内外的实践经验来看,社会组织提供公共服务主要有三种途径:社会组织独立提供公共服务;社会组织与政府合作提供公共服务;社会组织与企业合作提供公共服务。①

一、社会组织独立提供体育公共服务

社会组织独立提供体育公共服务,也称非营利体育组织支配型模式,是指在政府与市场不能有效供给体育公共产品的领域,由非营利体育组织独立提供体育公共产品或服务,主要表现在准公共产品的供给上(见图6-1)。②

从理论上来看,政府与社会组织的合作交易领域主要可分为财政上的、管制上的、服务输送和政治性的四个维度。财政上的互动包括政府对社会组织在经费与实物上的协助;管制上的互动包括服务标准、资格设定;服务输送包括信息交换、转介、咨询、协调与规划、合营等;政治性的互动包括倡导和游说活动等。③ 我国社会组织的资金来源于政府资助、社会捐赠、服务收费。社会组织独立提供体育公共服务,至少意味着扮演资金提供和服务输送的角色,其特点是社会组织享有足够的自主性,可以弹性的创新服务渠道和途径,并且可以针对特殊服务对象或人群体育方面个性需求,作出快速的反应。如针对残疾人提供的体育公共产品和服务、体育俱乐部私人教练等。

从体育社会组织独立提供公共服务的特点和方式来看,由于各个国

---

① 吴光芸.论构建政府、市场与公民社会三者互动的有效公共服务体系[J].江汉论坛,2005(9):72-75.

② 张永韬.非营利体育组织供给体育公共产品模式研究[J].成都体育学院学报,2012,38(12):24-27.

③ 陈振明,等.公共服务导论[M].北京:北京大学出版社,2011:207.

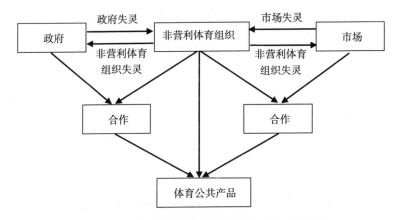

图 6-1　非营利体育组织提供体育公共产品的模式

注:引自张永韬.非营利体育组织供给体育公共产品模式研究[J].成都体育学院学报,2012,38(12):26.

家政治制度、经济背景、文化传统等方面的差异,使得各个国家社会组织在提供体育公共服务内容和方式上有很大差异。长期以来,尽管我国体育社会组织发展面临着诸多的困境,①但在体育领域公共产品提供的公益性、专业性、多样性、灵活性和低成本等方面表现出了其鲜明的优势和中国特色。如中国各级社会体育指导员协会所组织的健身指导与推广活动。就其独立提供的方式,结合准体育公共物品和服务的特性,主要可采取以下两种方式:一是实行会员制。对加入体育社会组织的成员,在收取一定费用的前提下,为其提供相应的服务,如健身俱乐部、体育培训机构等。二是提供服务进行收费。为保证组织生存和发展充足的资金来源,体育社会组织对其向社会提供的体育公共产品或服务进行收费,比如体育健身俱乐部,就主要以收取健身对象的费用为其主要的收入来源。

---

① 彭英,毛爱华,唐刚.我国非营利体育组织发展困境[J].武汉体育学院学报,2012,46(10):17-21.张伟.我国体育非营利组织的发展困境与路径选择[J].西北民族大学学报(哲学社会科学版),2012(6):178-182.

二、社会组织与政府合作提供体育公共服务

在我国大力加强社会管理创新的背景下,社会组织与政府合作提供公共服务受到高度重视,社会各领域不断探索促使二者合作的制度安排,并使这一议题成为当前理论和实践应用中的一个热点和难点。

尽管合作问题由来已久,已有的代表性理论在一定程度上给出了回答,但现有理论对二者合作的解释存在着各自的缺陷。文献研究表明,①目前的研究呈现两条路径。一是政府与社会组织之间是民营化的公私伙伴关系。其实质就是要让市场来承接原来应由政府负责提供公共物品与服务的职能,达到缩减政府规模,而政府在其中担负责任者角色。这条路径主要以萨拉蒙等人的研究为代表,将二者的合作行为看作一种资源整合与流动,其合作模式多数被限定在民营化的各种模式范畴中,重点关注的是政府对社会组织的资金支持和服务外包。二是政府与社会组织之间是非民营化的协作治理式的伙伴关系。其实质是对于公共服务所需要的财物、人力等方面排除了民营化的共同承诺与共担风险的关系。它强调"伙伴关系"是一种治理改造工程,并成为近年来政府寻求提升治理能力、改善治理效应的主流思维,凸显了一种基于相互认同的目标而建立的互动关系。这条路径主要以彼得斯·布林克霍夫等人的研究为代表,从两类组织的平等地位和互动来探讨相互合作关系,内涵上超越了民营化的范畴。②

从体育公共服务领域来看,张永韬③依据政府失灵理论和治理理论,并根据 Gidron 等学者在 1992 年提出的政府与非营利组织关系的类型学

①　汪锦军.合作的解释:对政府与第三部门合作的理论解释与反思[J].中共浙江省委党校学报,2009(5):49-54.

②　杨锢龙,许利平,帅学明.政府与非营利组织合作的新模式——从制度化协同走向联运嵌入模式[J].国家行政学院学报,2010(3):57-59.

③　张永韬.非营利体育组织供给体育公共产品模式研究[J].成都体育学院学报,2013,38(12):24-27.

理论,认为在合法性缺失和资源缺乏的情况下,我国政府作为制度政策的设计者,应主动让渡部分社会管理职能,承担起对体育社会组织运作过程中的监督、引导、评估等宏观管理活动,而对于体育社会这种组织,需要在保证自身的独立性和自主性的同时,保持与政府的密切合作,通过优势互补,来实现多元化的体育公共产品供给模式。具体途径和形式可以采取政府补助、特许经营和体育公共服务社区化。冯欣欣、曹继红①基于资源依赖理论的视角,认为组织目标的一致性和资源互赖是促成政府与非营利体育组织合作的动因,如果从组织身份和资源依赖两个维度来看,当前我国政府与非营利体育组织是权力失衡下的有限合作,应通过政府赋权和非营利体育组织增能,构建政府与非营利体育组织理想的合作模式(见图6-2)。

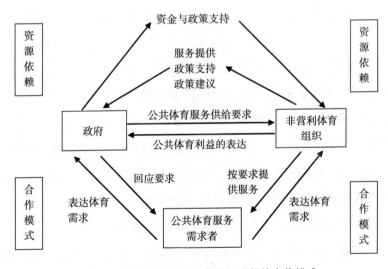

图6-2 政府与非营利体育组织理想的合作模式

注:引自冯欣欣,曹继红.政府与非营利体育组织合作:理论逻辑与模式转变——基于资源依赖的视角[J].天津体育学院学报,2012,27(4):301.

---

① 冯欣欣,曹继红.政府与非营利体育组织合作:理论逻辑与模式转变——基于资源依赖的视角[J].天津体育学院学报,2012,27(4):297-302.

这种合作模式,视政府与社会体育组织为平等主体,在资源依赖的层面上,政府以完善的制度安排,处理其与社会体育组织的关系,政府重点关注对社会体育组织资金和政策支持,合作的共同指向是体育公共服务的需求者,而需求者分散地向政府传递体育需求意愿,往往不如通过体育社会组织途径更容易发挥作用,因为通过组织化的方式,汇集民意,可以增强表达的力度和针对性。我们认为,两者的共同点是强调了政府的责任,至于前者,在具体合作途径上更多的属于民营化的公私伙伴关系;至于后者,构建了一个更为平等的协商、合作关系,属于非民营化的协作治理式的伙伴关系,但这种合作关系体现在体育公共服务实践领域仍然存在着许多的限制,如我国体育社会组织发展的制度性障碍、认识性偏差、组织内部性制约和能力不足等因素。

如何构建符合我国县域经济社会转型实际需要的政府与体育社会组织合作提供公共服务的模式,一是要以我国关于社会体制改革总体性制度安排和公共治理目标为依据;二是要以体育公共服务本身的特性作为出发点;三是要考虑我国县域社会经济发展现状和特点。本书在相关成果和调查研究的基础上,提出"政府主导的制度化协同合作模式",即县级政府与体育社会组织在提供体育公共物品与服务上的相互合作关系,由政府提供政策和资源,体育社会组织负责实际的公共服务输送,并通过一系列制度所规制,明晰政府与体育社会组织的职责和权限,建立相互沟通的渠道,共同协商,实现共同的目标和使命(见图6-3)。①。

从我国县域体育公共服务的现状与实践经验来看,政府与体育社会组织合作提供公共服务正处于孕育和探索阶段,由政府主导下的合作关系模式,强调政府主导下的多元共治,能够有效地为城乡居民提供一个安全、平等和满足实际需求的体育公共服务,这与国家治理的新理念和建设

① 刘国富.社会治理与公共服务中的县级政府——以C县为例[M].北京:中国社会科学出版社,2011:154.

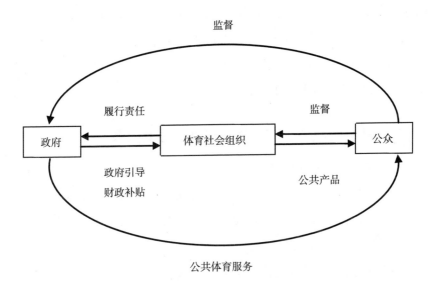

图 6-3　政府主导的公共体育服务制度化协同合作模式

服务型政府的目标相一致。从国外政府与社会组织合作的形式来看,由于制度文化的差异,存在不同的形式,但理念存在着共性。多数国家都处在积极构建政府与社会组织的制度化协同合作模式阶段,如英国中央政府和全英慈善与社区中心签署的"政府与志愿及社区组织关系协定"、加拿大中央政府与非营利部门签署"加拿大政府与志愿部门协议"、澳大利亚中央政府与非营利部门签署"全国性协议——携手合作"等,均属于国家性政策。这些政策和经验,对新时期我国拓展政府与社会组织合作平台、推进政府与社会组织合作的制度化建设具有重要的参考意义。①

　　当然,政府与体育社会组织合作提供公共服务的具体方式非常灵活,既可以采用"供销"的形式,即体育社会组织承办政府部门委托的体育公共服务,政府部门扮演上游的决策和经费供给角色,体育社会组织担负下

---

　　① 石国亮.国外政府与非营利组织合作的新形式——基于英国、加拿大、澳大利亚三国实践创新的分析与展望[J].四川师范大学学报(社会科学版),2012,39(3):13-29.

游的执行者角色;也可以采用"伙伴"的形式,即体育社会组织与政府部门可以在体育公共服务的内容、资源配置范围、服务输送等方面进行共同协商,体育社会组织不仅仅是扮演被动的执行角色,还可以发挥其影响力来参与提供体育公共服务的决策。

三、社会组织与企业合作提供体育公共服务

一个成熟的公共服务多元主体供给体系,应该是由政府、企业、社会组织和个人共同参与所构成,其中,企业作为营利性市场组织具有其特殊性。近年来,受企业社会责任意识潮流等因素的影响,企业与社会组织合作提供公共服务成为新的渠道。

从现实考察来看,国内公共服务的实践呈现的是政府与企业分立的格局,一方面,政府根据自身的理解构建公共服务制度,将公共服务供给视为政府职责,缺少与企业之间的对话或没有形成稳定的沟通机制;另一方面,多数企业将公共服务视为政府供给的结果,企业只能通过市场机制参与到公共服务的供给体系中来。但随着一个国家的社会经济发展,企业与社会组织之间寻求合作结盟的空间不断扩大,甚至发展速度惊人。如前所述,企业作为公共服务中的市场机制的主体,既是公共服务的需求者,又是公共服务的提供与生产者,企业提供公共服务有助于提高企业自身能力、素质和产品品牌的影响力,有助于改善企业的外部经营环境,更是拓展了企业生存的视野与发展空间。在发达国家企业发展中,不少企业加强了与社会组织的合作,并形成了"企业公民"的理念,将其深深地渗透到了企业经营管理战略中。与此同时,社会组织为求生存,为了更好地提供公共服务,也开始主动调整自身的战略,寻求企业资本和资源的注入,形成更有效的公共服务组织化方式。

就体育公共服务供给而论,社会组织与企业合作的策略关系主要可借鉴以下几种方式。

其一,企业赞助。即企业提供经费及人力赞助体育社会组织的某项

活动。国内外企业赞助体育可谓独领风骚、遥遥领先、业绩卓著,但企业赞助体育社会组织提供公共服务上尚有差距。企业在赞助体育领域的对象选择上一般优先考虑运动项目(票房价值和形象特征等)、体育性质(竞技体育和群众体育等)、组织单位(主办者和承办者等)等因素,与体育社会组织携手合作,构建在体育公共服务领域中的策略联盟将成为未来的重要发展方向。

其二,目的营销。即企业与体育社会组织相结合去营销产品和服务,或与体育社会组织达成协议,共同筹划推广某项体育活动。这种方式多见于体育产品的销售、推广和服务领域,企业与体育社会组织合作,由此达到营销、促销的目的,同时也让体育社会组织获得更多的资源,为社会公众提供多样化、个性化的体育公共服务。

其三,实物捐赠。即将企业的产品或服务捐赠给体育社会组织。这是一种最为普遍、最为简单的合作方式,省时、省力、省钱且有效。在公共服务发达国家,企业往往通过慈善机构进行实物捐赠,既可满足公众需要,又可建立企业的正面形象,特别是体育用品业和健身业,定期向公众进行实物的捐赠。

其四,联合经营。即企业与体育社会组织利用双双在人力、财力以及知识储备方面的优势,通过联合经营达到优化资源配置、优化企业行为、优势互补,从而形成较高的协同合作效应,实现互利双赢的目标。该方式是社会组织与企业合作的最高形式,但要预期到这种合作方式的风险,因为社会组织与企业的运营理念和组织文化都具有相当的差异,当双方的任务和价值紧密结合在一起的时候就可能造成冲突,对双方产生直接的负面影响。

需要指出的是,无论社会组织在体育公共服务领域中发挥多大的作用,政府都必须处于主动和引导的地位。这是因为,首先,从组织性质上来说,体育社会组织属于民间性质,没有公权力,无法运用特定权威促进公共目标的实现;其次,从组织管理来看,我国对社会组织管理的法律体系尚不完善;第三,从组织资源的角度来看,资金和人力资源缺乏导致公共服务有效供给无法开展。因此,根据体育公共服务的性质和特点,强化政府履行公共体育服务职责和意识,探索和创新体育公共服务中社会组织管理体制和运行机制刻不容缓。

第四节　创新和完善体育公共服务中社会组织管理体制和运行机制

体育社会组织参与体育公共服务是一个活力四射的领域,构建城乡一体化的体育公共服务体系,政府、市场、社会组织三者缺一不可。政府的作用是保基本、促公平;市场的作用是增类型、提效能;社会组织的作用是激发各类社会主体参与体育公共服务的积极性。从县域体育社会组织参与公共服务的现实考察来看,新时期政府要从体育社会组织管理体制层面和合作运行机制上推动其持续发展。

一、完善县域体育社会组织管理体制

党的十八大提出建立现代社会组织体制,十八届二中全会提出改革社会组织管理制度,十八届三中全会提出激发社会组织活力,"治理"取代"管理",并成为新时期深化改革的执政理念和治国方略,鼓励和支持社会组织参与社会治理。由于受城乡二元结构的影响,我国县域社会组织发展也存在诸多问题,既有历史留下的"欠账",也有改革发展中产生的新问题和新矛盾。县级机构改革和职能转变迫切需要重视和加强体育社会组织的管理。如社会组织参与全民健身还存在着政策障碍,组织短板的现状还没有突破;体育社会组织数量较少,专业化程度不高;基层人员保障不利,专职人员十分缺乏,县级体育工作弱化的现象明显等。因此,应立足当前县域体育公共服务体系建设的实际,加快推进基层体育社会组织管理体制改革。

（一）构建现代体育社会组织管理体制

依法治国背景下，法律是社会价值判断体系最重要的保障，我国还没有出台一部专门性社会组织管理法，《社会团体登记管理条例》和《民办非企业单位登记管理暂行条例》出台于 1998 年，与基层社会组织发展形势不相适应。2013 年发布的《国务院机构改革和职能转变方案》提出，重点培育、优先发展行业协会商会类、科技类、公益慈善类、城乡社区服务类社会组织。基于此背景，构建现代体育社会组织管理体制，首先，将体育社会组织建设与管理列入县域经济与社会发展整体规划，成立组织机构，出台相应的政策文件及政府规章，为其发展营造良好的法治和政策环境；其次，降低登记门槛，简化登记程序，特别重视县级"枢纽型"体育社会组织（即县级体育总会、社会体育指导员协会、老年人体育协会、农民体育协会）、单项体育协会和民间的非政府形态的体育社会组织的作用；再次，形成政府监管、社会公众监督和社会组织自律相结合的监管体系。

（二）孵化培育扶持体育社会组织成长

体育社会组织既是联结政府与公民的桥梁，又是公共服务供给的核心主体。《中共中央关于全面深化改革若干重大问题的决定》明确提出，"适合由社会组织提供的公共服务和解决的事项，交由社会组织承担"，"推进有条件的事业单位转为企业或社会组织"，明确了社会组织在承接政府转移职能、参与社会事务管理、提供公共服务方面的优势地位。因此，政府要有计划、有重点地孵化培育扶持一批在公共服务提供中能够发挥积极作用的体育社会组织。据报道，广东省大部分地区都由政府主导建立了社会组织培育孵化基地，对能力较弱的社会组织进行培育扶持以增强其能力。孵化培育扶持体育社会组织的主要方式有：其一，承接政府职能转移，县级体育行政机构要尽快适应合并或调整后职能分工，将承担的公共服务职能交由体育社会组织行使；其二，强化政府购买体育社会组织服务的途径和规范，政府通过购买服务的方式为体育社会组织的发展提供空间、资金和政策引导，购买体育公共服务时，应重点向基层体育社会组织倾斜并加强管理;其三,强化体育社会组织服务平台建设,特别要重视利用现代媒体为草根的、民间的非政府形态的体育社会组织搭建服务平台。

(三)加大对体育社会组织制度化的财税支持

县域公共财政要为体育社会组织输血。事实上,政府财政的资助和津贴一直都是西方发达国家非政府组织一个十分重要的资金来源。政府往往通过政策性拨款、转移支付、奖励、补贴、政府采购等形式向社会组织直接或间接提供资金。我国在1999年颁布的《中华人民共和国公益事业捐赠法》和2009年发布的《关于通过公益性群众团体的公益性捐赠税前扣除有关问题的通知》都对公益事业捐赠的税收优惠作出了明确的规定。借鉴国内相关领域的实践,根据县域范畴体育社会组织的分类,现阶段主要可通过以下两条途径加大对体育社会组织的财税支持:一是采取政府购买、项目补贴、定向资助、贷款贴息等制度化的政策措施支持体育社会组织发展;二是落实现行鼓励社会组织、机构和个人捐赠公益性事业所得税税前扣除政策规定。

(四)全面提升体育社会组织公共服务的能力

自20世纪80年代以来,我国政府持续进行了一系列行政管理体制改革。党的十八大报告进一步强调,"稳步推进大部门制改革,健全部门职责体系"。实行大部门制是强化政府公共服务职能的制度基础。随着"大部门制"改革、"省直管县"改革等举措的推进,县级体育行政机构设置和人员编制发生很大的变化,体育行政机构与文化、教育、卫生、广播等部门合署办公。但其关键不在于机构的合并与减少,而在于政府职能的根本转变,在于行政组织的设置与其内在职能的吻合,在于体育社会组织承接公共服务的能力,特别是革命老区、民族地区、边疆地区、贫困地区的县域。因此,实现政府与体育社会组织的良好互动,厘清政府、市场、社会组织在体育公共服务中的责任关系,整合基层体育公共服务资源的方式和途径,充分发挥体育社会组织的综合作用,提升体育社会组织的自身能力,对推动县域体育社会组织实质性改革具有重要的意义。

二、创新政府与体育社会组织合作的运行机制

我国政府与社会组织的关系形成于全面计划经济时代,转变于改革开放历史时期,发展于新世纪新阶段。尽管公共服务领域中政府与社会组织的关系经历了多次变迁,但社会组织作为实施主体进入公共服务领域,可以说是承担着现代国家建构与治理的双重任务,这不仅意味着政府开始在公共服务引入竞争机制,也使得国家与社会组织的关系发生了根本性改变。如何实现体育公共服务领域中政府与社会组织的有效合作,关键在于创新政府与社会组织合作的运行机制。

(一)构建公共服务中政府与体育社会组织之间的信任机制

体育学界诸多学者讨论了我国体育社会组织发展与改革的困境,并提出了富有实践价值的观点。但在依法治国和政府职能转变的背景下,承接公共服务为体育社会组织的发展提供了机遇与挑战。首要的问题是政府与体育社会组织之间的信任问题。信任是合作的前提和重要根基,甚至有学者提出,在所有推动政府与社会组织合作的因素中,信任最为重要。因此,现阶段要强化政府与体育社会组织之间的信任机制建设。一是政府要通过政策法规等制度性环境,培育、鼓励和支持体育社会组织发展,引导社会组织依法按照章程提供服务或开展活动,并愿意承担其中的风险,独立承担法律责任;二是体育社会组织要通过合法的途径加强与政府的交流,真正体现公众的偏好,塑造社会公众对社会组织的公信力;三是具体合作实践中,要加强信息交流与互动,促进双方的信任。

(二)建立公共服务中政府与体育社会组织之间的协调机制

体育公共服务合作供给过程中,全国各县区探索积累了不少经验,但也存在诸多问题。政府与体育社会组织在合作过程中,必须对体育公共服务的分类进行细化,明确哪些领域和项目能够由体育社会组织来提供,哪些领域不能。体育社会组织是通过自身特点来满足社会多元化需求

的,并且在实践中有诸多运作方式。因此,政府与体育社会组织要建立起相应的协调机制,一是在决策和组织安排阶段,结合县域体育社会组织发展的实际和能力,应该允许、支持和引导体育社会组织参与决策,信息透明公开;二是要确定由体育社会组织合作供给的范围和程序,包括事前调研、招投标程序、合同履行和监督程序等;三是协调具体运作中的合作方式,如采取 BOT、PPP 等模式合作建设运营和管理。

(三)加大公共服务中政府与体育社会组织合作的保障机制

社会组织是政府行政职能向社会的延伸。"体育社会组织既能把政府的社会治理政策传递到群众中去,又能有效沟通、反映群众诉求,为群众健身提供便捷、高效的公共服务,是现代社会治理不可或缺的重要载体。"①但县域体育社会组织无论在数量上还是在职能发挥上还很弱小、很不健全。据国家体育总局统计,全国成立县级体育总会的县区占全国县区总数的 69.4%,成立县级社会体育指导员协会占全国县区总数的28.6%的。② 因此,要加快形成政社分开、权责明确、依法自治的现代社会组织体制,启动基层体育社会组织章程核准或备案工作,加大对基层体育社会组织财税支持力度,加强基层体育社会组织队伍建设,开展党建工作,形成政府与体育社会组织合作的保障机制。

(四)完善体育社会组织供给的绩效评估机制

实施绩效评估是加强和完善政府与体育社会组织合作运行机制的一项重要内容。评估是现代治理体系建设中的一项基础制度性工作,是进一步提高工作水平的重要抓手。随着《全民健身计划(2011—2015 年)》《"十二五"公共体育设施建设规划》和《中央补助地方农村文化建设专项资金管理暂行办法》等重大战略和项目的实施,国家层面已经启动实施

---

① 国家体育总局.刘国永司长在 2015 年全国群众体育工作会议上的总结讲话[EB/OL].http://www.sport.gov.cn/n16/n33193/n33208/n33418/n33583/6123460.html.

② 国家体育总局.冯建中副局长在 2014 年全国群众体育工作会议上的讲话[EB/OL].http://www.sport.gov.cn/n16/n33193/n33208/n33418/n33583/5073295.html.

了对全民健身计划的实效评估,并引入了第三方绩效评估方法。体育公共服务绩效评估的性质属于项目评估范围,可分为事前、过程、结果等阶段。尽管我国县域体育公共服务发生了很大的变化,但对体育公共服务绩效评估尚处在起步阶段,体育社会组织供给水平的评估还非常薄弱,因此,建立体育社会组织供给公共服务水平的绩效评估及其机制,应成为其健康发展的重要保证。

（五）强化政府与体育社会组织合作的监督和问责机制

借鉴当前各国推行公共服务供给模式改革实践经验,无论是加强政府监督,还是加强社会监督,都需要规范完善监督和问责机制。以政府为主的监管主体应建立起规范的监管制度,对合作供给项目的申请、评审、立项、招标、签约、实施、结项等一系列环节制定具体的监管办法和细则;充分利用现代媒体建立完善的信息公开制度,广泛接受社会公众的监督;开展体育社会组织评估和年审工作,对于违规操作或导致资源浪费、资金流失等相关问题要追究当事人责任。

第七章 | 县域公共体育服务的
自主供给与公民参与

　　一个有效率的公共服务一定是政府、市场、社会组织、自主供给"四位一体"的服务主体体系。构筑多元主体共生治理的制度框架,政府、市场和社会组织有各自运行特征与有效发生作用的条件,也有各自的局限。任何一种单一的供给模式和制度安排都无法实现公共服务充分和有效供给。随着我国"四化"同步发展、"五位一体"建设的协同推进,特别是城乡一体化发展战略的布局和统一社会治理的架构,使得县域经济社会发展进入新常态。而自主供给及其公共体育服务体系建设中的公民参与,将成为县域有效实施公共体育服务"一主多元的协同合作"供给模式的应然选择。

第一节　公共体育服务自主供给的
现实背景及理论依据

一、公共体育服务自主供给的现实背景

　　中国是一个农业大国,农业、农村、农民问题始终是中国的根本问题。

改革开放以来,中国经济以前所未有的高速增长赢得世界瞩目。与经济快速增长相对应,人民群众对于教育、医疗、社会保障、文化体育等方面的需求日益增长,且这些公共服务需求呈现快速变化的特点,使得供需矛盾日渐突出。随着新型城镇化的加速,县域农村潜在的基本公共需求开始变成全面的现实要求,为广大农民提供基本而有保障的公共服务,已成为现阶段城乡一体化发展的重大任务。

毫无疑问,由于政府主体单一、农村市场发育不成熟等客观原因,加之地域差别,农村公共服务需求体现出多样化、升级化、差异化的新特征,这对政府、市场、社会组织、公民等公共服务主体提出了更高要求。建立县域公共体育服务"一主多元的协同合作"供给模式,意味着对政府、市场、社会组织和公民等主体将进行角色的重新定位,进一步明确各自的职能分工及权利义务。"协同"而非"单元",就广大农村来说,"提供充足的农村公共服务是政府必须承担的责任,因此政府应是农村公共服务的主要供给主体"。① 农村公民自主供给可以填补政府职能发挥和市场发育不够的真空地带,对县域体育公共服务的供给起到有效的补充作用。

2015年2月,中共中央、国务院印发《关于加大改革创新力度　加快农业现代化建设的若干意见》中明确提出,"中国要美,农村必须美。繁荣农村,必须坚持不懈推进社会主义新农村建设。要强化规范引领作用,加快提升农村基础设施水平,推进城乡基本公共服务均等化,让农村成为农民安居乐业的美丽家园"。新常态下我国县域经济出现新机遇,也面临着新挑战和新特点。由于经济发展水平、产业结构、生产生活方式、社会风俗习惯、居住环境及人口素质等各方面的差异,较之城镇,农村居民"需要的"公共体育服务的性质与范围有其独有的特点,且地域差异性很大。需求决定供给,但有需求并不一定会有供给,或是与之相匹配的供

---

① 董明涛.基于合作治理的农村公共服务体系改革研究[J].广东农业科学,2014(2):198-203.

给。从现状调研来看,县域农村公共体育服务供给表现出了模式单一、总量不足、结构失衡、观念陈旧、效果欠佳、居民参与精神匮乏等现实问题,体育学界对其原因已有诸多论述。综合相关研究成果,基于实地调研,现从宏观与微观两个层面简要分析。

从宏观层面来看,庞大的县域农村人口基数造成了包括体育在内的公共服务总量不足,城乡二元的户籍与资源配置体制,以及与之对应的我国长期实施并延续至今的农村公共服务供给模式,导致了现行农村公共服务中的结构失衡甚至部分县域农村公共文化体育服务供给缺位等诸多问题。① 从微观层面来看,中西部农村问卷调查表明(见表7-1),村内经济状况、缺少体育设施、村民健康观念等因素,是影响农村公共体育服务的主要原因。因此,农村公共服务的协同供给是满足农村公共服务需求的理性选择和必然趋势。已有的研究表明,"农村公共服务农民自主供

表7-1 影响县域农村体育公共服务的原因调查(N=622)

影响因素	调查回答者		占样本百分比
	频数	百分比	
B161 村内经济状况	397	18.6	63.9
B162 缺少体育人才	316	14.8	50.9
B163 村民生活方式	318	14.9	51.2
B164 村民健康观念	355	16.7	57.2
B165 缺少体育设施	368	17.3	59.3
B166 缺少体育组织	319	15.0	51.4
B167 其他	58	2.7	9.3
合计	2131	100.0	343.2

---

① 戴健.中国公共体育服务发展报告(2013)[M].北京:社会科学文献出版社,2013:103-122.

给是当前典型的农民集体行动",①而"农村公共体育服务非政府组织自治机制已经成为农村公共体育物品供给的重要途径,并且在构建农村公共体育服务体系中起到积极作用"。② 农村集体团结性行动成为公共体育服务"一主多元的协同合作"供给模式的前提,农村集体性质为实现自主供给提供制度条件。

二、公共体育服务自主供给的含义

对于公共服务供给模式及具体提供方式的认知与选择,一直是一个随着实践不断深化的过程和问题。如前所述,通过对国内外研究文献的梳理和分析,基于供给主体及其运行机理的不同,公共服务基本供给模式主要有政府供给、市场供给和社会组织(非营利组织)供给三种主流模式。事实证明,要解决公共服务供给中的诸多问题和困境,不能脱离我国国情和县域的实际。按照治理理论关于政府、市场与社会的主体界定,可以将之细分为政府、自治组织、私人部门、第三部门和公民。也就是说,农村公共体育服务供给主体还应包括农村公共服务体系中的集体自治组织和农户个人。

公共体育服务自主供给是指为县域范畴内的居民委员会、村民委员会和居民个人等提供的公共体育服务。③ 农村的自治组织形式包括全体村民大会、村民代表会议、村民委员会、村民小组以及作为监督机构的村务监督委员会,其中村民委员会是主要形式的工作机构。私人部门即营利性组织,如乡镇企业即是当中的典型范例。第三部门即社会组织。作为个体的公民显然是极其重要的主体,不能也不应该忽视,从有关专家的

① 周春生,汪杰贵.乡村社会资本与农村公共服务农民自主供给效率[J].浙江大学学报(人文社会科学版),2012,42(3):111-121.
② 唐鹏,潘蓉,刘嘉仪.农村公共体育服务体系的建构研究[J].体育与科学,2010,31(6):53-57.
③ 郑旗.论县域公共体育服务供给制度的模式及其治理机制[J].体育研究与教育,2015,30(3):1-7.

观点来看,"政府推动型""精英主导型""公众自治型"这三种公民参与公共服务的形式各有其背景、特点和优势。[①] 与其他供给主体相比,公民要多出一重身份,既是公共服务的消费者和受益者,也是公共服务的供给者。也就是说,公民作为主体,在公共体育服务需求表达、决策参与、物品生产、活动组织、满意度评估、问责等环节中扮演着重要的角色。

"自主"蕴含着自己做主的意思,公共体育服务自主供给可看作自愿供给机制的进一步细分,而自愿供给又属于非营利组织供给一种不同的表述。自愿供给是一种自己愿意的行为,其外延更为宽泛,樊丽明[②]曾提出了"公民个人、单位,以自愿为基础,以社会捐赠或公益彩票等形式无偿或部分无偿地筹集资金,直接或间接地用于教育、体育、济贫等公益用途,并接受公众监督"的自愿供给机制。可见,就县域农村地区而论,自主供给表述更适合于农村自治组织、农户和个人这类主体。事实上,目前在广大的县域农村地区,大量存在着农户通过自发的集体行动和个人行为,自主决策来供给公共体育服务的状况,如通过募捐集资、劳务和志愿者活动等方式来修建戏台、文体广场、乡村公园、篮球场、健身路径等文体设施,举办节庆文体活动等。

三、公共体育服务自主供给的理论依据

国内外学者立足于公共服务实践,在公共服务供需等理论基础上,通过实践充分证明了自愿供给存在的可能性和合理性,为分析自主供给模式提供了丰富的理论依据和实验证据。

(一)互惠理论

互惠理论类似于利他主义理论,可分为自利和利他两个部分。经济学、生物学等多个领域对此一直都有探讨和研究。利己行为一直被作为

---

① 孙晓莉.公共服务中的公民参与[J].中国人民大学学报,2009(4):114-119.
② 樊丽明.中国公共品市场与自愿供给分析[M].上海:上海人民出版社,2005:6-22.

一种经济理论的最基础和最重要的假设。然而，从更广泛的角度来看，利己行为仅仅是人的本性和行为的一个方面，正在转型的公共经济学对此有不同的解释。按照经济学家亚当·斯密的"经济人假设"，参与社会活动的人是自利、理性和自律的，能运用已有知识和信息，作出理智的判断，追求个人福利的最大化。但是，对于经济人假设的完整理解，必须将其置于一定的客观环境和制度条件下。按照这一假设，人们对于纯公共产品存有"搭便车"的心理。经济人假设、"搭便车"看似与自主供给模式相悖，但现实中，完全的自利和理性是不存在的，每个人在自利之外，还有利他的本性。行为公共经济学认为，利他主义者不仅重视自己的福利，而且重视他人的福利，这为认识公共体育服务自主供给模式的学理提供了前提。

（二）林达尔均衡理论

该理论的主要代表是瑞典经济学家林达尔，其理论要点集中在两个方面，一是对整个社会而言，某种公共产品的产量和价格如何确定；二是对具体个人而言，人们之间如何确定公共物品的合理负担份额和产量。如果人们都能按照自己从公共产品中获得的边际收益的大小，来承担自己应分担的公共物品或劳务的资金费用，这样就能实现公共产品的有效供给。可以这么说，它是一种无须政府部门参与的"自愿交易"，与私人产品的市场提供有着显明的区别，学界称之为林达尔均衡。实现林达尔均衡有两个条件，其一是每位社会成员都愿意如实公开自己从公共产品中获得的边际效益，并承担相应的成本费用；其二是每个社会成员清楚其他社会成员的收入状况，了解任何一种公共物品可以给彼此带来的边际效益，不能存在隐瞒。显然，上述条件在人口众多、地域辽阔的社会中无法成立，人们完全有可能在不付出任何代价中享受他人提供的公共服务，即所谓"搭便车"行为。因此，林达尔均衡不是解决公共服务的普遍方式。但是，从逻辑上讲，在一个人数相对较少且居住相对集中的村庄或组织单位，能满足林达尔均衡的基本要求，并具有一定的可行性。由于县域农村中的居民生活环境、习俗相近,对某些公共体育服务的需求相似,文化认同,如山西省运城地区农村对篮球运动的普遍喜爱,这为实现林达尔均衡提供了条件。同时,农村居民彼此熟悉,乡规民俗等观念能够削弱村民逃避或"搭便车"的心理动机。因此,林达尔均衡理论为公共体育服务自主供给提供了一种理论解释。

(三)声誉理论

声誉理论起源于 20 世纪 80 年代,主要包括声誉信息、声誉资本、声誉效用等理论要点。声誉信息主要强调声誉可以作为有效的信息,传递行为主体的内在特征,并对参与各方的策略与行为产生影响。该观点将声誉理解为对行为主体的一种认知,起着隐性合约的作用;而声誉资本理论将声誉理解为主体的一种无形资本,并能给行为主体带来超额收益,但如果声誉贬值也会给行为主体造成相应的损失。声誉效用理论要点认为,关系与尊重的需要是人的内在追求,而良好的声誉能给人带来赞誉、尊重与更大的社会吸引力,也就是说,获取良好的声誉本身就是其行为的目的。该理论认为,声誉的作用不同于正式的合同,也不依赖于法律等正式制度。它主要通过行为人预期声誉对现在和未来收益的总体影响而选择自己的最优行动策略,而且声誉机制的作用基础主要是社会规范、惯例、习俗等非正式制度。中国乡村是一个具有悠久传统文化礼治社会,县域农村是稳定的生产与生活的自然区域单位,农户或个人声誉对决策有极为重要的影响。尤其是在外工作的"精英"和乡村体育积极分子更愿意组织或自主供给一些公共体育服务和物品。这种个人英雄主义的途径在农村公共体育服务供给中尽管只有极少数,但可以看作是声誉理论解释公共物品供给的一种典型类型,且重要的意义体现在对于公共服务和物品供给的主动参与精神的培育所起到的催化剂作用。①

---

① 符加林,崔浩,黄晓红.农村社区公共物品的农户自愿供给——基于声誉理论的分析[J].经济经纬,2007(4):106—109.

（四）社会资本理论

社会资本理论是由社会学家率先提出，而后被经济学家、政治学家以及诸多学者广泛采纳用来解释和说明各自领域问题的理论和方法，并成为 20 世纪 80 年代以来一个国际性学术热点。通常以法国社会学家皮埃尔·布尔迪厄（Pierre Bourdieu）、美国社会学家詹姆斯·科尔曼（James Coleman）及罗伯特·帕特南（Robert Putnam）为代表。布尔迪厄认为，社会资本是一个社会或群体所具有的现实或潜在的自愿集合体，它主要由确定社会或群体成员身份的关系网络所构成。①之后，科尔曼、帕特南等学者使之概念和分析方法进一步完善，形成了社会资本的一般分析模式。国内学者认同社会资本是广泛存在于社会网络关系中并能够被行动者投资和利用以便实现自身目标的社会资源，且这种资源以组织、社会关系网络为后盾，以信任关系为基础。我国县域农村是一个以血亲关系为基础建立起来的"熟人社会"，以社会网络和村落组织、亲族、宗族等形成的社会组织，承担着社会资源的流通和利用功能，在一定程度上影响着农村居民的生活质量。许多经验证据表明，在农村长时间形成的规范、信任、组织和网络等社会资本是居民自主管理某些公共事务的动力源。② 因此，社会资本理论是分析居民参与公共体育服务自主供给的一个重要视角。

第二节　公共体育服务自主供给中的农户意愿与行为

根据实践调研和已有文献研究表明，公共服务自主供给涉及公共政策激励、社会角色、供给意愿、社会偏好、公民参与等实践中的议题。就县域公共体育服务供给而论，村民自治组织和农户作为主要的实践主体，其

---

① Bourdieu,Pierre.The Forms of Capital,In John G.Riehardson（ed）:Handbook of Theoryand Research for the Sociology of Education[M].New York:Greenwood Press,1986:241-258.

② 周晓平.基于社会资本视角的农村公共事务治理策略[J].中外企业家,2010(5):196-197.

供给意愿及影响因素分析是讨论这一制度模式创新和机制设计的前提条件。

一、农户参与公共体育服务自主供给意愿与行为的现状

农户参与公共体育服务自主供给的意愿,包含了若干方面的要素,现阶段主要体现在体育基础设施、科学健身锻炼、体育文化活动、体育社团组织、体育健康知识等方面,并与户主相关背景密切联系,以山西省为实证样本的调查数据分析如下(调查问卷见附录4)。

(一)农户参与公共体育服务自主供给的意愿及方式

农户参与意愿可以反映出当前农户对于公共体育服务的需求、满意度等方面的问题。从表7-2中可以看出,被调查的样本农户中超出七成以上的农户愿意参与公共体育服务的供给,其中,农户对基础设施的供给意愿达70%,对健康知识的供给意愿达81.7%,表明了农户自主参与公共体育服务的愿望。

表7-2 农户参与公共体育服务自主供给的意愿统计(N=863)

编码	调查问题	是	百分比	否	百分比
B1	公共体育服务自主供给意愿	671	77.8	192	22.2
B11	体育基础设施自主供给意愿	604	70.0	259	30.0
B12	科学健身锻炼自主供给意愿	631	73.1	232	26.9
B13	体育文化活动自主供给意愿	673	78.0	190	22.0
B14	体育社团组织自主供给意愿	662	76.7	201	23.3
B15	体育健康知识自主供的意愿	705	81.7	158	18.3

从历史变迁来看,自主供给可谓是最原始的供给方式,在县域广大农村主要体现在出钱、出力、提供物品、参与组织策划等方面。调查结果显示(见表7-3),超出七成的农户愿意以出人力的方式参与公共体育服务

自主供给,超出一半的农户选择提供物品,选择参与组织策划的农户占到三分之一,仅有不到两成的农户愿意出钱,客观地反映出当下农户的实际意愿。

表7-3　农户愿意参与公共体育服务自主供给的方式统计(N=863)

供给方式	调查者		占样本百分比
	频数	百分比	
出人力	604	37.3	70.0
出钱	166	10.3	19.2
提供物品	478	29.6	55.4
参与组织策划	308	19.0	35.7
其他	62	3.8	7.2
合计	1618	100.0	187.5

这种意愿及其强度受到社会文化、价值观、制度、经济条件、身份等多种因素的影响。为便于分析问题,课题调研中主要考察了农户收入水平和户主政治面貌、是否村干部、受教育程度等变量与自主供给意愿之间的关系。

1. 农户收入水平与自主供给意愿的关系。从样本户调查来看,收入水平较好的农户愿意的比例高于收入水平一般的,收入水平一般的农户愿意的比例高于收入水平较差的,即随着收入水平的不断提高,农户参与公共体育服务自主供给的愿意比例也在不断提高,为了说明不同收入水平农户与其自主供给意愿之间的关联,本研究做了两类别变量之间的关联系数及其显著性检验,卡方值和 Phi 值见表7-4,表明农户收入水平与参与公共体育服务自主供给意愿存在着一定的关联。

表 7-4 农户收入水平与参与公共体育服务自主供给意愿的关系(N=863)

供给内容		收入水平			卡方值	Phi 值
		较好	一般	较差		
B1 公共体育服务自主供给意愿	是(%)	94.7	85.5	34.9	195.17*	0.476*
	否(%)	5.3	14.5	65.1		
B11 体育基础设施自主供给意愿	是(%)	85.1	76.5	33.6	116.70*	0.368*
	否(%)	14.9	23.5	66.4		
B12 科学健身锻炼自主供给意愿	是(%)	84.0	78.1	45.6	70.670*	0.286*
	否(%)	16.0	21.9	54.4		
B13 体育文化活动自主供给意愿	是(%)	88.3	81.6	56.4	51.100*	0.243*
	否(%)	11.7	18.4	43.6		
B14 体育社团组织自主供给意愿	是(%)	85.1	80.5	55.7	45.448*	0.229*
	否(%)	14.9	19.5	44.3		
B15 体育健康知识自主供给意愿	是(%)	85.1	86.5	59.7	58.168*	0.260*
	否(%)	14.9	13.5	40.3		
合计		94	620	149	863	

注:*表示 P<0.05。

2. 户主政治面貌与自主供给意愿的关系。从本次样本户调查来看,有 98.4%的党员愿意参与自主供给公共体育服务,在公共体育服务各要素中,党员的供给意愿均在 85%以上。两类别变量之间的关联系数 Phi 值及其显著性检验卡方值见表 7-5,表明户主政治面貌与自主供给意愿之间存在着一定的关联,农户的政治面貌不同,其思想认识水平、接受新事物等方面会有所不同。

表7-5 户主政治面貌与参与公共体育服务自主供给意愿的关系(N=863)

供给内容		党员		卡方值	Phi 值
		是	否		
B1 公共体育服务自主供给意愿	是(%)	98.4	65.8	123.086*	0.378*
	否(%)	1.6	34.2		
B11 体育基础设施自主供给意愿	是(%)	93.4	56.5	129.588*	0.388*
	否(%)	6.6	43.5		
B12 科学健身锻炼自主供给意愿	是(%)	86.7	65.3	46.857*	0.233*
	否(%)	13.3	34.7		
B13 体育文化活动自主供给意愿	是(%)	88.9	71.7	34.755*	0.201*
	否(%)	11.1	28.3		
B14 体育社团组织自主供给意愿	是(%)	88.6	69.8	39.506*	0.214*
	否(%)	11.4	30.2		
B15 体育健康知识自主供给意愿	是(%)	91.8	75.9	33.872*	0.198*
	否(%)	8.2	24.1		
合计		316	547	863	

注:*表示 P<0.05。

3. 户主任职情况与参与公共体育服务自主供给意愿的关系。本次样本户调查结果显示,乡村干部几乎都愿意参与自主供给,从某种程度上反映出当下农村干部参与公共服务供给的迫切心愿,而且在公共体育服务供给的各要素中,村干部自主供给意愿的比例还高于党员的比例。这可能与我国乡村自治采取的民主选举村干部的体制有关,在这一牵涉村民利益的事情上,村干部表现出高度的一致性。统计学计算了其关联系数 Phi 值及其显著性检验卡方值见表7-6,表明了户主是否担任村干部与自主供给意愿之间的存在着关联,实地调查也说明,在我国农村社会中村干部的行为意愿决定着村民的想法和行为。

表7-6　户主任职情况与参与公共体育服务自主供给意愿的关系（N＝863）

供给内容		村干部		卡方值	Phi 值
		是	否		
B1 公共体育服务自主供给意愿	是(%)	99.4	72.9	123.086*	0.378*
	否(%)	0.6	27.1		
B11 体育基础设施自主供给意愿	是(%)	96.9	63.9	66.982*	0.279*
	否(%)	3.1	36.1		
B12 科学健身锻炼自主供给意愿	是(%)	89.3	69.5	25.995*	0.174*
	否(%)	10.7	30.5		
B13 体育文化活动自主供给意愿	是(%)	90.6	75.1	17.972*	0.144*
	否(%)	9.4	24.9		
B14 体育社团组织自主供给意愿	是(%)	92.5	73.2	27.041*	0.177*
	否(%)	7.5	26.8		
B15 体育健康知识自主供给意愿	是(%)	93.7	79.0	18.825*	0.148*
	否(%)	6.3	21.0		
合计		159	704	863	

注：* 表示 P<0.05。

4. 户主受教育程度与参与公共体育服务自主供给的关系。在小学及以下的文化程度中，有一半左右的农户愿意参与供给，而在大专及上的文化程度中，有 91.9% 的农户愿意参与供给。两变量之间的关联系数 Phi 值及其显著性检验卡方值见表7-7，表明户主受教育的程度与自主供给意愿有一定关联。

表7-7 户主受教育程度与参与公共体育服务自主供给意愿的关系（N=863）

供给内容		受教育程度				卡方值	Phi 值
		小学及以下	初中	高中或中专	大专及以上		
B1 公共体育服务自主供给意愿	是(%)	53.0	63.9	88.0	91.9	116.028*	0.367*
	否(%)	47.0	36.1	12.0	8.1		
B11 体育基础设施自主供给意愿	是(%)	47.7	55.2	80.8	82.3	87.279*	0.318*
	否(%)	52.3	44.8	19.2	17.7		
B12 科学健身锻炼自主供给意愿	是(%)	62.4	66.7	76.3	81.8	21.871*	0.159*
	否(%)	37.6	33.3	23.7	18.2		
B13 体育文化活动自主供给意愿	是(%)	63.1	71.0	84.1	85.4	37.881*	0.210*
	否(%)	36.9	29.0	15.9	14.6		
B14 体育社团组织自主供给意愿	是(%)	61.7	73.2	82.6	81.3	28.698*	0.182*
	否(%)	38.3	26.8	17.4	18.7		
B15 体育健康知识自主供给意愿	是(%)	61.7	82.0	85.6	89.9	51.940*	0.245*
	否(%)	38.3	18.0	14.4	10.1		
合计		149	183	333	198	863	

注：*表示 $P<0.05$。

（二）农户参与公共体育服务自主供给的行为状况

农户参与公共体育服务自主供给的行为是农户真正参与到公共体育服务自主供给中的重要体现。调查结果显示，在863户样本中，近三年曾参与公共体育服务自主供给的有492户，占样本户的57%，没有的371户，占样本户的43%；从实际供给行为方式来看（见表7-8），在492户参与过公共体育服务自主供给的农户中，提供物品的居首位，其次是出人力、参与组织策划，出钱的占到一成多。可见，农户参与自主供给的行为与意愿并不一致，行为与意愿之间的相差是明显的。如调查中有166户愿意出钱，但只有67户出过钱。究其原因（调查结果见表7-9和表

7-10)，有 75%的农户是响应村委会的号召，有 28%的农户表示是出于对体育的喜爱，有 19.3%的农户认为其参与供给的原因是集体摊派；而在没有参与过自主供给的 371 户中，有 283 户认为其原因是无人组织，占未参与总数的 76.3%，因经济收入问题的占到未参与总数的 31.3%，这为县域农村公共体育服务自主供给机制的设计提供了直接依据。

表 7-8　农户参与公共体育服务自主供给的行为方式统计（N=492）

供给方式	调查者		占样本百分比
	频数	百分比	
出人力	279	33.7	56.7
出钱	67	8.1	13.6
提供物品	314	37.9	63.8
参与组织策划	143	17.3	29.1
其他	25	3.0	5.1
合计	828	100.0	168.3

表 7-9　农户参与公共体育服务自主供给的行为原因统计（N=492）

行为原因	调查者		占样本百分比
	频数	百分比	
个人对体育的爱好	138	22.3	28.0
村委会号召	369	59.5	75.0
集体摊派	95	15.3	19.3
其他	18	2.9	3.7
合计	620	100.0	126.0

表7-10　农户未参与公共体育服务自主供给的行为原因统计（N=371）

行为原因	调查者		占样本百分比
	频数	百分比	
个人不需要	80	15.1	21.6
经济收入问题	116	22.0	31.3
无人组织	283	53.6	76.3
其他	49	9.3	13.2
合计	528	100.0	142.4

承上所述,户主的特征是分析农户参与自主供给的主要变量,课题组分析了农户收入和户主政治面貌、是否为村干部及受教育程度与自主供给行为的关系。

1. 农户收入水平与参与公共体育服务自主供给行为的关系。在收入水平较好和一般的农户中,有参与行为的农户比例要高过未参与的农户,在收入水平较差的农户中,无参与公共体育服务行为的农户比例高于参与公共体育服务的农户(见图7-1)。两类别变量之间的关联系数Phi=0.177,P<0.01,卡方=27.122,df=2,P<0.01,表明不同收入水平的农户参与公共体育服务自主供给行为的状况不同。

2. 户主政治面貌与参与公共体育服务自主供给行为的关系。从图7-2可看出,超过三分之二的党员曾参与公共体育服务自主供给,在非党员中不到一半的农户参与了自主供给,这与98.4%的党员愿意存在着差距。同样,两类别变量之间的关联系数Phi=0.228,P<0.01,显著性检验卡方=44.708,df=1,P<0.01,表明户主政治面貌与参与公共体育服务自主供给行为之间有着一定的关联。

3. 户主任职情况与参与公共体育服务自主供给行为的关系。调查结果显示,户主是村干部的有着更多的公共体育服务自主供给的行为,且村干部比党员的行为比例要多。在是否村干部与参与公共体育服务自主

（单位：%）

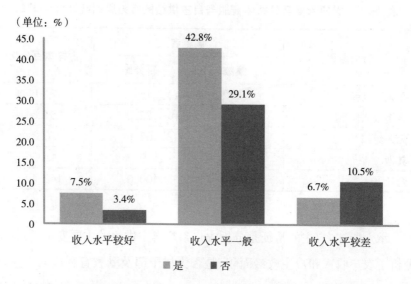

图7-1 农户收入水平与参与公共体育服务自主供给行为比例直方图

（单位：%）

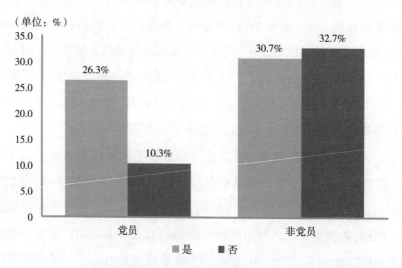

图7-2 户主政治面貌与参与公共体育服务自主供给行为比例直方图

供给行为之间的关联系数及显著性检验中,卡方 = 114.585, df = 1, P <
0.01;关联系数 Phi = 0.364, P < 0.01,具有非常显著性的意义,即户主是
否村干部与参与公共体育服务自主供给行为有着密切的联系。

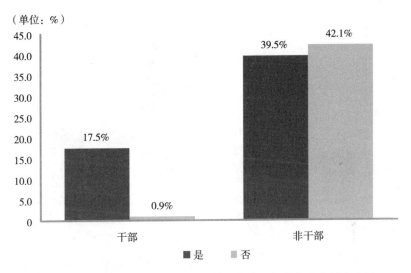

（单位：%）

图 7-3　户主任职情况与参与公共体育服务自主供给行为比例直方图

4. 户主受教育程度与参与公共体育服务自主供给行为的关系。调查结果显示,随着户主受教育程度的不断提高,农户参与公共体育服务自主供给的行为也不断增多。两类别变量之间的关联系数 Phi=0.196,P<0.01,显著性检验卡方=33.173,df=3,P<0.01,具有非常显著性意义,即不同受教育程度的户主与参与公共体育服务自主供给行为有一定的关联性。

二、农户参与公共体育服务自主供给的二元 Logit 回归分析

县域公共体育服务自主供给是完善基本公共服务体系的重要途径,农户的意愿与行为受多方面因素的影响,既包括户主个体特征和思想认识,又包括政策指导、农村环境、文化传统、社会资本因素。根据研究设计,分别以农户参与公共体育服务的意愿、行为为因变量,以户主个体特征、农户认知、村级环境因素、农户社会资本等为自变量,采用二元 Logit 回归模型,寻求农户参与公共体育服务自主供给意愿与行为的影响因素。

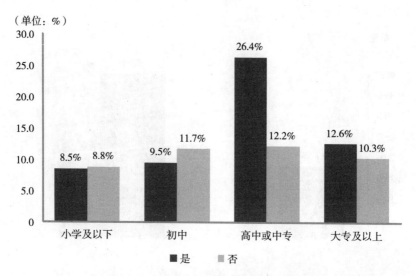

图7-4　户主受教育程度与参与公共体育服务自主供给行为比例直方图

（一）农户参与公共体育服务自主供给的意愿与行为的变量描述

1. 因变量：包括农户参与公共体育服务自主供给的意愿与行为，其赋值及描述性统计见表7-11。

2. 自变量：包括户主个体特征、农户认知、村级环境因素、农户社会资本4类因素，其赋值及描述性统计见表7-11。

①户主个体特征。主要包括户主的年龄、受教育程度、是否村干部、是否党员、收入水平5个变量。

②农户认知方面。主要包括4个变量，农户对于公共体育服务的认识程度、农户对于公共体育服务需求的满足程度、农户参与锻炼情况及农户的个体意识。

③村级环境因素。主要包括村委会组织动员能力、村级民主状况、农户参与公共体育服务自主供给的积极性、是否存在体育精英及他人是否参与5个变量。

④农户社会资本。主要包括社会网络、社会信任、社会支持及社会规范4个变量。

表 7-11　农户参与公共体育服务自主供给变量的描述性统计

变量	变量说明	均值	标准差
因变量			
B1 供给意愿	是 =1;否 =0	0.78	0.42
B2 供给行为	是 =1;否 =0	0.57	0.49
自变量			
户主个体特征			
A4 收入水平	较差 =1;一般 =2;较好 =3	1.94	0.53
A6 年龄	实际值	40.47	9.07
A7 是否党员	是 =1;否 =0	0.37	0.48
A8 受教育程度	小学及以下 =1;初中 =2;高中或中专 =3;大专及以上 =4	2.67	1.01
A9 是否村干部	是 =1;否 =0	0.18	0.39
农户认知			
C1 农户认识程度	各项指标的平均值	3.68	0.67
C2 农户需求满足程度	各项指标的平均值	2.92	0.75
C3 参与锻炼情况	是 =1;否 =0	0.78	0.42
C4 个体意识	是 =1;否 =0	0.66	0.47
村级环境因素			
C5 村委会组织动员能力	完全没有 =1;较小 =2;一般 =3;较大 =4;非常大 =5	3.43	0.94
C6 民主状况	从不 =1;很少 =2;较少 =3;有时 =4;经常 =5	3.35	0.97
C7 农户积极性	很不高 =1;不高 =2;一般 =3;较高 =4;很高 =5	3.33	0.90
C8 是否存在体育精英	是 =1;否 =0	0.81	0.39
C9 他人是否参与	是 =1;否 =0	0.71	0.46
农户社会资本			
C10-C13 社会网络	各项指标的平均值	3.78	0.67
C14-C17 社会信任	各项指标的平均值	3.81	0.65
C18-C19 社会支持	各项指标的平均值	4.07	0.66
C20-C22 社会规范	各项指标的平均值	2.30	0.69

（二）农户参与公共体育服务自主供给的意愿与行为的模型构建

农户对于公共体育服务自主供给的意愿有"愿意"和"不愿意"两种，农户对于公共体育服务自主供给的行为有"是"和"否"两种，被解释的变量属于分类变量，为了解农户参与公共体育服务自主供给的意愿与行为，探究哪些影响因素会影响农户参与公共体育服务自主供给的意愿与行为，以下采用二元 Logit 模型进行分析。

二元 Logit 模型的基本形式为：

$$P_i = F(Y_i) = P(\alpha + \beta X_i + \mu) = \frac{1}{1 + e^{-Y_i}} = \frac{1}{1 + e^{-(\alpha + \beta X_i + \mu)}} \qquad 式（7-1）$$

其中，$Y_i = \alpha + \beta X_i + \mu$，$e$ 代表自然对数的底，式（7-1）的估计式为：

$$Ln(\frac{p_i}{1 - p_i}) = Y_i = \alpha + \beta X_i + \mu$$

模型的具体形式可表达为：

$$Ln(\frac{p_i}{1 - p_i}) = \alpha + \beta_1 X_{i1} + \beta_2 X_{i2} + \beta_3 X_{i3} + \cdots + \beta_j X_{ij} + \varepsilon \qquad 式（7-2）$$

研究中将农户自主供给公共体育服务的"愿意供给"赋值为1，"不愿意供给"赋值为0；农户自主供给公共体育服务的行为中"是"赋值为1，"否"赋值为0，以 p 表示事件发生的概率，即农户愿意自主供给公共体育服务的概率，及农户有自主供给行为的概率，取值在0—1之间，根据以上内容，研究中构建的 Logit 模型如下：

$$Ln(\frac{p_i}{1 - p_i}) = \alpha + \sum \beta_j X_{ij} + \varepsilon \qquad 式（7-3）$$

在式（7-3）中，$i = 1,2,3,\cdots,n$；p_i 代表第 i 个农户愿意自主供给公共体育服务的概率，$1 - p_i$ 表示第 i 个农户不愿意自主供给公共体育服务的概率，农户自主供给公共体育服务的行为的概率同上。

表 7-12　农户参与自主供给意愿与行为的多重共线性检验表

模型	共线性统计量	
	容差	方差膨胀因子
收入水平	0.770	1.298
年龄	0.499	2.005
是否党员	0.485	2.063
受教育程度	0.421	2.373
是否村干部	0.592	1.691
农户认识程度	0.648	1.544
农户需求满足程度	0.714	1.400
参与锻炼情况	0.769	1.300
个体意识	0.671	1.490
村委会组织动员能力	0.394	2.537
民主状况	0.517	1.936
农户积极性	0.468	2.135
是否存在体育精英	0.688	1.453
他人是否参与	0.656	1.525
社会网络	0.392	2.552
社会信任	0.420	2.383
社会支持	0.669	1.496
社会规范	0.898	1.114

　　由于模型中可能存在变量之间相互影响的多重共线性问题,在进行模型回归前,对农户参与公共体育服务自主供给的意愿与行为的 18 个影响因素进行多重共线性检验,在共线性检验中,方差膨胀因子(VIF)为 1 即为最好,最大不超过 10 都表明变量之间不存在多重共线性问题,由表 7-12 可以看出所选取的 18 个变量的方差膨胀因子均小于 3,表明本模型变量之间无多重共线性问题,可对模型进行估计。

（三）农户参与公共体育服务自主供给意愿的模型分析

1. 模型稳定性检验

为了更全面地分析农户参与公共体育服务自主供给的意愿,在进行 Logit 回归之前,对模型的稳定性进行检验,具体情况如表 7-13 所示。

表 7-13　供给意愿分类表

供给意愿	已预测		
	不愿意	愿意	百分比%
不愿意	128 户	64 户	66.7
愿意	35 户	636 户	94.8
合计	—	—	88.5

注:切割值为 0.500。

从表 7-13 中可以得出,在 671 个愿意参与公共体育服务自主供给的农户中,有 636 个判断正确,正确率为 94.8%;在 192 个不愿意参与公共体育服务自主供给的农户中,有 128 个判断正确,正确率为 66.7%。总验证正确率达到 88.5%,表明模型稳定性较好,尤其是对愿意参与公共体育服务自主供给农户的预测。

2. 模型估计结果

表 7-14　农户参与公共体育服务自主供给意愿的模型回归结果

模型	系数	标准误	Wald 值	df	显著性水平	Exp(B)
收入水平	1.134	0.245	21.447	1	0.000**	3.108
年龄	−0.015	0.018	0.728	1	0.394	0.985
是否党员	1.989	0.529	14.122	1	0.000**	7.307
受教育程度	0.364	0.166	4.775	1	0.029*	1.438
是否村干部	2.129	1.080	3.887	1	0.049*	8.404
农户认识程度	0.617	0.212	8.497	1	0.004**	1.854

续表

模型	系数	标准误	Wald 值	df	显著性水平	Exp（B）
农户需求满足程度	−0.374	0.183	4.153	1	0.042*	0.688
参与锻炼情况	0.701	0.292	5.765	1	0.016*	2.017
个体意识	0.872	0.256	11.585	1	0.001**	2.392
村委会组织动员能力	−0.286	0.189	2.289	1	0.130	0.751
民主状况	0.363	0.155	5.464	1	0.019*	1.437
农户积极性	0.051	0.186	0.076	1	0.782	1.053
是否存在体育精英	0.541	0.303	3.187	1	0.074	1.717
他人是否参与	0.789	0.285	7.640	1	0.006**	2.200
社会网络	0.857	0.264	10.545	1	0.001**	2.357
社会信任	0.603	0.268	5.052	1	0.025*	1.827
社会支持	−0.019	0.207	0.008	1	0.927	0.981
社会规范	0.301	0.177	2.887	1	0.089	1.352
常量	−10.781	1.535	49.301	1	0.000	0.000
−2Log likelihood	460.233					
Cox-Snell R²	0.409					
Nagelkerke R²	0.627					

注：＊表示 P<0.05；＊＊表示 P<0.01。

根据模型最终估计结果,收入水平、是否党员、受教育程度、是否村干部、农户认识程度、农户需求满足程度、参与锻炼情况、个体意识、民主状况、他人是否参与、社会网络、社会信任 12 个变量与农户参与自主供给公共体育服务的意愿具有显著性影响。

模型的函数表达式可写为:

$$y = -10.781 + 1.134x_1 + 1.989x_2 + 0.364x_3 + 2.129x_4 + 0.617x_5 - 0.374x_6 + 0.701x_7 + 0.872x_8 + 0.363x_9 + 0.789x_{10} + 0.857x_{11} + 0.603x_{12}$$

其中 x_1、x_2、x_3…x_{11}、x_{12} 分别代表收入水平、是否党员、受教育程度、

是否村干部、农户认识程度、农户需求满足程度、参与锻炼情况、个体意识、民主状况、他人是否参与、社会网络、社会信任这 12 个影响因素。可见,是否村干部、是否党员、收入水平对农户参与公共体育服务自主供给的意愿影响最大。

(四)农户参与公共体育服务自主供给行为的模型分析

1. 模型稳定性检验

为了更好地进行分析农户参与公共体育服务自主供给的行为,在进行 Logit 回归之前,对模型的稳定性进行检验,具体情况如表 7-15 所示。

表 7-15   供给行为分类表

供给行为	已预测		
	是	否	百分比 %
是	247 户	98 户	71.6
否	124 户	394 户	76.1
合计	—	—	74.3

注:切割值为 0.500。

从表 7-15 中可以得出,在 345 个有参与公共体育服务自主供给行为的农户中,有 247 个判断正确,正确率为 71.6%,在 518 个没有参与公共体育服务自主供给行为的农户中,有 394 个判断正确,正确率为 76.1%。总验证正确率达到 74.3%,说明模型预测效果良好且稳定性较好。

2. 模型回归结果

表 7-16   农户参与公共体育服务自主供给行为的模型回归结果

模型	系数	标准误	Wald 值	df	显著性水平	Exp(B)
收入水平	−0.116	0.175	0.436	1	0.509	0.891
年龄	−0.001	0.012	0.014	1	0.907	0.999
是否党员	−0.176	0.232	0.575	1	0.448	0.839

续表

模型	系数	标准误	Wald 值	df	显著性水平	Exp（B）
受教育程度	−0.031	0.121	0.066	1	0.797	0.969
是否村干部	2.588	0.422	37.619	1	0.000**	13.306
农户认识程度	0.576	0.153	14.188	1	0.000**	1.779
农户需求满足程度	−0.102	0.128	0.639	1	0.424	0.903
参与锻炼情况	0.536	0.234	5.226	1	0.022*	1.709
个体意识	0.414	0.201	4.257	1	0.039*	1.513
村委会组织动员能力	0.271	0.135	4.030	1	0.045*	1.311
民主状况	0.086	0.114	0.571	1	0.450	1.090
农户积极性	0.152	0.133	1.306	1	0.253	1.164
是否存在体育精英	0.223	0.244	0.837	1	0.360	1.250
他人是否参与	0.293	0.212	1.905	1	0.168	1.340
社会网络	0.653	0.201	10.575	1	0.001**	1.921
社会信任	−0.181	0.202	0.804	1	0.370	0.834
社会支持	−0.151	0.152	0.989	1	0.320	0.860
社会规范	0.069	0.123	0.310	1	0.578	1.071
常量	−5.482	1.021	28.820	1	0.000	0.004
−2Log likelihood	884.605					
Cox-Snell R^2	0.289					
Nagelkerke R^2	0.388					

注：* 表示 $P<0.05$；** 表示 $P<0.01$。

根据回归结果可知,是否村干部、农户认识程度、参与锻炼情况、个体意识、村委会组织动员能力、社会网络对农户参与公共体育服务自主供给的行为影响显著。进入回归方程的 6 个影响因素,是否村干部、农户认识程度、社会网络三个因素是在 99% 的置信水平上显著,其余在 95% 的置信水平上显著,模型的函数表达式可写为:

$y = -5.482 + 2.588x_1 + 0.576x_2 + 0.536x_3 + 0.414x_4 + 0.271x_5 + 0.653x_6$

其中，x_1、x_2、x_3、x_4、x_5、x_6 分别代表是否村干部、农户认识程度、参与锻炼情况、个体意识、村委会组织动员能力、社会网络这 6 个影响因素。而是否村干部对农户参与行为影响最为显著，与其对农户参与意愿影响结果一致，进一步说明了村干部在参与公共体育服务自主供给中的重要地位。

三、农户参与公共体育服务自主供给的解释结构模型分析

承上所述，农户参与公共体育服务自主供给的意愿受 12 个变量的影响，其参与行为受 6 个变量的影响，为了将各因素间的相互关系明确清晰地呈现，表达出农户参与公共体育服务自主供给的意愿与行为的影响因素间的层级关系，采用解释结构模型对其进行分析。

（一）解释结构模型的简明步骤

解释结构模型方法（Interpretative Structural Modeling，ISM）常用于系统工程中，是由美国 J.华费尔特教授于 1973 年作为分析复杂的社会经济系统有关问题的一种方法而开发的。其特点是把复杂的系统分解为若干子系统（要素），利用人们的实践经验和知识，以及电子计算机的帮助，最终将系统构造成一个多级递阶的结构模型。[1] 研究中通过 ISM 将农户参与公共体育服务自主供给意愿与行为的影响因素进行分析，了解各影响因素之间的关系，ISM 法分析的一般步骤如下：

第一步，确定所分析因素 S_i 之间的相互关系，构成邻间矩阵 A ，系统 n 个构成因素，当要素 S_i 对 S_j 有影响时，构成元素 α_{ij} 取值为 1，当要素 S_i 对 S_j 无影响时，构成元素 α_{ij} 取值为 0，即可表示为：

$$\alpha_{ij} = \begin{cases} 1 & \text{当 } S_i \text{ 对 } S_j \text{ 有影响}, i \neq j \\ 0 & \text{当 } S_i \text{ 对 } S_j \text{ 无影响}, i \neq j \end{cases}$$

---

① 汪应洛.系统工程理论、方法与应用[M].北京:高等教育出版社,1998:35.

第二步,根据邻间矩阵 A,通过布尔代数法则进行运算,得出可达矩阵 M,具体公式如下所示:

$$M = (A + I)^{k-1} \neq (A + I)^k = (A + I)^{k+1}$$

第三步,对可达矩阵进行层级分解,第一层级因素的分解方法为:

$$L_1 = \{S_i \mid R_{(S_i)} \cap A_{(S_i)} = R_{(S_i)}\}$$

其中,L_1 表示第一层级的因素集合,$R_{(S_i)}$ 表示在可达矩阵中因素 S_i 所对应的行中所有矩阵元素为 1 的列所对应的要素组成,称为可达集,$A_{(S_i)}$ 表示在可达矩阵中因素 S_j 所对应的列中所有矩阵元素为 1 的行所对应的要素组成,称为先行集。将 L_1 中所对应的行与列划去,得到第二层级 L_2 所包含的因素,以此类推进行层级分解。

(二)农户参与公共体育服务自主供给意愿的 ISM 分析

根据 ISM 解释结构模型,对影响因素进行层级分解,从而更加全面直观地了解各因素之间的直接关系及对农户意愿的影响。

1. 影响农户参与公共体育服务自主供给意愿因素相互关系分析

基于 ISM 分析原理,分别用 S_1、S_2、S_3、S_4、S_5、S_6、S_7、S_8、S_9、S_{10}、S_{11}、S_{12} 表示收入水平、是否党员、受教育程度、是否村干部、农户认识程度、农户需求满足程度、参与锻炼情况、个体意识、民主状况、他人是否参与、社会网络、社会信任这 12 个因素,在文献分析和咨询有关专家意见的基础上,列出变量之间的逻辑关系。

表 7-17　影响因素间的逻辑关系

因素	S_{12}	S_{11}	S_{10}	S_9	S_8	S_7	S_6	S_5	S_4	S_3	S_2
S_1	E	H	O	O	E	O	E	H	A	H	
S_2	H	H	E	E	E	O	O	E	H	A	
S_3	E	E	O	O	E	E	E	H	E		
S_4	H	H	E	E	E	O	E	H			
S_5	H	H	A	H	H	H	H				

续表

因素	S_{12}	S_{11}	S_{10}	S_9	S_8	S_7	S_6	S_5	S_4	S_3	S_2
S_6	E	E	A	A	A	H					
S_7	E	E	E	0	H						
S_8	H	H	0	E							
S_9	H	H	0								
S_{10}	A	A									
S_{11}	H										

其中，"0"表示因素 S_i 与因素 S_j 之间互无影响；"E"表示因素 S_i 对因素 S_j 有影响，因素 S_j 对因素 S_i 无影响；"A"表示因素 S_j 对因素 S_i 有影响，因素 S_i 对因素 S_j 无影响；"H"表示因素 S_i 与因素 S_j 之间相互影响。

根据变量间的逻辑关系以及要素 S_i 对 S_j 有影响时，取值为1；当要素 S_i 对 S_j 无影响时，取值为0，把农户参与公共体育服务自主供给意愿的影响因素间的关系呈现，由此可以清晰地了解各因素间的关系，具体见表7-18。

表7-18　影响因素间的关联矩阵

因素	S_1	S_2	S_3	S_4	S_5	S_6	S_7	S_8	S_9	S_{10}	S_{11}	S_{12}
S_1			1		1	1		1			1	1
S_2				1	1			1	1	1	1	1
S_3	1	1		1	1	1	1	1			1	1
S_4	1	1			1	1		1	1	1	1	1
S_5	1		1	1		1	1	1	1		1	1
S_6					1		1				1	1
S_7					1	1				1	1	1
S_8					1	1	1		1		1	1
S_9					1	1					1	1

续表

因素	S_1	S_2	S_3	S_4	S_5	S_6	S_7	S_8	S_9	S_{10}	S_{11}	S_{12}
S_{10}					1	1						
S_{11}	1	1		1	1			1	1	1		1
S_{12}		1		1	1			1	1	1	1	

2. 建立可达矩阵

根据关联矩阵,即可得表示影响农户参与公共体育服务自主供给意愿的因素之间相互关系的邻间矩阵 A。

$$A = \begin{vmatrix}
0 & 0 & 1 & 0 & 1 & 1 & 0 & 1 & 0 & 0 & 1 & 1 \\
1 & 0 & 0 & 1 & 1 & 0 & 0 & 1 & 1 & 1 & 1 & 1 \\
1 & 1 & 0 & 1 & 1 & 1 & 1 & 1 & 0 & 0 & 1 & 1 \\
1 & 1 & 0 & 0 & 1 & 0 & 0 & 1 & 0 & 0 & 1 & 1 \\
1 & 0 & 0 & 0 & 0 & 1 & 1 & 1 & 0 & 0 & 1 & 1 \\
0 & 0 & 0 & 0 & 1 & 0 & 1 & 0 & 0 & 0 & 1 & 1 \\
0 & 0 & 0 & 0 & 1 & 1 & 0 & 0 & 0 & 1 & 1 & 1 \\
0 & 0 & 0 & 0 & 1 & 0 & 1 & 0 & 0 & 0 & 0 & 0 \\
0 & 0 & 0 & 0 & 1 & 1 & 0 & 0 & 0 & 0 & 1 & 1 \\
0 & 0 & 0 & 0 & 1 & 1 & 0 & 0 & 0 & 0 & 0 & 0 \\
1 & 1 & 0 & 1 & 1 & 0 & 1 & 1 & 1 & 1 & 0 & 1 \\
0 & 1 & 0 & 1 & 1 & 0 & 0 & 1 & 1 & 1 & 1 & 0
\end{vmatrix}$$

根据邻间矩阵 A 通过布尔代数法则进行运算,得出可达矩阵 M(Reachability Matrix),可达矩阵 M 是描述要素之间,通过一定的长度(或要素)的通路后可以达到的程度;其中,布尔运算规则为:逻辑加取大: $0+0=0$、$0+1=1$、$1+1=1$;逻辑乘取小: $0\times0=0$、$0\times1=0$、$1\times1=1$。通过以上运算即可得出影响农户参与公共体育服务意愿的因素之间的可达矩阵 M。

$$
M = \begin{vmatrix}
1 & 0 & 1 & 0 & 1 & 1 & 1 & 1 & 1 & 0 & 1 & 1 \\
1 & 1 & 1 & 1 & 1 & 1 & 1 & 1 & 1 & 1 & 1 & 1 \\
1 & 0 & 1 & 0 & 1 & 1 & 1 & 1 & 0 & 0 & 1 & 1 \\
1 & 1 & 1 & 1 & 1 & 1 & 1 & 1 & 1 & 1 & 1 & 1 \\
1 & 0 & 1 & 0 & 1 & 1 & 1 & 1 & 0 & 0 & 1 & 1 \\
0 & 0 & 0 & 0 & 0 & 1 & 1 & 0 & 0 & 0 & 1 & 1 \\
0 & 0 & 0 & 0 & 0 & 0 & 0 & 1 & 0 & 0 & 0 & 0 \\
0 & 0 & 0 & 0 & 0 & 1 & 1 & 0 & 1 & 0 & 1 & 1 \\
0 & 0 & 0 & 0 & 0 & 1 & 1 & 0 & 0 & 1 & 1 & 1 \\
0 & 0 & 0 & 0 & 0 & 0 & 0 & 0 & 0 & 0 & 1 & 1 \\
0 & 0 & 0 & 0 & 0 & 0 & 0 & 0 & 0 & 0 & 1 & 1
\end{vmatrix}
$$

3. 分解可达矩阵

在得到可达矩阵后,需要对可达矩阵进行分解,由上文可知 $R_{(S_i)}$ 表示在可达矩阵中因素 S_i 所对应的行中所有矩阵元素为 1 的列所对应的要素组成,即:

$$R_{(S_i)} = \{ S_j \in S \mid m_{ij} = 1 \}$$

$A_{(S_i)}$ 表示在可达矩阵中因素 S_j 所对应的列中所有矩阵元素为 1 的行所对应的要素组成,即:

$$A_{(S_i)} = \{ S_j \in S \mid m_{ji} = 1 \}$$

根据上述公式,结合可达矩阵及层级分解方法,影响农户参与公共体育服务供给意愿的第一层级分解法为 $L_1 = \{ S_i \mid R_{(S_i)} \cap A_{(S_i)} = R_{(S_i)} \}$,所以可得 $L_i = \{ S_i \mid R_{(S_i)} \cap A_{(S_i)} = R_{(S_i)} \}$,可得出农户参与公共体育服务自主供给意愿的影响因素间的层级分解表。

表7-19 第一层级因素分析表

S_i	$R_{(S_i)}$	$A_{(S_i)}$	$R \cap A$
S_1	1,3,5,6,7,8,11,12	1,2,3,4,5	1,3,5

S_i	$R_{(S_i)}$	$A_{(S_i)}$	$R \cap A$
S_2	1,2,3,4,5,6,7,8,9,10,11,12	2,4	2,4
S_3	1,3,5,6,7,8,11,12	1,2,3,4,5	1,3,5
S_4	1,2,3,4,5,6,7,8,9,10,11,12	2,4	2,4
S_5	1,3,5,6,7,8,11,12	1,2,3,4,5	1,3,5
S_6	6,7,11,12	1,2,3,4,5,6,7,9,10	6,7
S_7	6,7,11,12	1,2,3,4,5,6,7,9,10	6,7
S_8	8	1,2,3,4,5,8	8
S_9	6,7,9,11,12	2,4,9	9
S_{10}	6,7,10,11,12	2,4,10	10
S_{11}	11,12	1,2,3,4,5,6,7,9,10,11,12	11,12
S_{12}	11,12	1,2,3,4,5,6,7,9,10,11,12	11,12

由表 7-19 可以看出,第一级因素 $L_1 = \{S_8、S_{11}、S_{12}\}$,将因素 S_8、S_{11}、S_{12} 从因素集中暂时去掉,可得表 7-20,用同样的方法便可求得影响农户参与公共体育服务意愿的第二层级因素及各层级的因素。

表 7-20 第二层级因素分析表

S_i	$R_{(S_i)}$	$A_{(S_i)}$	$R \cap A$
S_1	1,3,5,6,7	1,2,3,4,5	1,3,5
S_2	1,2,3,4,5,6,7,9,10	2,4	2,4
S_3	1,3,5,6,7	1,2,3,4,5	1,3,5
S_4	1,2,3,4,5,6,7,9,10	2,4	2,4
S_5	1,3,5,6,7	1,2,3,4,5	1,3,5
S_6	6,7	1,2,3,4,5,6,7,9,10	6,7

S_i	$R_{(S_i)}$	$A_{(S_i)}$	$R \cap A$
S_7	6,7	1,2,3,4,5,6,7,9,10	6,7
S_9	6,7,9	2,4,9	9
S_{10}	6,7,10	2,4,10	10

由表 7-20 可得,影响农户参与公共体育服务自主供给意愿的第二层级因素 $L_2 = \{S_6 、 S_7\}$。

表 7-21　第三层级因素分析表

S_i	$R_{(S_i)}$	$A_{(S_i)}$	$R \cap A$
S_1	1,3,5	1,2,3,4,5	1,3,5
S_2	1,2,3,4,5,9,10	2,4	2,4
S_3	1,3,5	1,2,3,4,5	1,3,5
S_4	1,2,3,4,5,9,10	2,4	2,4
S_5	1,3,5	1,2,3,4,5	1,3,5
S_9	9	2,4,9	9
S_{10}	10	2,4,10	10

表 7-22　第四层级因素分析表

S_i	$R_{(S_i)}$	$A_{(S_i)}$	$R \cap A$
S_2	2,4	2,4	2,4
S_4	2,4	2,4	2,4

由表 7-21 和表 7-22 可知,影响农户参与公共体育服务自主供给意愿第三层级及第四层级因素分别为: $L_3 = \{S_1 、 S_3 、 S_5 、 S_9 、 S_{10}\}$ 、$L_4 = \{S_2 、 S_4\}$,总体而言,影响农户意愿的因素共分为四个层级,分别为 $L_1 =$

$\{S_8、S_{11}、S_{12}\}$ 、$L_2 = \{S_6、S_7\}$ 、$L_3 = \{S_1、S_3、S_5、S_9、S_{10}\}$ 、$L_4 = \{S_2、S_4\}$ 。

4. 建立解释结构模型

根据上述对影响农户参与公共体育服务自主供给意愿因素的层级划分,可以得出各影响因素间的关系,如图 7-5 所示。

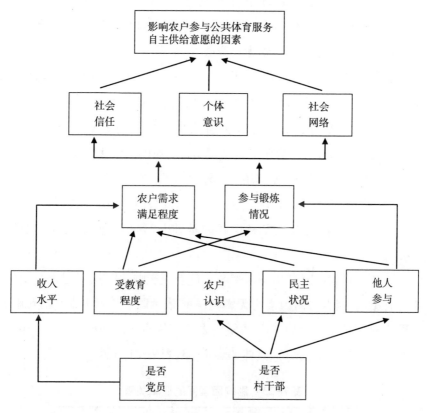

图 7-5　农户参与公共体育服务自主供给意愿影响因素结构示意图

农户参与公共体育服务自主供给意愿的 12 个影响因素,相互影响相互作用,其体系结构分为四个层级,其中第一层级的因素包括社会信任、个体意识、社会网络,这 3 个因素是影响农户参与公共体育服务自主供给行为的直接原因。可见社会资本中社会网络、社会信任占主要地位,其对农户意愿的影响为正相关;农户的个体意识越高其参与意愿越强烈。

第二层级的因素包括农户需求满足程度、参与锻炼情况,其属于中层次影响因素,另一个中层次因素包括收入水平、受教育程度、农户认识、民主状况、他人参与。其中受教育程度、民主状况、他人参与都对农户的需求满足程度有影响,农户需求满足程度对于农户参与自主供给意愿呈负相关,表明农户受教育程度越高、民主状况越好、他人参与程度越高,农户的需求满足程度越低,结合马斯洛需求层次说,农户的参与意愿会越强烈。

是否村干部、是否党员则为根源层,也是影响农户自主供给意愿的根本原因,表明在农村社会,党员、干部是农村公共体育服务自主供给中的重要角色,农户参与公共体育服务自主供给需要党员干部的带领。

(三)农户参与公共体育服务自主供给行为的 ISM 分析

1. 农户参与公共体育服务自主供给行为影响因素相互关系分析

基于 ISM 分析原理,分别用 S_1、S_2、S_3、S_4、S_5、S_6 表示是否村干部、农户认识程度、参与锻炼情况、个体意识、村委会组织动员能力、社会网络这 6 个因素,在咨询有关专家学者的基础上,列出了变量之间的逻辑关系。

其中,"0"表示因素 S_i 与因素 S_j 之间互无影响;"E"表示因素 S_i 对因素 S_j 有影响,因素 S_j 对因素 S_i 无影响;"A"表示因素 S_j 对因素 S_i 有影响,因素 S_i 对因素 S_j 无影响;"H"表示因素 S_i 与因素 S_j 之间相互影响。根据逻辑关系列出了关联矩阵,具体如表 7-23、表 7-24 所示。

表 7-23　影响因素间的逻辑关系

因素	S_6	S_5	S_4	S_3	S_2
S_1	E	0	E	0	E
S_2	H	A	H	H	
S_3	H	0	A		
S_4	A	A			
S_5	0				

表 7-24　影响因素间的关联矩阵

因素	S_1	S_2	S_3	S_4	S_5	S_6
S_1		1		1		1
S_2			1	1		1
S_3		1				1
S_4		1	1			
S_5		1		1		
S_6		1	1	1		

2. 建立可达矩阵

根据关联矩阵,即可得表示影响农户参与公共体育服务自主供给行为的因素之间相互关系的邻间矩阵 A 。

$$A = \begin{vmatrix} 0 & 1 & 0 & 1 & 0 & 1 \\ 0 & 0 & 1 & 1 & 0 & 1 \\ 0 & 1 & 0 & 0 & 0 & 1 \\ 0 & 1 & 1 & 0 & 0 & 0 \\ 0 & 1 & 0 & 1 & 0 & 0 \\ 0 & 1 & 1 & 1 & 0 & 0 \end{vmatrix}$$

同农户参与公共体育服务自主供给意愿中的方法,通过布尔代数法则进行运算,得出可达矩阵 M 。

$$M = \begin{array}{c|cccccc} & S_1 & S_2 & S_3 & S_4 & S_5 & S_6 \\ \hline S_1 & 1 & 1 & 1 & 1 & 0 & 1 \\ S_2 & 0 & 1 & 1 & 1 & 0 & 1 \\ S_3 & 0 & 1 & 1 & 1 & 0 & 1 \\ S_4 & 0 & 1 & 1 & 1 & 0 & 1 \\ S_5 & 0 & 1 & 1 & 1 & 1 & 1 \\ S_6 & 0 & 1 & 1 & 1 & 0 & 1 \end{array}$$

3. 分解可达矩阵

根据同农户参与公共体育意愿原理的公式进行分解，$L_1 = \{S_i \mid R_{(S_i)} \cap A_{(S_i)} = R_{(S_i)}\}$。

表 7-25　第一层级因素分析表

S_i	$R_{(S_i)}$	$A_{(S_i)}$	$R \cap A$
S_1	1,2,3,4,6	1	1
S_2	2,3,4,6	1,2,3,4,5,6	2,3,4,6
S_3	2,3,4,6	1,2,3,4,5,6	2,3,4,6
S_4	2,3,4,6	1,2,3,4,5,6	2,3,4,6
S_5	2,3,4,5,6	5	5
S_6	2,3,4,6	1,2,3,4,5,6	2,3,4,6

由表 7-25 可以看出，影响农户参与公共体育服务自主供给行为的第一层级因素 $L_1 = \{S_2 \text{、} S_3 \text{、} S_4 \text{、} S_6\}$，将因素 $S_2 \text{、} S_3 \text{、} S_4 \text{、} S_6$ 暂时从因素集中去掉，根据原理公式，可得下一层级因素，具体见表 7-26 所示。

表 7-26　第二层级因素分析表

S_i	$R_{(S_i)}$	$A_{(S_i)}$	$R \cap A$
S_1	1	1	1
S_5	5	5	5

由表 7-26 可知，影响农户参与公共体育服务自主供给行为的因素共分为两级，分别为 $L_1 = \{S_2 \text{、} S_3 \text{、} S_4 \text{、} S_6\}$、$L_2 = \{S_1 \text{、} S_5\}$。

4. 建立解释结构模型

由图 7-6 可知，农户参与公共体育服务自主供给行为的 6 个影响因素，既独立发挥作用又互相关联，其体系结构分为两个层级，其中第一层级为表象层，包括农户认识、参与锻炼情况、个体意识、社会网络，这 4 个

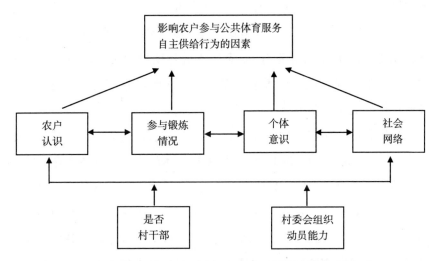

图 7-6　农户参与公共体育服务自主供给行为影响因素结构示意图

因素也是影响农户参与公共体育服务自主供给行为的直接原因。第二层级为根源层,包括是否村干部、村委会组织动员能力,也是影响农户自主供给行为的根本原因,可见在实际公共体育服务自主供给中村干部、村委会的组织动员能力是核心关键。

第三节　公共体育服务自主供给的
主要方式及实证案例

由于文化习俗、地域环境或资源禀赋方面的因素影响,在县域农村地区,每一类公共体育服务自主供给模式的运作都会出现许多表达方式,而且会明显不同于城镇。基于课题组的调研和相关研究成果,在此讨论几种主要的自主供给方式。

一、公共体育服务的集体自主供给

集体自主供给主要是指村集体经济投入和村民自筹实现公共体育服

务的供给方式。该方式参与的主体是村干部和村民,主要集中在政府配套项目和一些共享性的体育设施及节庆文体活动组织开展上。如具有地方特色的体育休闲、健康医疗、农家乐等健身项目的实施,行政村"农民体育健身工程"实施中的村集体经济的投入,元旦、春节及传统庙会等节日所进行的文体活动等。

虽然我国县域农村集体经济贫富差距很大,但村集体在公共体育服务供给中都会有不同程度的介入,很多村集体已成为包括体育在内的当地公共服务最重要主体。集体自主供给主要依赖于农村集体所有制经济和村民的实际愿望与需求。目前,我国农村集体所有制经济有两种基本类型:一是农村人民公社"三级所有"沿袭下来的土地等资源分别属于乡镇、村、组三级所有的社区性集体经济;二是专业性集体经济。它是实施集体自主供给的基础,尽管在一些欠发达农村地区集体经济一片空白,但村民为满足健身的共同需求,采取了全体参与、自筹资源供给的方式,这也可能是人类遵循适者生存法则自然选择的结果。

案例7-1:山西省晋城市东四义村自主参与公共体育服务的案例

a 山西省晋城市东四义村基本概况

东四义村位于晋城市巴公镇西面,全村共有780户,2600多口人,机构完整,曾在建国初期荣获毛主席亲笔题词的奖旗和周总理签发的奖状,成为全国闻名的卫生模范村,党和国家领导人曾庆红、吴仪、朱镕基、宋平等曾亲临东四义村视察。曾先后被评为省级文明村、"全国村镇建设先进单位"、"全国绿化千佳村"。村中设有酱油厂、醋厂、面粉厂等企业,是远近闻名的小康村。村中约有80亩(约5333平方米)的文化体育活动场所,如影剧院、文化楼等,各种体育基础设施完备,农民体育健身工程齐全,有一所专为老年人而设的活动场所,称为"夕阳红活动中心",里面有乒乓球、象棋等项目设施。村中有"太极拳""秧歌"等社团组织,还设有一处公园,称为东四义公园,园中有专门的广场舞场地。晋城市于 2015 年修建了白马寺—东四义公园的绿道,全长约 20 公里,绿道路面宽 3 米,大大加强了本村居民的体育活动范围,同时有助于提高健身意识。

b 山西省晋城市东四义村对农户参与公共体育服务的经验借鉴

①自主供给主体:村委会与企业相结合。东四义村村委会组织策划体育活动,其企业主要为筹资,企业分为村级公办企业与民办企业,在参与公共体育过程中两者发挥着重要的作用。

②自主供给过程:村委会对村民和企业进行号召。村委会组织村民参与,了解村民需要,鼓励企业出资,提供所需物品,满足村民需求。

③运行机制:需求表达机制、筹资机制,东四义村在发展公共体育服务过程中重点听取群众的意见和建议,从群众的需要出发。企业为村级企业,在筹资过程中一方面为企业做宣传,另一方面解决公共体育服务的需求,二者有效结合促进公共体育服务的发展。

案例 7-2:安徽歙县许村自主参与公共体育服务案例①

a 安徽歙县许村基本概况

许村位于歙县西北部,距县城 21 公里,是一个三面环山、依山而建的村落。许村是典型的徽文化聚居区,以徽文化为核心的传统文化如舞大刀、舞草龙、舞板龙、嬉花灯等依然存在,2003 年许村被开发为旅游景区,村中成立民俗文化表演队为游客表演传统文化,2011 年春节期间受邀赴澳门进行表演。上述传统文化都属于宗族祭祀体育活动,每年春节许村村委会和许氏宗族都会开展集体性体育活动,在开展过程中通常采用"出人不出钱,出钱不出人"的土方法。除上述集体活动外,受社会发展和学校体育的影响,出现羽毛球、足球、篮球、乒

---

① 余涛,张世威,王永顺,等.新农村建设背景下农村体育生活方式理念和构建——以安徽歙县许村为例[J].北京体育大学学报,2012,35(2):11-15.

乒球等小群体活动,村民文化生活丰富多彩。

b 安徽歙县许村对农户参与公共体育服务的经验借鉴

①自主供给主体:村委会与农户结合。在村委会和许氏宗族的组织号召下,通常采用其传统土方法使农村居民参与到体育活动中,传承其体育活动文化。传统的体育文化对体育活动的开展影响较大。

②自主供给过程:许村非常注重传统体育活动的传承与发展,村委会和许氏宗族为主要体育活动的组织策划者,农村居民受传统文化及其当地旅游景区开发的影响,积极参与到公共体育服务当中。

③运行机制:乡村社会资本运行机制。许氏宗族对村民思想和行为具有强有力的约束力,使其社会资本的作用得到强有力的发挥,其许氏宗族与传统宗族有所区别,是经过一定的冲击与考验保留下来的,其民俗民风值得我们借鉴。

村集体参与公共体育服务的经验与启示:在村集体参与公共体育服务中村委会及村干部的支持占主要地位;企业为公共体育服务的开展提供了资金保障,都有属于自己的产业,在修建场地器材、维护器材中有资金来源,包括个人出资、企业出资;农户的参与是公共体育服务自主供给发展的核心,农户受村委会村干部的调动,在参与过程中提高了对公共体育服务的认识,同时促进社会资本的运行,增进了农户与农户、农户与干部间的交流合作,形成良好的社会规范,避免了"搭便车"等现象,同时在发展过程中两个案例都结合实际情况促进发展,晋城市东四义村从农户的需要出发,如修建的"夕阳红活动中心"为许多老年人提供了活动场所,许村结合传统体育文化促进体育的发展。在案例中,村干部及村委会、资金、农户参与、社会资本四者相互影响相互促进,形成有效的循环,以此促进公共体育服务的发展。

二、公共体育服务的个体自主供给

个体自主供给本质上属于捐助和慈善行为。一般在农村修路、建校、

修庙、文体节庆活动、社会保障中都有本村较富裕的村民自愿出资,这种个体捐助不同于每个村民摊派集资的行为,具有非制度性、偶发性、慈善性。在传统社会美德面临解构或者"搭便车"文化影响越来越深的农村,个人自主捐助成为一种很有影响的供给方式。

如上所述,公民作为主体,有权利通过各种途径直接参与农村公共服务建设。现实中,市场经济对中国传统乡村社会的冲击极大,乡规村约、文化习俗日渐流失,一些村社的精英极少留在村庄,但公共服务建设较好、文体活动活跃、面貌向好的村庄,都有着一批热心农村体育公益事业、乐于奉献的乡村能人,包括视野和境界较高的乡村干部、农民企业家等。他们在农村公共服务建设中出谋划策,在筹资生产、信息服务等方面起到了重要的作用。因此,重视发挥农村社会资本将有效弥补政府、自治组织、私人部门和社会组织等主体在农村公共服务中的缺位,更重要的是鼓励乡村精英的"壮举",倡导乡村伦理,强化公民在公共服务中的参与,培育公民自治理念和积极的公民精神。

案例 7-3:山西省晋城市车岭村居民 CMS
参与公共体育服务概况

a CMS,男,车岭村居民,曾任车岭村的村干部,上任之初由于车岭村发展较落后,在其任职期间带领本村居民修建学校,村里在过去曾有舞龙的风俗,由于发展落后,龙具放置时间较长,破损较严重,其自费购买了一套舞龙设备,从龙具到衣服,并组织村民参与其中,并联系外界进行外出表演,一方面传承本村文化,另一方面为村民带来收入。其接收外来信息较为迅速,在广场舞流行之初就在家里买了音响设备,每天晚上供本村居民娱乐,家中还有网球拍、羽毛球拍、篮球、乒乓球拍、风筝等各种设备,供村民进行体育锻炼,对村中公共体育服务的发展影响较大。

b 山西省晋城市车岭村居民 CMS 参与公共体育服务的经验借鉴

①自主供给主体:个体为主,其影响并带动本村居民参与到体育活动当中。

②自主供给过程:个体对体育活动的爱好,其爱好广泛,器材较多,参与体育锻炼的频率较高,引发居民参与体育活动的兴趣。

③运行机制:其能参与公共体育服务的供给一方面得益于其爱好,另一方面来源于其收入水平,其收入水平在当地属于较好,二者结合使其参与到公共体育服务的供给当中,为公共体育服务发展提供了借鉴。

农户参与公共体育服务的经验与启示:在案例中,此人曾任村干部,其思想水平及接受外来信息能力较高,其自身经历使其社会资本广泛,外界资源充足;同时在本村 C 姓全为本家族的人,其家族在本村威望较高,具有一定的影响力;个人兴趣使其爱好各项运动,且愿意购买各项体育器材。其各项条件值得我们注意,本案例有效促进了农户积极参与公共体育服务自主供给。

三、公共体育服务的民间组织自主供给

民间组织自主供给主要是指农村各种文化体育类社团组织自主决策所提供的公共体育服务。该类组织主要包括乡村传统留存、农民自愿结社以及政府推动形成的社会组织。我国农村民间体育组织较之城市有着丰厚的土壤、鲜明的特色,在满足农村公共服务特定群体的利益上具备自身的优势,其灵活性、草根性乃至专业性在农村公共体育服务体系建设中发挥着特定的作用。

随着新农村及城乡一体化的深入发展,农村民间体育组织发展以其独有的组织活动方式正在蓬勃成长起来。这一方面得益于国家对于草根民主在法律形式上的支持;另一方面,新农村体育在促进新农村精神文明建设、提高农民身体素质和生活质量以及发展农村经济的作用也越发凸显,客观上推动了民间体育组织的发展。根据文献报道,在苏南6个县级市中共有129个体育协会团体,并且在每个乡镇和较大的行政村中都设有协会分会。与体育协会团体不同的是,在苏南的农村自治组织主要是指以行政村、自然村的村委会为主所组建起来的体育健身组织,像全民健身领导小组的组长通常是由村党支部书记或者是分管体育工作的副书记来担任,小组成员一般都是由各村小组组长、宣传干事和大学生村官等组成。江苏省有1100个县级体育社团,有5200多个乡镇老年人体协、农民体协和单项协会,有30000多个村级健身组织。① 这些组织为实现和拓展农村公共体育供给及其功能提供了重要保障。课题组在山西省运城市新绛县调研,该县220个行政村,村村都有篮球队,部分乡村成立有村级篮球协会,在协会动员下,村民自愿合作协商,修建篮球场,篮球爱好者都

---

① 陈家起,刘红建,朱梅新.苏南地区农村体育公共服务供给的有益探索[J].体育与科学,2013,35(5):111-117.

力图扮演积极的且恰当的角色，在实践中形成了独特的农村民间体育组织自主供给服务的方式。

第四节　公共体育服务自主供给的机制设计及有效策略

近年来，围绕"公共品自愿供给机制"这一主题，多名研究者通过博弈实验、田野调查等方法探索各种机制对参与者自愿供给行为的影响。樊丽明教授认为，"自愿供给机制是在市场、政府机制发生作用的基础上进行资源配置的，以利他为目的、以捐赠为主要方式，属'第三层次'的机制"。① 因此，必须明确，县域公共体育服务自主供给只是政府供给和市场供给的一种补充，有效的机制设计和政策安排能够实现自主供给的价值功能。

一、公共体育服务自主供给的机制设计

县域范畴公共体育服务自主供给客观存在，特点鲜明，在公共体育服务体系建设中发挥着重要作用。基于课题组调研的县域实际情况，重点分析几个重要的机制设计。

（一）自主供给的参与合作机制

这一机制是指公民在与政府、社会组织、村民自治组织等主体的共同合作下，通过一定的渠道和方式表达自己对公共体育服务的内容偏好并自愿负担的具体过程。县域公共体育服务自主供给物品主要集中在村镇的文体活动中心、公共体育馆、广场、棋牌室、健身路径、篮球场等文化体育娱乐设施方面，这些公共物品在消费中带有非竞争性和非排他性，属于典型的乡村或乡村地域范围内共享的集体物品，市场供给失灵是显然的，

---

① 樊丽明.中国公共品市场与自愿供给分析[M].上海：上海人民出版社,2005.

理应由政府、村民集体承担,但政府或集体完全供给并非资源配置最优,且不可能。相反,村民集体和公民自主供给具有理论上的合理性。同时,相关实验结果表明,有相当一部分个体在自愿供给中表现出明显的社会偏好,在大多数情况下,公共品自愿供给水平并没有因收入不平等而显著提高,驱使社会成员自愿提供公共品的主要因素是来自社会偏好,而非外在的社会环境,但实验也发现,自愿供给会随着时期的拉长而衰减。如果参与者知道其他参与者都具有较高合作倾向,那么合作水平会显著提高。这意味着出于社会偏好的动机,集体成员会自愿供给一定水平的公共品。但现实调研中的农村公共服务实践说明,农村公共服务的需求和社会偏好表达渠道单一、堵塞,表达往往失真,很少考虑居民的真实需求、社会偏好及地域特征。因此,建立公民与政府、社会组织、村民自治组织等主体共同参与,体现村民认可和具有集体共享特征的公共体育服务,更容易实现集体或公民的自主供给。

(二)自主供给的民主决策机制

该机制是指主体对公共体育服务自主供给的目标、信息、内容、程序做出某些决定的过程。县域范畴中,参与公共体育服务供给的各个主体都属于决策主体。公共体育服务自主供给应以公共体育需求为基础、以社会偏好为导向、以民主决策为保障。已有的实验表明,主体决策中的很多因素会影响公共品自愿供给的最终结果,如决策的方差越大,随后的合作水平会越低;增加决策信息被披露的概率,则会提高供给的贡献量。课题组在县域农村调研中,也经常会看到村委会以张榜公布等方式宣布某些或所有捐款人自助公共文体设施建设或节庆文体活动的信息,也包括民主投票表决的其他信息。因此,自主供给实施中,建立与完善民主决策程序和相关利益者参与决策的积极性,发现居民最真实的需求,会极大地促进居民参与公共体育服务的自主供给。

(三)自主供给的激励约束机制

该机制是指供给主体对公共体育服务提供者给予一定的配套补助和

约束规定来实现供给成本的合理分摊,以实现对资源的公平有效配置。激励与约束实际是一个问题的两个方面,激励侧重于鼓励或刺激人们去干什么,约束则侧重于限制人们去干什么。因为,基于"个体行为理性"的原则,自愿合作供给的方式极易遭遇"集体行动的困境"。因而,激励与约束机制应建立在个人理性行为与社会理性相统一的基础上,使个人偏好在一定的约束条件下有利于增进公共利益的反映。同时,由于公共文化体育基础设施具有正外部性,政府的补贴可以弥补外部性造成的供给者利益的损失,还可抵消部分交易费用,保护供给者的积极性。

(四)自主供给的声誉机制

该机制属于一种隐性机制,如上所述,它的作用基础主要是社会规范、惯例、习俗等非正式制度。现阶段,我国县域农村公共体育服务和产品,作为公共物品中一种特殊类型,实际受益人群比较明确,具备一定的俱乐部产品特征,同时,目前的农村社会基本上是熟人社会,讲面子和人情世故,这为声誉机制的形成提供了条件。如鼓励那些经济条件比较好的居民带头提供资金,包括给首位自愿供给者予以文体场馆署名权、文体活动冠名权、社会荣誉等,提高居民公共产品的自愿供给的意愿,激发乡村精英为公共体育服务的热情和积极性。

(五)自主供给的惩罚机制

该机制是指集体或村民自治组织对不合作者的行为,采用乡规村约、舆论、经济等手段在群体或组织内部实施的处罚措施。实施惩罚者会付出一定的成本,而所得收益由所有成员共享,现有的实验证据表明,内部惩罚不仅广泛存在,并且都能有效激励社会成员增加公共品自愿供给数量,且自愿实施惩罚行为是显著而稳健的;同时,惩罚要比奖励更能对个体的行为产生影响,这种惩罚并不是为了获得未来的合作收益,而是源自面对不合作行为所产生的负面心理成本。因此,在自主供给公共体育服务过程中,要利用宗法制度、乡风习俗和舆论的力量刺激各个主体更为主动地参与供给实践,不合作者受到惩罚,使其他村民感受到传统力量的震惧而不敢违规。县域农村调研表明,公共体育服务自主供给诚如诺斯教授所言,经济学假定行为人的每次行为都是理性计算的,不重视文化对行为人的影响,但事实上"群体中的人们已经被他们认可的文化模式影响了"。县域农村属于"礼俗社会",自主供给的惩罚机制,不仅能显著地提高供给效率,而且强化了互信、互助和自尊为主要内容的村庄文化。

二、公共体育服务自主供给的有效策略

政府、市场、体育社会组织、集体自治组织和村民个人在公共体育服务供给中发挥着各自优势,自主供给体现着政府、集体、企业和个人的交叉制度创新。为了鼓励和提倡自主供给行为,提出几点实施的基本策略。

(一)注重公民参与意识培育与实践

县域公共体育服务的改善离不开公民的参与,而公民参与也因此使公共体育服务供给领域丰富多彩。公民参与公共体育服务的意愿是决定其意识的基础。县域范畴中,公民在整个公共体育服务体系建设中的主体地位较之其他主体,具有特殊性。受城乡二元体制的长期影响,县域公共体育服务的供给多是自上而下,尤其在县域农村,农户主体意识淡薄,集体行动弱化,更有着"搭便车"心理,很难真实地表达自己对公共体育服务的需求,如对适合自身环境"农民体育健身工程"的具体主张;同时,村委会和村干部、乡政府的家长式管理权威,也在一定程度上影响着公共服务供给的效果。因此,要想充分发挥公共体育服务自主供给模式的作用,首先要注重公民参与公共体育服务的意识培育,并最终激发其自愿供给行为;其次要对自主供给行为较多的个人进行榜样宣传,以对其他个体起到激励效应和示范效应,如在一些县市农村,村民自发组织跳广场舞,再组成广场舞团队,最后促成了自主供给修建健身广场,形成农村公共体育服务自主供给实践的有效路径。

(二)注重发挥社会资本的力量

农村的社会资本作为村民长期相互交往形成的关系网络、组织以及

体现于其中的互惠、信任、网络、团结、宽容、同情、规范等,有助于村民在农村公共体育服务供给中的广泛合作,克服集体行动的困境,①有助于农户参与公共体育服务的自主供给。针对目前我国农户参与公共体育服务自主供给的意愿与行为,农户受集体行动、村委会组织的影响很大,社会资本对农户参与公共体育服务自主供给的意愿与行为影响显著,但村民之间及村民与村干部之间的交流和信任程度较低,市场经济对传统乡村社会的冲击较大,影响着农户的参与意愿与行为。重视发挥乡村社会资本的力量,一是能够超越农民集体行动困境;二是提升农户之间信任度;三是克服农户过分理性和"搭便车"行为,瓦解农户内部封闭、狭隘的关系网络结构,激活了激励机制与约束机制,降低了其制度供给成本。② 培育和发挥社会资本的力量,打造社会资本的威望,是农户参与公共体育服务自主供给有效开展的重要因素,也是保障农村公共体育服务供给的关键因素。

(三)注重地域体育文化特色与融合

诸多研究表明,人们并非完全自利,社会偏好广泛存在。因而公共体育服务的自主供给不但可以由奖励、惩罚、村委会组织动员等外显方式产生,更应该重视社会偏好下的集体自治。这一点在当下蕴含着现实的政策含义,也就是激励和完善公共政策设计应掌握好外在制度与内在社会偏好良性互动的尺度,增加个体的自主性,允许他们通过设计自己的行为规则,利用局部的个体知识改善合作水平和供给效能。所以,如何结合不同地域体育文化特色,因时因地因需引导和鼓励社会组织、集体自治组织等主体,提供具有民族、民间、民俗传统和乡村农味农趣的公共体育服务就成为重要的策略,将居民社会偏好、地域特色体育文化融入自主供给模

① 卢文云.社会资本视阈下的村落体育公共服务供给策略[J].体育科学,2016,37(2):55-65.

② 汪杰贵.乡村社会资本视阈下的农村公共服务农民自主供给制度研究[D].杭州:浙江大学,2012.

式中,不仅对公共体育服务体系建设产生巨大的促进作用,而且可以激发市场活力,实现公共体育服务与体育产业的融合发展。当下推崇的特色体育小城镇建设就是地域体育文化特色与自主供给结合的一个重要发展方向。

第八章 | 县域体育公共服务标准化建设分析

    20 世纪 80 年代以来,公共服务标准化在发达国家的公共服务领域得到广泛应用,并在实践中不断地修正、发展和完善。公共服务标准化的重要意义就是能够改进产品和服务过程,持续提高公共服务质量。实践证明,体育公共服务标准化建设是政府制度创新的重要组成部分,标准化不仅为体育公共服务市场化和均等化提供了一个可参照目标,而且有利于政府对体育公共服务供给者进行监管和实施绩效评估。体育公共服务标准化的理论与实践在我国尚处于起步阶段,其建设水平已成为县域体育公共服务均等化和市场化发展的先决条件,成为全民健身服务体系升级建设的重要抓手。

第一节　体育公共服务标准化研究与建设简述

一、体育公共服务标准化的内涵

    标准是一种既定的规则,意味着人们需要照章办事。2002 年,我国国家标准 GB/T 2000.1—2002《标准化工作指南第 1 部分:标准化和相关活动的通用词汇》对"标准"所下的定义是:"为了在一定范围内获得最佳秩序,经协商一致制定并由公认机构批准,共同使用和反复使用的一种规范性文件。"①

　　建立与经济增长相匹配的各项公共服务标准是社会经济发展的必然要求。标准化是在科学技术、经济贸易、财政需求及管理等社会实践活动中,对重复性事物和概念通过制定、实施标准,达到统一,以获得最佳秩序和最佳效益的过程。"标准和标准化的概念是标准化活动区别于其他生产活动、社会活动的关键,是标准化理论的基础、核心和起点,决定了标准化活动的对象、范围、目的、原理、方法等诸多理论问题的展开。"②公共服务标准化是标准化发展的新阶段,标志着标准从纯粹的技术要求向行为规范的转变,提升了标准作为一种规则的社会治理能力。

　　标准体系是指"一定范围内的标准按其内在联系形成的科学的有机整体。"③标准体系是对具有一定功能和特征的标准化对象所进行的逻辑组合。标准体系由组成它的标准集合而成,应该符合布局合理、领域完整、结构清晰、系统完善,满足其所在领域对标准的总体设置要求,并应具备集合性、整体性、目标性、关联性、环境适应性等特征。④

　　对于公共服务标准的概念,目前理论界并没有一个统一的结论。有学者认为,它是一系列具体的指标体系,这些指标能够使公共服务质量得以具体的衡量、公共服务的方法可以合乎规定、公共服务的过程更加程序化,从而提高公共服务效益,以便更好满足公众的需求。公共服务标准可以有多种分类方式,从适用范围可以分为国家标准、地方标准、企业标准和机构标准;从结构功能可以分为基础性标准、支持性标准、核心性标准

---

　　① 中华人民共和国国家质量监督检验检疫总局.标准化工作指南第1部分:标准化和相关活动的通用词汇(GB/T20000.1—2002)[M].北京:中国标准出版社,2002:227.

　　② 洪生伟.标准化工程奠定了我国经济的技术基础——《标准化工程》解读[J].中国标准导报,2008(9):15-16.

　　③ 柳成洋.服务标准化导论[M].北京:中国标准出版社,2009:137.

　　④ 柳成洋.服务标准化导论[M].北京:中国标准出版社,2009:138.

和主体性标准;从性质分类可以分为定性标准和定量标准。①

　　而对于公共服务标准化的认识,柳成洋②认为,将标准化的原则、方法运用到公共服务领域,通过对服务标准的制定和实施,以期达到公共服务质量的目标化、服务方法的规范化、服务过程的程序化,从而获得最佳的服务秩序和社会效益。王登华、卓越③将其界定为,将企业标准化建设的相关理论引入到政府部门,发挥和履行政府在公共服务中的职能,以相关的法律法规、政策、文件作为依据,制定出与标准化相关的法律,并以标准的形式来规范项目的内容、程序、方法。李上④则认为,"公共服务标准化是建立在科学、技术和实践经验这三个因素相互作用的基础之上,通过对重复性的事物和概念所做出统一的规定,然后经过有关部门的协商达成一致,最后作为社会公众共同遵守的准则和依据"。胡税根等⑤将其定义为:"在提供公共服务过程中使用标准化原则和对公共服务标准的设定和使用,从而达到能够使公共服务质量变得很具体、公共服务方法很合规、公共服务过程变得程序性,获得优质公共服务的过程。"简言之,公共服务标准化就是公共服务标准从制定到付诸实施的全过程。

　　据此,我们把体育公共服务标准化内涵理解为:运用公共服务标准化的原则和方法,制定体育公共服务的标准并实施,以达到体育公共服务质量目标化、方法规范化、过程程序化,从而获得优质的体育公共服务的全过程。

---

　　① 钟瑛.政府公共服务标准体系研究[M].北京:世界图书出版公司,2011:80-81.
　　② 柳成洋.服务标准化导论[M].北京:中国标准出版社,2009:43.
　　③ 王登华,卓越.公共服务标准化导论——以南京市江宁区财政局实践探索为个案[M].北京:中国财政经济出版社,2011.
　　④ 李上.公共服务标准化体系及评价模式研究[D].北京:中国矿业大学,2010:6-7.
　　⑤ 胡税根,徐元帅.中国政府公共服务标准化建设的价值研究[J].甘肃行政学院学报,2009(5):47-52.

二、体育公共服务标准化研究及其应用

近年来,随着体育事业的改革和发展,体育公共服务标准化成为理论与实践中被关注的一个热点。其研究成果主要集中在体育标准体系、体育公共服务体系本体领域和国家规划与实施层面的具体要求等方面。

一般而论,推行公共服务标准化首先必须确定标准化应用的主要领域,划定应用范围是实现公共服务标准化建设目标的第一个重要阶段。国内一些学者在述及我国体育标准体系构建研究中,涉及体育公共服务的相关内容。如仲宇等①认为我国的体育标准体系应由群众体育、竞技体育、学校体育、体育产业四个部分组成。雷厉等②以机构职能为导向,提出体育标准体系主要包括体育基础与通用技术标准、竞技体育标准、群众体育标准、体育经济类标准和科研类标准等五类。赵英魁等③在讨论体育标准体系构建的主要原则和方法的基础上,提出要重点建设体育用品、体育服务、体育设施设备、体育活动、体育组织、体育科研等领域的标准体系。

从体育公共服务体系本体领域来看,刘国永④认为,应加强对全民健身公共服务体系的构成和标准研究,梳理出服务体系中的关键环节和构成要素,厘清全民健身公共服务体系标准。张宏、陈琦⑤对我国体育公共服务体系服务项目的标准进行了相关的研究,通过采用三轮的 Delphi

①　仲宇,苏明理,姜彩楼.中国体育标准体系构建研究[J].西安体育学院学报,2005,22(1):39-41.

②　雷厉,蔡有志,安枫,等.我国体育标准体系架构初探[J].武汉体育学院学报,2009,43(11):13-17.

③　赵英魁,刘晓东.构建我国体育标准体系若干基本问题的思考[J].中国标准导报,2012(6):30-33.

④　刘国永.对"十三五"时期全民健身事业发展的思考[J].北京体育大学学报,2016,39(10):1-11.

⑤　张宏,陈琦.我国公共体育服务体系服务项目标准研究[J].成都体育学院学报,2012,38(9):21-24.

法,将我国体育公共服务体系的结构分为3层10个要素,最终又将10种产品细化为20项体育公共服务项目指标,建立了国家和广州市两类体育公共服务的项目标准,其中国家标准见图8-1。王才兴①则根据上海市在体育公共服务中面临的问题,结合上海市"十二五"期间体育基本公共

产品层	服务项目层	标准值
场地设施	人均占有公共体育场地面积	1平方米
	社区(行政村)拥有的健身路径数量	1套
	公共体育场地设施的开放率和利用率	80%,50%
体育组织	街道(乡镇)拥有的体育组织数量	1个
	社区(行政村)拥有的体育活动站(点)数量	1个
体育活动	街道(乡镇)每年举办群众体育活动和赛事的次数和参加人数	5次,10%
体育知识信息	街道(乡镇)体育宣传栏设置和内容更新情况	2块,4次
	街道(乡镇)发放体育印刷资料的种类和数量	4种,1000份
体育培训指导	每万人拥人的社会体育指导员数量	5人
	社会体育指导员的指导率	50%
体质监测	街道(乡镇)体质测定点数量	1个
	体质测定率	10%
供给主体	各级政府职责的履行程度	定性
	社会化程度	定性
管理职能	公共体育服务事业纳入本级国民经济和社会发展规划	纳入
	对公共体育服务体系的绩效考核、行政问责	定性
资金	人均公共体育服务经费	5元
	公共体育服务事业经费列入本级财政预算	列入
政策法规	是否制定本级《全民健身实施计划》	制定
	是否制定鼓励和引导社会力量捐资、出资举办公共体育服务事业的优惠政策	制定

图8-1 我国公共体育服务体系服务项目标准

注:张宏,陈琦.我国公共体育服务体系服务项目标准研究[J].成都体育学院学报,2012,38(9):21-24.

---

① 王才兴.问需于民,惠及全民——加快上海市体育基本公共服务体系建设[J].体育科研,2013,34(1):1-5.

服务的总体任务,制定出"十二五"时期上海市体育服务的基本标准。施昌奎[1]对北京市基本公共服务标准体系建设进行了探索,提出北京市基本公共服务标准体系中有关体育方面的五项标准,分别是每万人拥有体育场馆的数量、城镇居民家庭每百户健身器材拥有量、乡镇体育设施达标率和体育人口占总人口的比重。

从国家规划和实施层面来看,2012 年 7 月,国务院印发《国家基本公共服务体系"十二五"规划》,提出了公共文化体育服务国家基本标准,主要包括体育场馆开放、全民健身服务、残疾人体育健身服务等方面的基本标准(见表 8-1)。2014 年 3 月,中共中央、国务院印发《国家新型城镇化规划(2014—2020 年)》,[2]要求完善基本公共服务体系的构建,根据城镇常住人口增长态势和空间分布,合理布局学校建设、医疗卫生机构、文化设施、体育场所等基本公共服务设施。2015 年 1 月,中共中央办公厅、国务院办公厅印发了《关于加快构建现代公共文化服务体系的意见》,制定了《国家基本公共文化服务指导标准(2015—2020 年)》,在基本服务项目、硬件设施和人员配备三方面明确了服务内容和政府保障范围(表8-3),并提出了实施要求。2015 年 3 月,国务院颁布《深化标准化工作改革方案》,提出到 2020 年,基本建成结构合理、衔接配套、覆盖全面、适应经济社会发展需求的新型标准体系,明确了包括体育在内的标准化工作的时间要求和节点。2016 年,国家体育总局完成《全民健身活动中心分类配置要求》《全民健身活动中心管理服务要求》《社区多功能运动场配置要求》3 项国家标准和其他 9 项技术规范编制工作,并将全民健身统计标准化研究列入主要工作议程。

---

① 施昌奎.北京市基本公共服务标准体系建设初探[J].城市管理与科技,2012(4):25—26.

② 中华人民共和国国家发展和改革委员会发展和规划司.国家新型城镇化规划(2014—2020 年)[EB/OL].http://www.ghs.ndrc.gov.cn/zttp/tizgczh/ghzc/20140317_602854.

表 8-1 "十二五"时期公共文化服务国家基本标准(群众体育)

服务项目	服务对象	保障标准	支出责任	覆盖水平
体育场馆开放	城乡居民	有条件的公办体育设施(含学校体育设施)向公众开放,免费项目或有关收费标准由地方政府制定;开放时间与当地公众的工作时间、学习时间适当错开,不少于省(市、区)规定的最低时限,全民健身日免费开放,国家法定节假日和学校寒暑假期间,应当适当延长开放时间。	地方政府负责,中央财政适当补助。	可供使用的公共体育场地(含学校体育场地)占全国体育场地总数的比率达到53%左右。
全民健身服务	城乡居民	免费享有健身技能指导、参加健身活动、获取科学健身知识等服务;免费提供公园、绿地等公共场所全民健身器材。	地方政府负责,中央财政适当补助。	经常参加体育锻炼人数比率达到32%以上。
残疾人体育健身服务	残疾人	免费享有体育健身指导服务。	中央和地方财政共同负担。	建立1200个残疾人体育健身示范点,经常参加体育健身的残疾人比率达到15%以上。

注:依《国家基本公共服务体系"十二五"规划》整理。

表 8-2 "十三五"时期公共文化服务国家基本标准(群众体育)

服务项目	服务对象	服务指导标准	支出责任	牵头负责单位
公共体育场馆开放	城乡居民	有条件的公共体育设施免费或低收费开放;推进学校体育设施逐步向公众开放。	地方人民政府负责,中央财政对部分事项予以补助。	体育总局、教育部、财政部
全民健身服务	城乡居民	提供科学健身指导、群众健身活动和比赛、科学健身知识等服务;免费提供公园、绿地等公共场所全民健身器材。	地方人民政府负责,中央财政对部分事项予以补助。	体育总局、教育部、财政部

服务项目	服务对象	服务指导标准	支出责任	牵头负责单位
残疾人文化体育	残疾人	能够收看到有字幕或手语的电视节目,在公共图书馆得到盲文和有声读物等阅读服务;为基层残疾人体育活动场所和残疾人综合服务设施配置适宜的器材器械。	地方人民政府负责,中央财政适当补助。	中国残联、文化部、新闻出版广电总局、体育总局

注:依《国家"十三五"推进基本公共服务均等化规划》整理。

表 8-3　《国家基本公共文化服务指导标准(2015—2020 年)》
中体育服务项目与内容

项目	内容	标准
基本服务项目	文体活动	11.城乡居民依托(社区)综合文化服务中心、文体广场、公园、健身路径等公共设施就近方便参加各类文体活动。
硬件设施	体育设施	17.县级以上设立公共体育场;乡镇(街道)和村(社区)配置群众体育活动器材设备,或纳入基层综合文化设施整合设施。
人员配备	人员编制	20.县级以上公共文化机构按照职能和当地人力资源社会保障、编办等部门核准的编制数配齐工作人员。21.乡镇(街道)综合文化站每站配备有编制人员 1 至 2 人,规模较大的乡镇(街道)适当增加;村(社区)公共服务中心设有政府购买的公益文化岗位。
	业务培训	22.县级以上公共文化机构人员每年参加脱产培训时间不少于 15 天,乡镇(街道)和村(社区)文化专兼职人员每年参加集中培训时间不少于 5 天。

注:引自《国家基本公共文化服务指导标准(2015—2020 年)》。

　　由此可见,体育公共服务标准主要是在公共服务提供的过程和流通中,通过对提供体育公共服务的各个环节和项目进行相关标准的制定和设计,来确保体育公共服务的质量和效率。对标准的贯彻和实施是体育公共服务标准化过程中的一个重要环节,但这一过程是分阶段逐步上升的运动过程,需要经过不断地修正和调整,且政府在实施这一过程中有不可推卸的管制责任。因此,体育公共服务行政管理体制建设是公共服务标准化体系建设不可或缺的环节。"公共服务标准化可以重新确定政府内部各机构在提供公共服务过程中的职能和岗位职责,明确政府工作的具体标准,使得各机构、各部门的工作更加清晰,工作标准更加明确,一些具有重复性的常态工作,都落实到具体机构和人员,有效地减少相互扯皮和工作脱节的现象。这样就排除了政府各部门在公共服务过程中无序和混乱,推动服务型政府建设中公共服务的规范化"。①

第二节　县域体育公共服务标准化
建设的基本原则和范围

体育公共服务标准化是一个制定公共服务标准并将其贯彻实施的活动。2015年1月,中共中央办公厅和国务院办公厅在《关于加快构建现代公共文化服务体系的意见》中要求,结合当地群众需求、政府财政能力和文化建设特色,制定适合本地区的实施标准,建立国家指导标准与地方实施标准相衔接的标准体系,以县为基本单位推进落实。2015年3月,国务院颁布《深化标准化工作改革方案》中提出,形成政府引导、市场驱动、社会参与、协同推进的标准化工作格局。因此,界定县域体育公共服务标准化的范围领域,为县域体育公共服务建立一个基本参照体系,是政府进行公共服务标准化建设时首要考虑的基本方面。

一、体育公共服务标准化建设的基本原则

（一）与县情相适应的原则

我国是单一制国家,政府间关系和政府间转移支付是非常重要的问题。按照中央政府统一领导,地方政府分级管理的原则,在分税制框架

---

① 胡税根,徐元帅.中国政府公共服务标准化建设的价值研究[J].甘肃行政学院学报,2009(5):47-52.

下,形成了由上至下金字塔式的地方政府结构。处于不同区域的同一级
政府即使拥有相同的财权,也会因经济发展水平不同而拥有不同的财力。
由于经济发展水平存在着差异,县域和城乡之间的经济发展水平各不相
同,体育公共服务标准体系的制定要与当地一定时期的经济、社会、自然
环境、文化发展相适应,充分考虑区域性差异、自然优势条件、体育文化传
统等方面的特点,不但要严格执行国家基本公共服务的标准,满足县域居
民基本的体育文化需求,还要兼顾与当地经济社会文化发展相适应的发
展性体育公共服务范围、种类和标准。

(二)最低标准的原则

在制定县域体育公共服务标准体系的过程中,要制定最低标准,这是
一个下限,即不论是经济发达的县域还是贫困落后的县域,都应达到的标
准。对于县域基本体育公共服务项目和内容,要求政府有力执行。鉴于
基本公共服务均等化是建立在有条件的转移支付和财政能力均等化等因
素基础上,必须认真评估我国不同地区县域一般性转移支付和专项转移
支付的特点、存在问题、最低标准,并对贫困县区无条件转移支付。当然,
县域体育公共服务的最低标准并不是一成不变的,在标准化建设的过程
中,需要不断地持续改进,应随着县域社会经济发展和体育公共服务水平
的提高而做出相应的调整。

(三)可操作性原则

体育公共服务标准体系的内容和指向必须是具体的,经过科学的验
证过程,所建立的指标符合实际,具有可操作性,并且可以比较检验。要
建立能够支持这些标准的数据采集系统,尤其是体育设施和财力标准的
可操作系统,为新的实施规划、评估规划奠定基础。相关的县级政府部门
的绩效考核要与公共服务的标准化指标相结合,以此来促进县级政府服
务的科学化与民主化。县域体育公共服务标准化建设,还需要遵循公平
性原则,在财政投入、运行机制上确保全体公民享有基本体育公共服务权
利均等、资源均等、机会均等,把享有基本体育公共服务作为居民的基本

权利,提供的产品和服务要辐射整个县、乡镇、农村的居民。

(四)系统性原则

系统性原则,是指体育公共服务标准体系建设的各个部分综合起来应该是一个完善的整体,各个要素在协调合作的情况下,整个系统的功能才会达到最优的状态。县域范畴要从大区域和城乡衔接的角度来思考体育基本公共服务标准体系建设问题。其核心内容是系统思考、统一标准、事权明晰、体制衔接。县域体育公共服务标准体系建设作为一个整体,其内容标准、设施标准、财力标准和服务标准要实现一体化,内部各个要素以协调的方式组合在一起,并以县级人民政府颁布的条例、规定和细则来实施,体现体育公共服务标准体系最优的效能状态。

二、体育公共服务标准体系建设的基本范畴和内容

我国处于经济社会高速发展的阶段,党的十八大提出到 2020 年全面建成小康社会的发展目标,党中央、国务院高度重视标准化工作,提出要基本建立统一的强制性国家标准体系,并推动地方标准化工作改革。就县级以上地方政府而论,首先要明确体育公共服务的基本范畴。只有在明确体育公共服务的范畴之后,才能有效地为公众提供公共服务,实现体育公共服务惠及全民的宏伟目标。由于人们对体育公共服务体系的内涵、内容与实现路径的认识不同,对体育公共服务标准体系的基本范畴及内容确定也就不同。在参考戴健、郑家鲲[1]等学者的意见基础上,结合我国县域体育公共服务体系建设的现状,主要从公共体育设施、体育社会组织、体育活动、体育指导、体育经费投入、体育信息服务六个方面,来简析县域体育公共服务标准体系建设的基本问题(见图 8-2)。

1. 公共体育设施服务标准:是满足县域居民参与体育健身需求的硬

① 戴健,郑家鲲.我国公共体育服务体系研究述评[J].上海体育学院学报,2013,37(1):1-8.

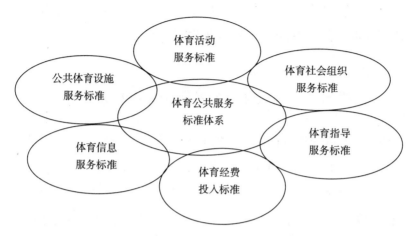

图 8-2　县域体育公共服务标准体系基本范畴

件环境,它是开展群众性体育活动必不可少的物质基础和必要条件。县域体育场地设施的建设和完善是县域体育公共服务事业发展的重要环节。

2. 体育社会组织服务标准:是体育公共服务的重要组成部分,县域各级体育组织是县域体育活动发展的主要载体,是连接政府和群众参与体育活动的桥梁与纽带。

3. 体育活动服务标准:是体育公共服务体系的核心。体育公共服务体系中的其他各要素都是通过体育活动这个载体来发挥作用。

4. 体育指导服务标准:服务是促进县域体育健康、规范发展的一项必不可少的内容,是人们进行科学体育锻炼的主要保障。

5. 体育经费投入标准:是体育公共服务的重要保障,合理有效的经费投入是体育公共服务体系良性运行的有力依托。

6. 体育信息服务标准:是利用互联网、宣传栏等多种手段为人们提供快捷的咨询服务,为人们参与体育锻炼提供及时有效的信息。

以上六个部分作为体育公共服务标准体系的子系统,是落实《国家基本公共服务体系"十二五"规划》和《关于加快构建现代公共文化服务体系的意见》所提出的基本标准和指导标准的一个体系框架,为进一步设计县域体育公共服务的具体标准提供了基础。

第三节　县域体育公共服务标准体系设计

体育公共服务标准的制定和实施是一个科学、系统、严谨的动态过程,实施过程的每一个环节都要有具体的指标进行衡量。根据标准体系建设遵循的基本原则,研究中在分析和参阅全国部分省(市、县)体育公共服务体系"建设规划""实施方案""实施计划"等政府文件文本的基础上,采用专家调查和实地调查相结合的形式,来确定各子系统的服务指标体系和标准。[①]

一、县域公共体育设施服务标准体系

(一)县域公共体育设施服务概念的界定

公共体育设施是全民健身开展的物质基础,是体育公共服务体系建设的最基本的载体。县域公共体育设施是指由政府或其他社会组织提供的、属于社会公众使用或享用的体育设施,包括向公众开放的所有收费性与非收费性体育设施。公共体育设施服务包括社会体育场馆服务、社区体育设施服务两大类。由于县域公共体育设施资源有限,一些事业单位的体育设施也被用于公共体育服务,如学校体育设施等。县级行政管辖的体育场馆设施条件相对较好,多数配有专门管理和服务人员,但缺少相应国家或省市服务标准要求。社区体育设施主要指小型运动场、健身广场、健身路径等基础性健身设施,为社区居民提供基本的健身休闲服务,目前仍处于自由状态,还谈不上专门性服务。

---

① 段晋霞.县级政府体育公共服务标准体系构建的研究[D].临汾:山西师范大学,2014.

（二）县域公共体育设施服务标准指标体系及标准释义

县域公共体育设施服务标准指标体系主要包括：人均体育设施面积、每万人拥有体育场馆数量、居民每百户健身器材拥有量、公共体育场馆开放率、体育活动设施利用率、农民体育健身工程覆盖率、学校体育场地设施开放率7个标准。如前所述，基于我国东部、中部、西部地区的经济社会等发展的差异，其具体标准见表8-4和表8-5。基本类是指每个县域都应达到的最低标准；发展类是指一些经济条件较好的、现有场地设施已达到或超过这个标准的县域可根据当地经济、文化的发展情况，达到2个以上的标准。

表8-4　县域公共体育设施建设的基本数量标准（2015—2020 年）

公共体育场地设施种类	基本类	发展类
体育场	1个	2个
体育馆	1个	2个
游泳馆（池）	1个	2个
室外小型运动场（足球、篮球、排球等）	1个	2个以上
灯光球场	1个	2个
室外健身器材	1个	2个以上
体育公园等户外健身场地	1个	2个
乡镇文体中心	1个	2个

表8-5　县域公共体育设施标准指标体系及标准（2015—2020 年）

县域公共体育场地设施	东部	中部	西部
人均体育设施面积	2.0平方米	1.8平方米	1.6平方米
每万人拥有体育场馆数量	10个	8个	6个
居民每百户健身器材拥有量	6套	5套	3套
公共体育场馆开放率	90%	80%	70%
体育活动设施利用率	60%	50%	40%
农民体育健身工程覆盖率	100%	100%	80%
学校体育场地设施开放率	90%	80%	70%

（三）对县域公共体育设施服务标准的分析

2009 年国务院颁布《全民健身条例》（以下简称《条例》），2011 年国务院推出《全民健身计划（2011—2015 年）》（以下简称《计划》），2016 年国务院颁布《全民健身计划（2016—2020 年）》，根据《条例》和《计划》的规定，国家发展改革委和国家体育总局制定了《"十二五"公共体育设施建设规划》，对公共体育设施建设提出了更为明确的任务和要求。我国《体育事业发展"十二五"规划》①曾提出："县域体育场地设施的人均面积为 1.5 平方米、体育场馆的开放率 80%、体育活动设施的利用率 50%、农民体育健身工程的覆盖率达到 90%。"《体育发展"十三五"规划》要求，到 2020 年，经常参加锻炼的人数达到 4.35 亿，人均体育场地面积达到 1.8 平方米；全国市（地）、县（区）全民健身活动中心覆盖率超过 70%，城市街道、乡镇健身设施覆盖率超过 80%，行政村（社区）健身设施全覆盖。因此，全国各地先后出台了公共体育设施建设的规划或实施标准。如山西省②提出全民健身"6565 四级工程"建设，其中县（区、市）级"五个一工程"，即"一个标准体育场（田径场）、一个体育馆、一个中（小）型全民健身活动中心、一个体育主题公园（或健身休闲基地）、一个国民体质监测中心"，提倡有条件的县（区、市）建设融综合体育馆、全民健身活动中心、游泳池、体质测定中心于一体的综合全民健身中心。乡镇（街道）级"六个一工程"，即"建立一个小型全民健身活动中心（全民健身活动广场或多功能运动场）、一个健身组织网络（健身指导站、体育协会、体育俱乐部）、一批晨（晚）练点、一支社会体育指导员队伍、一个特色体育项目、一个国民体质监测站"。行政村（社区）级"五个一工程"，即"建立一个适合社区（农村）特点的体育场地设施（多功能运动场）、一个健身组织

---

① 国家体育总局.体育事业发展"十二五"规划［EB/OL］.http://www.sport.gov.cn/n16/n1077/n1467/n1843577/1843747.html.

② 山西门户网站.山西体育事业"十二五"发展规划［EB/OL］.http://www.shanxi.gov.cn.

（体育队伍、社区体育俱乐部等）、一个传授体育技能的社会体育指导员（组）、一个群众喜闻乐见的体育项目、一套体育活动和设施管理的长效机制"。山东省提出在"十三五"期间，人均体育场地面积达到 2 平方米，城市社区建成 15 分钟健身圈，新建社区和乡镇、行政村公共体育设施覆盖率达到 100%，基本实现体育公共服务全覆盖。甘肃省提出"十三五"期间，全省每年建设 2000 个村级农民体育健身工程、1000 套健身路径、100 个笼式足球场，在城市社区全面建成 10—15 分钟健身圈，新建社区的体育设施全覆盖，人均体育场地面积达到 1.8 平方米。浙江省对小康村农民体育健身工程制定了标准，共分为四级标准，一级标准是 1 片篮球场和两张乒乓球台，二级标准是 100 平方米以上室内健身室（含 8 项以上健身项目），三级标准是 30 件以上的健身路径和两张室外乒乓球台，四级是原有的篮球场配备灯光和其他健身设施。由此可见，由于缺乏相应的县域公共体育设施建设标准，各地公共体育场地设施建设存在一定的个性和特点。

因此，进一步加强对公共体育设施的规划管理，推动公共体育设施建设标准化管理，促进以县为中心，街道乡镇为基础、方便社区居民日常体育锻炼的体育公共设施网络建设刻不容缓。2014 年，国家体育总局出台《〈全民健身计划（2011—2015 年）〉实施情况评价标准（试行）》，提出每万人拥有体育场馆数 12 个以上为 A 类标准，10 个以上为 B 类标准，8 个以上为 C 类标准。在反复征求专家意见的基础上，我们将地区县域每万人拥有体育场馆数确定为东部 10 个、中部 8 个、西部 6 个，县域居民每百户健身器材拥有量为东部 6 套、中部 5 套、西部 3 套是比较合理的。就农民体育健身工程而论，其基本标准是"一块混凝土标准篮球场，配备一副篮球架和两张乒乓球台"。我国《体育事业发展"十二五"规划》规定80% 的农村建有公共体育设施，从国家体育总局 2014 年调研结果来看，全国已有北京、天津、山西、江苏、福建、广东、宁夏等七个省份实现了农民体育健身工程全覆盖，在未来几年内，实现东部和中部地区农民体育健身工程全覆盖,西部地区达到80%是符合我国客观实际的。

二、县域体育社会组织服务标准体系

(一)县域体育社会组织服务概念的界定

体育社会组织服务是指为居民提供有组织的体育健身活动服务。体育健身组织是我国社会组织构成主体之一,是扩大经常参加体育锻炼人群的主要途径,是建立多元化全民健身服务体系的重要力量。县域体育健身组织是以社会力量为支撑,以开展全民健身活动和发展竞技运动为目的的基层社会组织。县域范围内的体育健身组织主要包括体育社团(项目协会、人群协会、行业协会等)、体育民办非企业单位、未登记体育组织(健身活动站点、自发性体育组织、网络体育组织等)、体育基金会四类。县域体育健身组织在健身技术指导、竞赛、表演、展示、培训等方面发挥着十分重要的作用,有力地推动着全民健身活动的广泛开展。

(二)县域体育社会组织服务标准指标体系及标准释义

党的十八届三中全会《中共中央关于全面深化改革若干重大问题的决定》提出要创新社会治理体制,并且把激发社会组织活力作为创新治理方式的一项重点任务进行部署。由于分类方法标准缺乏一致性,为体育健身组织的分类及服务标准指标体系的确定带来一定的困难。现行体育健身组织分类依据是国务院1998年公布的社团、民非、基金会等三个条例和民政部社会组织分类标准及社团分类办法。在县域调研中,在基层发挥主要作用的是单项运动团队、社区健身站点及乡镇文体中心等。因此,县域体育健身组织服务标准指标体系确定为县域单项体育协会数量、体育健身站点数量、县(市、区)体育健身站点覆盖率、乡镇体育健身站点覆盖率、农村体育健身站点覆盖率,见表8-6。

表8-6 县域体育社会组织标准指标体系及标准(2015—2020年)

体育社会组织标准指标	东部	中部	西部
县域单项体育协会数量	30个	20个	10个
体育健身站点数量	每万人6个	每万人5个	每万人2个
县(市、区)体育健身站点覆盖率	85%	75%	65%
乡镇体育健身站点覆盖率	75%	70%	60%
农村体育健身站点覆盖率	70%	65%	60%

(三)对县域体育社会组织服务标准指标体系的分析

目前,我国平均每10万人有一个体育社会组织,与体育社会组织发达的国家相比有很大差距。国际大众体育的发展经验证明,经常参加体育锻炼的人口与体育社会组织发达程度高度相关,如丹麦、芬兰体育俱乐部会员分别达到国家人口总数的42%和41%,德国9万多个体育俱乐部的会员人数达到2700万,占总人口的30%。《全民健身计划(2011—2015年)》对组织建设提出的要求是:"全民健身组织网络更加健全。市(地)、县(区)普遍建有体育总会、单项体育协会、行业体育协会及老年人、残疾人、少数民族、农民、学生等体育协会。社区体育俱乐部、青少年体育俱乐部、妇女健身站(点)有较大发展。80%以上的城市街道、60%以上的农村乡镇建有体育组织。城市社区普遍建有体育健身站(点),50%以上的农村社区建有体育健身站(点)。形成遍布城乡、规范有序、富有活力的社会化全民健身组织网络。"

《国家基本公共服务体系"十二五"规划》将培育发展群众体育组织作为构建多元化公共体育服务体系的重点任务纳入规划,提出建立"基层全民健身组织体系"。《全民健身计划(2016—2020年)》对体育社会组织提出了更高的要求,如向独立法人组织转变、加强体育总会建设、鼓励基层文化体育组织依法依规登记等。《〈全民健身计划(2011—2015年)〉实施情况评价标准(试行)》中,提出县以上地区单项体育协会30个以上达70%为A类标准,20个以上达70%为B类标准,10个以上达70%

为 C 类标准;县以上地区人群体育协会 5 个以上达 70% 为 A 类标准,4 个
以上达 70% 为 B 类标准,3 个以上达 70% 为 C 类标准;每万人 5 个以上为
A 类标准,3 个以上为 B 类标准,2 个以上为 C 类标准。因此,随着县域
社会经济的发展,要充分认识到体育健身组织服务标准化在全民健身服
务体系建设方面的重要作用和意义。政府要尽快完善基层体育健身组织
的登记、注册、扶持的实施办法,依据有关政策法规,引导和促进基层体育
健身组织向标准化和规范化方向发展。

三、县域体育活动服务标准体系

(一)县域体育活动服务的界定

体育活动服务是指为居民提供体育健身、运动竞赛、休闲娱乐、健身
交流等多种体育活动服务。体育活动区别于其他社会文化活动的基本特
征,是以增强居民的体质为本质目的,所采用的手段以身体练习为主。因
此,体育活动服务主要体现在政府主管部门提供政策和资源等方面的支
持上,体现在体育活动组织服务规范和通用要求上,体现在基层体育健身
组织吸纳居民参加体育锻炼的人数上。

(二)县域体育活动服务标准指标体系及标准释义

如前所述,我国县域居民参加体育活动存在着明显的区域差异,居民
参加体育活动主要是"自己练",针对这一状况,根据专家意见,现阶段体
育活动服务标准主要通过每年举办体育活动的次数、经常参加体育锻炼
的人数比例、体育活动组织的服务规范等标准来衡量,见表 8-7。

表 8-7　县域体育活动服务标准指标体系及标准(2015—2020 年)

县域体育活动的标准	东部	中部	西部
县域每年举办体育活动的次数	25 次	20 次	18 次
县域经常参加体育锻炼的人数比例	45%	40%	35%
体育活动组织的服务规范	定性等级评价		

（三）对县域体育活动服务标准的分析

随着县域社会经济的发展，人们对丰富体育活动内容的需求不断增长。县域体育活动服务的重点是吸引更多的人参与活动。国家《体育事业发展"十二五"规划》提出，要"建立完善以全民健身设施建设、组织建设、活动开展、健身指导、科学评估等为主要内容的全民健身公共服务体系"。截至 2014 年底，全国经常参加体育锻炼的人数比例达到 33.9%，城乡居民达到《国民体质测定标准》合格以上的人数比例是 89.6%。《全民健身计划（2016—2020 年）》提出要完善全民健身活动体系，拓展全民健身活动的广度和深度，大力发展群众喜闻乐见的运动项目，积极培育具有消费引领特征的时尚运动项目，扶持推广民族民俗民间传统运动项目，探索多元主体办赛机制，为县域体育活动的开展明确了方向。《〈全民健身计划（2011—2015 年）〉实施情况评估标准（试行）》中，提到县以上地区单项体育活动 30 次以上达 80% 为 A 类标准，20 次以上达 80% 为 B 类标准，10 次以上达 80% 为 C 类标准。因此，将县域经常参加体育锻炼的人数比例标准确定为东部达到 45%、中部为 40%、西部为 35%，县域每年举办体育活动的次数东部地区标准为 25 次、中部地区为 20 次、西部地区为 18 次是较为合理的，关键是能否用举办体育活动次数来衡量体育活动服务的标准，仍需要进行深入的研究。

四、县域体育指导服务标准体系

（一）县域体育指导服务的界定

体育指导服务是指为居民提供体育健身咨询、体育健康促进教育、健身技术指导等服务的总称。县级政府主管部门主要为体育指导服务提供保障条件，并承担体育指导服务的培训和管理，具体指导服务主要由基层体育健身组织和社会体育指导员来实施。

（二）县域体育指导服务标准指标体系及标准释义

体育指导服务不仅包括健身知识、技术和方法，还包括为居民提供体质测试、体质评价和运动计划制订等服务内容。研究中主要选取了县域每万人拥有社会体育指导员的数量、乡镇(街道)专职体育工作者的覆盖率、县级社会体育指导员协会的成立率、经常服务的社会体育指导员的人数比例、县域居民体质健康测试合格率等标准作为县域体育指导服务标准指导体系,标准具体见表8-8。

表8-8　县域体育指导服务标准指标体系及标准(2015—2020 年)

体育指导服务的标准	东部	中部	西部
县域每万人拥有社会体育指导员的数量	18 人	15 人	10 人
乡镇(街道)专职体育工作者的覆盖率	100%	90%	80%
县级社会体育指导员协会的成立率	50%	40%	30%
经常服务的社会体育指导员的人数比例	60%	50%	40%
县域居民体质健康测试合格率	90%	85%	80%

(三)对县域体育指导服务标准的分析

建立和完善县域体育指导服务体系,尤其是充分发挥社会体育指导员的作用,对普及科学健身知识、提高健身服务质量和有效增强居民健康素质具有重要的意义。《全民健身计划(2016—2020 年)》提出大力开展科学健身指导,提高群众的科学健身意识、素养和能力水平。《体育发展"十三五"规划》要求,进一步完善国民体质测试常态化机制,建立科学健身指导服务体系,推广健康生活方式,提高公众对科学健身的知晓率、参与率,提升运动健身效果。《〈全民健身计划(2010—2015 年)〉实施情况评估标准(试行)》提出,经常服务的社会体育指导员的人数比例,占总数70%为 A 类标准,60%以上为 B 类标准,50%以上为 C 类标准。部分省市把县域社会体育指导员协会成立作为指导体系的评价标准之一。如山西体育事业发展"十二五"规划曾提出,30%的县(市、区)成立社会体育指导员协会,实现每万人中有 10 名以上的社会体育指导员的目标。研究中将东部地区每万人拥有社会体育指导员的数量确定为 18 人、中部 15 人和西部 10 人,确定东部、中部、西部乡镇专职体育工作者覆盖率分别达到 100%、90%、80% 是较为合理的。社会体育指导员作为健身指导服务的核心主体,国家要求每年开展体育健身服务指导时间平均达到 80 小时以上,因此,已获得社会体育指导员等级称号的健身服务人员,能否经常开展健身服务并遵循社会体育指导员服务规范,就成为体育指导服务标准的关键。所以,经常服务的社会体育指导员人数比例是一个重要标准,我国东部一些省份如上海、广东已远远超过每万人 10 人这个标准。体质监测服务与体育指导服务存在着密切的联系,引导居民关注体质健康,在健身指导实践中提高居民科学健身的能力,是体育健身指导服务标准体系建设的重要任务。

五、县域体育经费投入标准体系

(一)县域体育经费投入概念的界定

体育经费投入是指国家和地方各级人民政府根据职责,为增强人民体质、培养体育专门人才、满足居民体育消费或者通过向社会购买公共体育服务而投入到体育领域中的经费。县域体育经费投入主要分为体育事业经费、体育产业经费和体育基本建设经费等类型。可靠的经费投入是政府有效提供基本体育公共服务的前提和基础。体育公共服务经费投入主要包含在体育事业经费中,体育事业经费还包括体育赛事经费、优秀运动队经费、业余训练经费、体育场馆补助、中等专业学校经费等。《中华人民共和国体育法》和《全民健身条例》对体育资金、体育物资的投入都有明确的规定,各级人民政府应规范财政转移支付制度,地方各级人民政府应将体育经费投入分类列入地方财政预算。

(二)县域体育经费投入的标准指标体系及释义

国家已将包括体育在内的基本公共服务全面纳入财政保障范围,完善经费保障机制,不断扩大保障范围,动员和鼓励社会支持体育基本公共服务的发展。《全民健身条例》颁布后,国家体育总局会同 20 个部委下发贯彻《全民健身条例》的通知,推动各级政府依法履行职责。县域体育经费投入的标准主要体现在公共体育设施建设、全民健身工作、体育后备人才培养、体育信息服务及中央集中彩票公益金支持体育事业专项资金等方面。因此,研究主要选取了群众体育事业人均公用经费、公共体育设施人均建设经费、彩票公益金用于全民健身工作比例、体育事业经费占县域 GDP 的百分比等标准,具体见表 8-9。

表 8-9　县域体育经费投入的标准指标体系及标准

体育经费投入	东部	中部	西部
群众体育事业人均公用经费	10 元以上	5 元以上	3 元以上
公共体育设施人均建设经费	20 元	15 元	10 元
彩票公益金用于全民健身工作比例	80%以上	70%以上	70%以上
体育事业经费占县域 GDP 的百分比	0.5%以上	0.3%以上	0.1%以上

(三)对县域体育经费投入标准的分析

体育经费投入是县级政府实现体育公共服务均等化的前提和基础。我国县域体育公共服务资源分配不均衡,体育事业经费、体育产业发展、体育基本建设的投入在地区、城乡、县际分布差距仍然较大。为缩小县域体育公共服务的差距,实现县域体育公共服务的均等化发展,需要努力实现经费投入的标准化。《全民健身计划(2016—2020 年)》强调:县级以上地方人民政府应当将全民健身工作相关经费纳入财政预算,并随着国民经济的发展逐步增加对全民健身的投入。完善中央转移支付方式,鼓励和引导地方政府加大对全民健身的财政投入。《〈全民健身计划(2011—2015 年)〉实施情况评估标准(试行)》提出,健身设施人均建设经费 20 元以上为 A 类标准,10 元以上为 B 类标准,5 元以上为 C 类标准,健身设施人均建设经费标准制定为东部 20 元、中部 15 元、西部 10元。群众体育人均事业经费,8 元以上为 A 类标准,5 元以上为 B 类标准,2 元以上为 C 类标准。本研究将群众体育事业人均经费的标准制定为东部 10 元以上,中部 5 元以上,西部 3 元以上较为合理。《中央集中彩票公益金支持体育事业专项资金管理办法》①规定,彩票公益金纳入政府性基金预算管理,专款专用,彩票公益金用于群众体育的比例不低于70%,保证群众体育投入的实现。

合理经费的投入是县域体育公共服务水平得以提高的基本保障,县级政府对体育经费投入核心问题是预算,支出是对预算的依法执行。这就要求县级预算与支出首先必须合法,《中华人民共和国体育法》和《全民健身条例》为体育经费投入提供了法律依据。依据条例规定,将全民健身事业、公共体育设施建设、全民健身工作经费纳入国民经济和社会发展规划,列入地方财政预算,写入政府工作报告并进行年度工作检查。因此,要坚持公开透明的原则,根据县域体育事权与财权相对等、经济公平和社会公平三层次,促进县域体育经费投入的标准化,为体育基本公共服务均等化目标实现提供坚实的保障。

六、县域体育信息服务标准体系

(一)县域体育信息服务概念的界定

体育信息是指利用广播电视、网络、报纸杂志、电话等多种媒体形式为居民提供体育咨询、健身指南、户外运动、体育气象、体育情报、体育宣传等服务内容的总称。近年来,随着现代多媒体技术的发展,体育信息服务已成为居民多元化体育服务内容的重要组成部分,提供基本的、必要的体育信息服务是体育公共服务标准体系建设不可或缺的内容。

(二)县域体育信息服务标准指标体系及标准释义

数据和信息是世界通过我们的感知和工具呈现给我们的东西。现代社会的发展的一个突出特征就是"大数据",一夜之间"大数据"成为无人

---

① 国家体育总局.中央集中彩票公益金支持体育事业专项资金管理办法[EB/OL].
http://www.sport.gov.cn/n16/n33193/n33208/n33448/n33793/4938509.html.

不谈的话题,并要求各级政府服务行为具有数字化与信息化特征,且以典型的标准化为支撑。大数据的广泛应用拓展我们的视野和服务的空域。体育信息服务主流的载体是电子化与网络化,离不开大数据,实施体育服务的电子化和网络化,政府可以实现"全天候""无缝隙""一站式"体育服务。因而,结合县域情况,既确定了传统的体育信息服务指标,又选取了现代体育信息服务指标,即县域每年开展体育讲座的次数、体育信息印刷品的种类和数量、县级政府网站提供体育信息服务的种类、体育信息网络化和数字化程度等方面的标准。把基层体育信息服务纳入国家统计序列,要实现这一点,基层体育工作者和专家任重而道远。

表 8-10   县域体育信息服务标准指标体系及标准

体育信息服务	东部	中部	西部
每年开展体育讲座的次数	80 次	50 次	20 次
体育信息印刷品的种类	10 种	6 种	4 种
体育信息印刷品的数量(每万人)	1000 份	600 份	500 份
县级政府网站提供体育信息服务的种类	10 种	6 种	4 种
体育信息网络化和数字化程度	90%	80%	70%

(三)对县域体育信息服务标准的分析

县域体育信息服务标准化是当下我国全民健身服务水平升级建设的关键标准,也是全民健身服务体系建设的软肋。体育信息服务的标准化是一个全新的领域,其内容、方法、模式、评价、监督等都没有现成的经验。就具体内容而论,包括体育基础术语、体育健身知识窗口服务、体育信息图形符号、县域体育场馆及健身站点的分布、体育场馆公共安全、体育场馆开放条件、体育场地使用要求、户外体育资源介绍、重大体育活动信息、健身技术教学、体育志愿者的培训与能力要求等内容。《体育事业发展"十二五"规划》中曾提到,推进体育信息化建设,整合体育信息资源,进一步拓宽采集体育信息的渠道,加强体育信息服务。《全民健身计划

(2016—2020 年)》明确要求,推动移动互联网、云计算、大数据、物联网等现代信息技术手段与全民健身相结合,建设全民健身管理资源库、服务资源库和公共服务信息平台,使全民健身服务更加便捷、高效、精准。《〈全民健身计划(2011—2015 年)〉实施情况评估标准(试行)》中提出,每年举办体育讲座的次数达到 100 次为 A 类标准,50 次为 B 类标准。学者张宏等①在我国体育公共服务项目标准研究时,提出体育信息资料的标准种类为 4 种,体育资料的数量为 1000 份,并认为广州市体育资料的种类为 10 种,资料数量为 10000 份。因此,加强政府体育信息标准服务可大大提高政府服务质量和水平,促进服务型政府建设。

第四节 县域体育公共服务标准建设的管理体制和运行机制

2015 年 3 月,国务院在《深化标准化工作改革方案》中强调了标准化改革的必要性和紧迫性,并提出了改革的总体要求、措施和实施阶段,将建立高效权威的标准化统筹协调机制作为重要举措。标准化是一种科学的管理工具,由于体育公共服务标准化建设在我国处于起步阶段,涉及相关行业、部门众多,迫切需要建立和完善标准化管理体制及其运行机制。

一、县域体育公共服务标准建设的管理体制

体育公共服务标准化管理属于我国标准化管理的重要组成部分。从我国标准化管理体制与运行机制发展沿革来看,服务标准化经历了萌芽、起步、快速发展阶段。新中国成立至改革开放初期,可谓服务标准化的萌芽阶段,该阶段主要强调的是工业标准化,尚没有服务标准化的概念,更

---

① 张宏,陈琦.我国公共体育服务体系服务项目标准研究[J].成都体育学院学报,2012,38(9):21-24.

谈不上体育公共服务的标准化,其管理主要以行政指令为基本手段;20世纪 80 年代中后期,随着我国经济体制由计划经济向市场经济过渡,服务标准化处于起步阶段,国家制定和实施了一批重要的服务标准,其中部分标准涉及体育用品业,这些标准引起和促使了体育服务标准的始建和发展;进入新世纪后,随着社会主义市场经济体制的不断完善,为适应体育事业的蓬勃发展,尤其是健身休闲、竞赛表演、场馆服务、中介培训、体育用品制造与销售等体育产业的快速发展,体育服务标准化工作取得了长足的发展。

目前,我国标准化工作由国家标准委管理,按照"统一计划、统一审查、统一编号和统一批准发布"的原则,负责对国家标准、行业标准、地方标准、企业标准的制定、审定和备案管理工作。服务标准化管理则由国家标准委服务业标准部牵头,各服务行业部门具体主持,相关科研院所、全国专业标准化技术委员会提供技术支持,广大服务型企业将标准付诸实施和实践验证的管理体制。我国体育服务标准由国家体育总局发布实施,全国体育标准化技术委员会归口管理,体育项目协会等体育社会组织均有标准化管理职能,管理运行体制见图 8-3。如 2014 年 7 月 1 日实施的《体育场所服务质量管理——通用要求》(TY/T 3001—2014)就规定了体育场所服务质量管理的总则、服务保障要求、服务运行管理、服务能力管理以及服务质量管理的监督、分析和改进。

根据我国《标准化法》,国务院有关行政主管部门和国务院授权的有关行业协会分管本部门、本行业的标准化工作;省、自治区、直辖市标准化行政主管部门统一管理本行政区域的标准化工作;市、县标准化行政主管部门和有关行政主管部门,按照省、自治区、直辖市政府规定的各自职责,管理本行业行政区域内的标准化工作。可见,各地质量技术监督局和县级体育行政管理部门履行着贯彻落实国家有关服务标准发展规划、根据实际制定地方服务业标准化发展规划和计划、组织制定服务标准、完善地方服务标准体系、协调和处理有关服务标准化工作的问题、营造良好的服

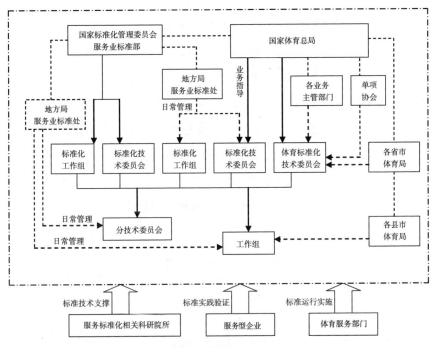

图 8-3　我国体育服务标准化管理运行体制

务标准活动环境、对服务标准实施情况进行监督检查的具体职责。

二、县域体育公共服务标准建设的运行模式与机制

为了加大服务标准化工作的力度,在国家标准委的统一管理和协调下,按照结构合理、分工明确、相互合作的原则,根据行业的发展需要,在重点领域加快推进标准化技术组织工作,并探索服务标准化的运行模式。

如上所述,体育公共服务标准化工作在我国处于发展初期,由国家体育总局牵头,国内各地丰富的实践经验为标准化奠定了良好的基础。如2014年,国家体育总局对全民健身公共服务体系的构成和标准进行研究,界定了服务体系中的关键环节和构成要素,研制了体育公园、体育健身广场、户外体育活动营地、县级公共体育场、登山步道、城市健身步道等12项健身设施建设技术标准和服务规范的研制方案,确定了各项标准和

规范的责任主体、工作进度和研究框架,并按程序开展国家标准立项申报工作。其中《全民健身活动中心分类配置要求》《全民健身活动中心管理服务要求》《社区多功能运动场配置要求》3 项列入了国家标准。北京市加强体育公共服务领域标准化研究,与质监部门共同推进《社区建设与评定规范——体育生活化社区》和《北京市体质检测站建设和服务标准》等地方标准研制工作。由于体育公共服务的对象是社会公民,服务标准化不仅要满足公民的公共性需求,还要考虑公民的多样化和精神需求。因此,县域体育公共服务标准化是一个与经济社会发展不断适应、满足"以人为本"价值导向的运行过程,其运行模式见图 8-4。

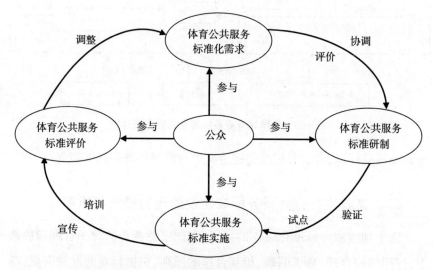

图 8-4　体育公共服务标准化的运行模式

注:柳成洋.服务标准化导论[M].北京:中国标准出版社,2009.

　　体育公共服务标准化的运行过程中,要以县域经济、社会、文化及自然禀赋为基础,围绕县域体育公共服务的六个重点范围,探索和建立服务标准宣传与培训、试点、达标、评价等重要的运行机制。

1. 体育公共服务标准宣传与培训机制

　　由于体育公共服务标准化是新的标准化领域,县域基础十分薄弱,涉及的单位、部门、行业较多,服务对象异质性很大,同时受管理和服务员人员编制和传统文化因素的影响,经常是"一人多岗",服务的不确定性、临时性很强。这就要求通过各种不同形式,加大对体育公共服务标准化的宣传,使标准的使用者了解标准,提高从业人员的素质,开展相关专业知识和技能的培训,提高从业人员标准化意识,进而提高标准实施效果。

2. 体育公共服务标准化试点机制

为进一步开展县域体育公共服务标准化工作,在总结基层丰富的实践经验基础上,利用国家体育总局《推进公共体育服务体系示范区建设的实施意见》的时机和周期,探索服务标准化试点工作。试点工作的主要任务包括:建立健全县域体育公共服务标准体系、开展标准的宣传、组织标准实施、开展标准实施评价、制定持续改进措施和创建服务品牌,通过标准化试点,总结和推广实施服务标准化的经验和特色,培育服务品牌,引导公众体育消费。

3. 体育公共服务标准化达标机制

建立体育公共服务标准达标机制,或开展体育公共服务标准达标活动,是保证服务标准实施效果的一个重要途径和方式。如山西省结合开展第四次国民体质监测工作,推动各县、市、区建立国民体质监测中心,依托监测队伍进行《国家体育锻炼标准》达标测试,收到较好的效果。通过达标活动,检验体育公共服务标准实施的效果,发挥标准对于服务质量的提升作用。

4. 体育公共服务标准化评价机制

评价是现代治理体系的重要手段,是推动体育公共服务标准化工作的有效机制。标准的评价与持续改进是标准化工作的立足点和力量源泉。县域体育公共服务标准化评估主要包括两个方面,一是符合性评价,即根据通用标准的各项规定,确认实施过程各个环节是否达到标准要求;国内发达地区如北京、上海、广州等已对这方面工作进行了尝试。二是实施效果评价,即通过验证、核实指标体系中的各项指标,确定标准实施效果达到的程度,给出相应的结论性意见,这一评价也体现在部分地市县的年度工作岗位考核中。

三、县域体育公共服务标准建设的保障措施

(一)加强体育公共服务标准体系的理论研究

县域体育公共服务体系的全面推进和升级,呼唤着标准体系的保障。加强体育公共服务标准体系的理论研究,对于建立一套结构完善、条理清晰、目标明确和易于操作的服务标准体系具有重要的意义。体育公共服务标准体系的理论主要包括国内外公共服务标准化理论和经验总结、政府在体育公共服务中的职责、体育公共服务标准化事项范围和内容、体育公共服务标准化管理、运行模式和机制、市场化体育公共服务标准类型、体育公共服务标准化评价等。因而,加强对体育公共服务标准化理论的研究,对于推动和指导服务标准化的实践刻不容缓。

(二)加强体育公共服务标准化建设的规划

县域体育公共服务标准化建设要面向县域居民、服务县域公众,合理规划和布局公共体育基础设施,加强对体育公共设施的建设和管理,提高各类体育场地设施的综合利用率和运营的水平,充分发挥体育公共设施满足群众体育需求方面的作用。同时做好政府投资建设的体育场馆和其相关配套设施的监督和管理等工作,避免造成器材的闲置、浪费、挪作他用。鼓励机关、企事业单位的体育设施向社会开放,实现体育资源社会广泛共享。体育行政部门加强对体育活动的开展规划;加强对体育经费的管理和规划,并提高社会体育指导员的覆盖率,拓宽体育信息化的渠道。

(三)加强体育公共服务标准体系的实施

体育公共服务标准体系的实施,主要涉及保障体育公共服务标准体系实施的各种手段、方法等。在此过程中主要涉及四个方面:一是政府,政府要做到责任到位,在体育公共服务体系的构建中合理配置体育资源、科学决策;二是经费,按照公众的体育需求,确保体育经费的合理配置、高

效使用;三是实施的主体,即政府、市场等其他社会团体要共同协作形成高效的体育公共服务实施主体;四是政策法规,通过制定基本的法律、法规来保障体育公共服务的正常运行。①

(四)引入先进的公共服务标准方法和手段

国外在公共服务标准化方面所积累的理论成果和经验值得借鉴。一些西方国家的中央机构、地方政府均采用了 ISO9000 质量管理模式。ISO9000 族标准是由 ISO/TC176(国际标准化组织质量管理和质量保证技术委员会)制定的关于质量管理的所有标准,它的应用领域较广,通过规划质量管理流程,制定作业标准及规范,使经验得以传承。这些标准的引入可以使政府的工作更加明确,每个岗位职责和任务目标更加精细化,可以很好地提高公共服务的效率。西方政府以公共服务财政定额标准作为公共服务均等化的基础和核心,通过财政均等,实现提供公共产品与服务均等;建立公共服务的国家最低标准。② 这些手段同样也可以用于县域政府体育公共服务标准体系的构建中。

---

① 王才兴.构建完善的体育公共服务体系[J].体育科研,2008,29(2):9.
② 黄恒学,张勇.政府基本公共服务标准化研究[M].北京:人民出版社,2011:58.

第九章 | 县级政府购买体育公共服务的研究

我国已初步形成了政府主导、社会参与、公办民办并举的体育公共服务供给模式。但随着新型城镇化的加速,城乡居民对体育公共服务需求的日趋旺盛,仍需要政府进一步强化体育公共服务职能,创新体育公共服务模式,有效动员社会力量,构建多层次、多方式、多元化的体育公共服务体系。在此现实背景和公共需求之下,20世纪末,滥觞于西方发达国家的政府购买公共服务的制度被引入中国。十多年来,我国各地政府不断尝试通过购买公共服务的方式满足城乡居民多样化的公共服务需求,并在体育领域得到初始实践,积累了一些经验,弥足珍贵。但如何认识其学理因由,把握购买服务的原则和界限,不断从体制机制加以规范、提升和完善,就成为课题研究的又一个重点。

第一节 政府购买体育公共服务的学理阐释

一、政府购买公共服务的概念内涵

作为西方新公共管理改革的一项制度创新,政府购买公共服务兴起于20世纪70年代末,但国外学界对政府购买公共服务的内涵界定并不明确,许多国家普遍认为政府购买公共服务实际上就是购买服务合同或合同外包,其实践源于西方的社会福利制度改革,即政府通过与营利或非营利组织签订承包合同的形式来提供公共服务。①

国内学界对政府购买公共服务的相关表述很多,研究者主要是从购买主体、承接主体、购买方式等方面对政府购买公共服务的概念进行界定。有学者认为"公共服务购买,是政府(公共部门)与私人部门之间签订购买协议,由政府出资,将涉及公共服务的具体事项承包给私人部门的行为"。② 有学者认为"购买是指政府将原来直接提供的公共服务事项,通过直接拨款或公开招标的方式,交给有资质的社会服务机构来完成,最后根据择定者或中标者所提供的公共服务的数量和质量,来支付服务费用"。③ 有学者认为,政府购买服务包含如下元素:政府购买服务的委托主体是政府,受托者是营利、非营利组织或其他政府部门等各类社会服务机构,表现为一种通过政府财政支付全部或部分费用的契约化购买行为;政府以履行服务社会公众的责任与职能为目的,并承担财政资金筹措、业务监管及绩效考评的责任。④ 也有学者认为,政府购买公共服务是政府采购的一个子项目,属于政府采购的一种,并将其界定为各级国家机关、事业单位和团体组织,使用财政性资金采购依法制定的集中采购目录以内的或者采购限额标准以上的公共服务的行为。⑤

由此可见,国内外学者对政府购买公共服务的核心思想认识基本一致,即政府购买公共服务是在公共服务领域打破政府垄断地位而引入的

---

① 萨瓦斯.民营化与公私部门的伙伴关系[M].周志忍,等译.北京:中国人民大学出版社,2002:129.

② 王名.中国非营利评论[M].北京:社会科学文献出版社,2008:144.

③ 王浦劬,萨拉蒙,等.政府向社会组织购买公共服务研究:中国与全球经验分析[M].北京:北京大学出版社,2010:3.

④ 郑卫东.城市社区建设中的政府购买公共服务研究——以上海市为例[J].云南财经大学学报,2011,27(1):153-160.

⑤ 何平,吴楠.政府购买公共服务法律规制研究[M].合肥:合肥工业大学出版社,2014:35.

竞争机制,把市场管理手段、方法、技术与专业化的优势引入公共服务之中。但国内学界对承接主体的认识不尽一致,反映出对政府购买公共服务的不同理解。2013 年 9 月,国务院发布《关于政府向社会力量购买服务的指导意见》(以下简称"国办《意见》")中将政府购买公共服务定义为:"政府向社会力量购买服务,就是通过发挥市场机制作用,把政府直接向社会公众提供的一部分公共服务事项,按照一定的方式和程序,交由具备条件的社会力量承担,并由政府根据服务数量和质量向其支付费用。"并明确了承接主体,即"在民政部门登记成立或经国务院批准免于登记的社会组织,以及依法在工商管理或行业主管部门登记成立的企业、机构等社会力量"。

二、政府购买公共服务的学理阐释

政府购买公共服务作为一种全球性的制度安排,学界认为其学理依据主要可用新公共管理理论、公共物品理论、政府与社会合作伙伴关系理论、治理理论和法律规制理论等多个理论来阐释。

(1)新公共管理理论。20 世纪 80 年代以来,始于西方国家的公共部门管理方式变革在世界范围内悄然兴起,传统的公共行政模式开始向弹性的、以市场为基础的新公共管理模式转变。学界认为,新公共管理理论打破了"理性官僚制"的神话,为政府购买公共服务打开了大门。政府购买公共服务绝不仅是化解政府财政危机与债务风险的临时性、救急性措施,而是贯穿于公共管理与治理全过程的一种基本机制,是实现公共管理方向性变革的重要举措。该理论以政府"掌舵而不是划桨"为基本原则,主张建立企业家政府和竞争型政府,适当借鉴市场竞争和企业管理的手段与方式,改革公共部门的运作机制,并倡导以合同外包的方式提供公共服务,成为政府购买公共服务的主要学理依据之一。

(2)公共物品理论。如前所述,根据公共物品的非竞争性与非排他性的特征,可以将公共物品分为纯公共物品与准公共物品两大类。公共物品理论认为,政府可以直接提供纯公共物品,而准公共物品则可以由市场提供或社会提供,这就导致了公共物品提供方式的多样化。萨瓦斯从物品与服务的基本特征、提供物品和服务的不同机制出发,认为服务提供或安排与服务生产之间的区别是明显且十分重要的,它是界定政府角色的基础;公共物品及服务既可以由政府部门直接生产,也存在其他制度安排。① 因此,从该理论的角度来看,公共物品的分类是政府购买公共物品与服务的基础;公共物品安排者与生产者的区别,是政府购买公共服务的前提;公共物品供给市场化、民营化与社会化,是政府购买公共服务的主要目标。②

(3)政府与社会合作伙伴关系理论。20 世纪后期以来,公民社会的大发展,为社会组织参与公共服务供给提供了现实基础。美国学者萨拉蒙提出了"第三方治理"的概念。他探讨了政府与非营利组织各自的性质和作用范围,认为应该让第三部门或非营利组织成为某些领域公共服务提供的合法主体。合同外包等民营化措施则是"第三方治理"的重要途径。同时,从政府与社会组织的关系视角出发,政府购买服务是政府培育社会组织的有效政策工具之一,为社会组织的发展提供了更广阔的空间和良好的契机,成为构建新型的政府与社会关系的重要抓手,通过政府购买社会服务实现多元主体以多样化形式参与社会管理。③

(4)治理理论。治理理论是 20 世纪 90 年代兴起的一种公共管理理论,该理论认为治理是各种公共的或私人的机构管理其共同事务的诸多方式的总和。如前所述,"治理"的概念已经被指定为"多主体、多中心共同管理"的意涵。治理是国家与公民社会的合作、政府与非政府组织的合作、公共机构与私人机构的合作、强制与自愿的合作。严格来说,治理

---

① 萨瓦斯.民营化与公私部门的伙伴关系[M].周志忍,等译.北京:中国人民大学出版社.2002:68.

② 李军鹏.政府购买公共服务的学理因由、典型模式与推进策略[J].改革,2013(12):17-29.

③ 车峰.我国政府购买公共服务问题研究综述[J].理论导刊,2014(12):98-101.

理论并不是一套完整的理论体系,但强调多元主体对公共事务的有效治理,提出建立多元参与、共同建设、达于善治的多中心、无缝隙的合作治理网络体系。政府向社会购买服务的主体中包括各级行政机关、事业单位、群团组织等,进行积极主动的政策参与,以此来维护其所代表的公众利益,体现了合作共治的后现代意涵。

(5)法律规制理论。政府职能具有法定性,其一切活动要在法律的范围内进行。一些国家将社会或公民的公共服务需求以立法的形式作出了规定,并向社会或公众承诺可以兑现合理的公共服务以满足公民的权利,承诺兑现作为政府的法定义务。为此,政府购买公共服务的模式、方法、范围、程序、效果和价值取向都应该纳入规制和价值引领的范畴。国办《意见》阐明了政府向社会力量购买服务的意义和总体方向,从政府购买公共服务法律规制的角度看,政府购买公共服务法律关系主体是明确的,一方为政府或行政公共组织,一方为社会力量;从法律关系客体的角度看,其客体就是公共服务;从法律关系的内容来看,政府向社会力量购买公共服务,满足社会成员对公共服务的需求。

第二节　政府购买体育公共服务的缘起与发展

我国政府购买服务的实践可以追溯到 20 年前。1996 年,上海浦东新区社会发展局向民办非企业单位罗山会馆购买服务,开创了政府向社会组织购买服务的先河。伴随着政府向社会力量购买公共服务的推进,体育公共服务领域主要围绕政府购买体育公共服务的基本问题、购买模式、域外经验和购买服务存在的问题等方面进行了富有成效的理论探索与实践。

一、政府购买体育公共服务基本问题的讨论

随着体育学界对"公共体育服务"与"体育公共服务"概念内涵的深

入讨论,多数学者认同二者是政府公共服务职能在体育领域的延伸和实现,也就是说公共体育服务本质是一种职能,至于公共体育设施、公共体育产品、公共体育活动等,只是实现公共体育服务职能的方式和内容。[①]"购买"则是指政府将一些公共服务事项委托给有资质的机构去做,并为此而支付费用。[②] 冯欣欣讨论了"政府购买公共服务"的概念,在分析"行为说""方式说""转移支付说""过程说"等定义的基础上,认为这些概念都包含了购买目的、购买主体、购买对象即服务提供方、购买客体即公共服务、购买方式等内容,并将政府购买公共体育服务界定为:"政府部门为更好地履行体育公共服务职能,由体育管理部门以签订契约的方式向非营利体育组织及营利性体育企业等购买公共体育服务的供给方式。"[③]戴俭慧和高斌对我国政府购买体育公共服务的四个基本问题进行了阐述:一是"为何购买"的问题,即政府购买体育公共服务的行为目标;二是"谁来购买、向谁购买、为谁购买"的问题,即政府购买体育公共服务的行为主体,涉及"购买者—承接者—使用者"三元主体;三是"购买什么"的问题,即政府购买体育公共服务的行为对象;四是"如何购买"的问题,即政府购买体育公共服务的行为方式。[④] 王占坤、吴兰花、张现成等研究了地方政府购买公共体育服务的成效,认为政府购买公共体育服务在推进政府体育职能的转变、形成体育公共服务的多中心治理格局、提高公共体育服务供给的质量和效率、促进体育社会组织发展、盘活公共体育服务资源、满足公共体育服务多元化的社会需求等方面具有重要的实践意义。[⑤]

---

①　刘国永,杨桦,任海.中国群众体育发展报告[M].北京:社会科学文献出版社,2014:71.

②　王浦劬,萨拉蒙,等.政府向社会组织购买公共服务研究:中国与全球经验分析[M].北京:北京大学出版社,2010:6.

③　冯欣欣.政府购买公共体育服务的模式研究[J].体育与科学,2014,35(5):44-48.

④　戴俭慧,高斌.政府购买体育公共服务的行为分析[J].体育学刊,2013(2):35-38.

⑤　王占坤,吴兰花,张现成,等.地方政府购买公共体育服务的成效、困境及化解对策[J].天津体育学院学报,2014,29(5):409-414.

二、政府购买体育公共服务的模式和方式讨论

"模式"（pattern）是事物的标准样式，其实质就是解决某一类问题的方法论。把解决某一类问题的方法总结归纳到理论高度，那就是模式。模式是解决某一类问题方法的理论概括与凝练，其有相对固定和成型的理论指导。而"方式"（way）是具体的方法和形式，讲究操作性程序和步骤。从政府购买公共服务模式来看，由于各国政治体制、社会文化环境及理论视角的不同而有所不同。在政府购买公共服务的过程中，西方发达国家普遍引入市场竞争机制。如果以市场机制的引入程度为主要分类标准，大致可分为四种类型：一是以倡导市场竞争和市场化导向为特征的英美模式；二是以有限市场化为特征的大陆欧洲模式；三是以高福利和高税收为特征的北欧福利模式；四是以政府直接干预公共服务为特征的东亚模式。与国外学者关注市场机制的竞争及打破公共服务垄断不同，我国学者更关注政府购买中产权的差异及组织间关系。① 国内多数学者是从公共服务购买双方关系的独立性和购买程序的竞争性两个维度来划分购买模式。如根据购买过程中政府与社会组织的关系、购买程序的竞争性来对购买模式进行划分，包括依赖关系非竞争性购买、独立关系非竞争性购买、独立关系竞争性购买三种模式。② 该分类得到王浦劬、韩俊魁、苏明等学者的支持。基于此认识，冯欣欣从公共体育服务内容的特殊性出发，将公共体育服务分为软服务和硬服务两类，因循着"向谁购买""购买什么"的逻辑关系，以购买程序的竞争性和公共体育服务的类型为分析维度，提出了竞争性软服务购买、竞争性硬服务购买、非竞争性软服务购买、非竞争性硬服务购买四种模式，并分析了每种模式的内涵及典型案

---

① 杨宝.政府购买公共服务模式的比较及解释——一项制度转型研究[J].中国行政管理，2011（3）：41-45.

② 王名，乐园.中国民间组织参与公共服务购买的模式分析[J].中共浙江省委党校学报，2008，24（4）：5-13.

例,具体见表9-1。①

表9-1　政府购买公共体育服务模式分析一览表

政府购买模式	服务提供者	服务种类	购买方式	典型案例
竞争性软服务购买	营利性企业非营利组织	健身服务与指导大众体育赛事与活动	健身券公开招标	北京石景山区购买健身服务常州购买全民健身赛事活动
竞争性硬服务购买	营利性企业	体育场地设施	公开招标	常州市武进区购买健身场地设施管理与维护
非竞争性软服务购买	营利性企业非营利组织	健身服务与指导	委托合同	长沙市购买暑期游泳服务
非竞争性硬服务购买	非营利组织	体育场地设施	委托合同	上海市杨浦区和静安区购买学校场地开放服务

注:引自冯欣欣.政府购买公共体育服务的模式研究[J].体育与科学,2014,35
(5):46.

　　总之,每一模式里面都有较为成型的理论在指导着具体实践。从政
府购买公共服务的方式来看,美国著名学者萨瓦斯提出委托授权、政府撤
资、政府淡出三种类型,具体又包含10种公私合作的制度安排及方式。②
戴俭慧和高斌③认为,政府购买体育公共服务实质上表现为一种契约化
管理行为,在具体购买模式上政府可采用合同外包制、直接资助制和项目
申请制等有效方式。这些成果对认识和选择政府购买公共体育服务模式
具有一定的参考价值。

三、发达国家购买公共体育服务的经验与启示

　　从发达国家政府购买公共体育服务的经验来看,汪波认为,一是发达

----

① 冯欣欣.政府购买公共体育服务的模式研究[J].体育与科学,2014,35(5):44-48.

② 萨瓦斯.民营化与公私部门的伙伴关系[M].周志忍,等译.北京:中国人民大学出版社,2002.

③ 戴俭慧,高斌.政府购买体育公共服务的行为分析[J].体育学刊,2013(2):35-38.

国家政府通过健全的法规促进政府购买公共体育服务不断发展,如世界上最早进行政府购买公共体育服务的英国,2000 年英国政府就发布了《资助与采购良好行为规范》,2003 年又发布《地方政府国家采购战略》,政府购买公共体育服务的具体合同范本均可以在政府的网站中免费获得;二是以体育非营利组织为首选合作伙伴并积极促进其发展,如美国的拉米兰达市的公共服务全部由 60 个承包商承包,政府雇员只有 60 名,其中绝大部分公共体育服务均由美国著名体育非营利组织 SMG 公司供给;三是利用灵活多样的购买方式及严格的招投标制度保证政府购买公共体育服务顺利实施,如加拿大体育与休闲部通过《竞争投标与合同办法》对政府购买公共体育服务的内容、程序及后期的合同管理等均作了明确的规定;四是构建严格监管与弹性磋商相结合的双重保障合作机制,如德国的体育运动会议严格监管政府购买公共体育服务供给过程,并作出科学评估;五是利用政府购买促进公众体育权利的发展,如 2009 年美国总统奥巴马批准了 12 亿美元公共体育服务投资计划,要求政府购买中优先考虑满足大部分民众需求的社区健身路径。① 朱毅然认为,发达国家购买公共体育服务的成功经验,主要体现在购买活动的制度化、购买过程的竞争性、承接主体的独立性、科学的绩效评估体系等方面。② 刘东峰在总结发达国家公共体育服务的经验中也提到,尽管各个国家在体育事务管理的具体微观层面积累了许多可供参考的经验和做法,但并不存在所谓的西方模式,如英国在 20 世纪 90 年代就引入了强制竞标法案(Compulsory Competitive Tendering,CCT),地方公共体育服务的供给必须公开招标,虽然较好地提高了运营的经济效益,但同时也导致了对社会效益与服务质量的忽视。这些经验,对于探索和建立我国政府购买公共体育服务的体

① 汪波.政府购买公共体育服务:国际经验与我国推进路径[J].上海体育学院学报,2014,38(6):25-30.
② 朱毅然.发达国家政府购买公共体育服务的经验及启示[J].天津体育学院学报,2014,29(4):290-295.

制机制有着重要的启迪。[1]

四、对我国政府购买体育公共服务存在问题的分析

从我国政府购买体育公共服务存在的问题来看,学界普遍认为,这项工作尚处在起步、探索和尝试阶段。面临的问题和困境主要集中在三个方面:其一,关于政府购买体育公共服务的法律法规及其制度建设问题。王占坤、吴兰花、张现成等[2]认为,政府购买体育公共服务的法律制度不健全,反映在理论研究和法治建设滞后,相关研究主要是国际经验的借鉴,本土研究较少,而法治建设才刚刚起步,还要不断探索和实践;汪波[3]认为,在购买服务上存在思想观念的惯性与偏差行为,缺乏有效的政策支持和法规保障;郭修金和戴健[4]对上海市、广东省的实践调研表明,政府购买公共体育服务应加强制度"顶层设计",不断完善决策评价机制,完善政府购买的程序。其二,关于政府向社会组织购买体育公共服务的问题。多数研究者认为,我国"分级登记、双重管理"下的社会体育组织效能难以发挥,体育社会组织发育不良、缺乏独立性,真正有购买力的社会组织不多,体育社会组织力量薄弱,难以提供高质量的服务;同时,体育社会组织公信力有待提高,体育社会组织发展不平衡也影响到购买公共体育服务。其三,关于政府购买体育公共服务的范畴及其履职问题。有的研究指出,政府购买体育公共服务的种类有限,购买范围有待拓展。周建新和王凯[5]认

---

① 戴健.中国公共体育服务发展报告(2013)[M].北京:社会科学文献出版社,2013:249.

② 王占坤,吴兰花,张现成,等.地方政府购买公共体育服务的成效、困境及化解对策[J].天津体育学院学报,2014,29(5):409-414.

③ 汪波.政府购买公共体育服务:国际经验与我国推进路径[J].上海体育学院学报,2014,38(6):25-30.

④ 郭修金,戴健.政府购买体育社会组织公共体育服务的实践、问题与措施:以上海市、广东省为例[J].上海体育学院学报,2014,38(3):7-12.

⑤ 周建新,王凯.政府购买体育公共服务的困境与突破——基于供方与买方缺陷的视野[J].体育与科学,2014,35(5):49-53.

为,政府购买体育公共服务作为一种新的理念和方法在实施过程中存在着"双重缺陷",即供给方缺陷和需求方缺陷。"供给方缺陷"包括竞争性供给市场未必存在、供方之间竞争水平较低与价格同盟威胁、政府购买体育公共服务存在负外部性问题的隐患;而"需求方缺陷"则包括"体育公共服务"界定模糊、体育需求与供给两端信息搜寻能力不足、"委托—代理"的复杂性凸显监管能力欠缺等问题。有学者还专题讨论了公共体育服务外包的政府责任及实现机制问题,并以实际案例指出了当前公共体育服务外包实践中政府履责不力的具体现象,如招标不规范或违规操作、外包服务的安排与公众体育需求错位、合同设计不完善、监管不力等问题。① 有学者指出,我国缺乏完善的公共体育服务质量水平评价及监督体系,也成为购买服务的困境。在评价方面,重效率评价轻效果评价,导致政府购买公共体育服务"自上而下"现象的存在,评价人员专业化水平、评价方式、社会公众参与度等因素影响着地方政府购买体育公共服务的实践。②

第三节　县域政府购买体育公共服务的
基本原则与范畴

2014年10月,国务院印发了《关于加快发展体育产业促进体育消费的若干意见》中将全民健身上升为国家战略后,政府向社会力量购买公共体育服务已成为重要的战略举措。在政府购买体育公共服务实践的过程中,一些地方政府先后出台了相关指导意见和政府购买服务项目指南,标志着我国政府购买公共服务活动正在从实践上升为理论,正在迈入重

---

① 陈斌,韩会君.公共体育服务外包的政府责任及实现机制论析[J].天津体育学院学报,2014,29(5):404-408.

② 王占坤,吴兰花,张斌成,等.地方政府购买公共体育服务的成效、困境及化解对策[J].天津体育学院学报,2014,29(5):409-414.

要的制度建设阶段。因此,探索和创新县域体育公共服务与市场服务的体制机制问题,就必须讨论政府购买体育公共服务中的基本原则与范畴问题。

一、县域政府购买体育公共服务的基本原则

一般而论,在制度创建过程中,原则是指导和影响重要概念的形成及其内涵的基础,并指导着具体规则的设计和变化。政府购买公共服务的基本原则是指购买公共服务必须遵守的、贯穿于整个政府购买公共服务过程的抽象性并具普遍指导意义的各项规则的总和。[①] 世界贸易组织制定的《政府采购协议》中,提出政府采购应当遵循的原则有:国民待遇原则、非歧视性原则、透明度原则和对发展中国家的特殊差别待遇原则。我国《政府采购法》第三条规定:"政府采购应当遵循公开透明原则、公平竞争原则、公正原则和诚实信用原则。"基于我国公共体育服务体系建设的现状和特点,县域政府购买体育公共服务应遵循以下几个基本原则。

(一)合法性原则

县域政府购买体育公共服务应当是建立在法律法规的基础之上,相关主体必须依据法律规范和法律精神行使自己的权力,履行自己的义务。合法性原则的本质,即凡属宪法、法律规定只能由法律规定的事项,则只能由法律规定,或者必须在法律有明确授权的情况下,才能由行政机关作出规定。否则,行政机关实施任何行政行为,其合法性将受到质疑。对于政府购买公共服务是否合法,国外学界常用法律保留原则来衡量,这对于依法行政、建设政府购买体育公共服务的制度具有特别重要的意义。政府购买体育公共服务,不仅仅是提升我国公共体育服务体系建设的重要举措,而且是体育领域行政治理的一种重要模式。如果不能够遵循法治,

---

① 项显生.论政府购买公共服务的基本原则[J].中共福建省委党校学报,2014(2):37-44.

坚守法律底线,将难以打造政府的公信力。因此,政府购买体育公共服务要根据《中华人民共和国预算法》《中华人民共和国政府采购法》等法律法规组织实施。政府购买体育公共服务的主体是各级行政机关及参照《中华人民共和国公务员法》管理、具有行政管理职能的事业单位,包括纳入行政编制管理且经费由财政负担的群团组织;承接主体包括依法在民政部门登记成立或经国务院批准免予登记的社会组织,以及依法在工商管理或行业主管部门登记成立的企业、机构等社会力量。同时,合法性原则还要求购买程序应当符合法律法规的正当程序。正当程序是约束行政机关行政活动过程的根本原则,主要体现为按照一定的顺序、方式和手续来作出决定的相互关系。政府购买体育公共服务必须引入正当的法律程序,确保购买服务活动的有序实施。

(二)公开、公平、公正原则

公开原则也称"透明度"原则,是指政府购买体育公共服务活动的一切事项都应当公之于众,所有的立法与法律适用过程公开透明,所有操作行为符合规则并受到监督。政府购买体育公共服务行使的是公共权力,使用的是公共财政,服务的是公共大众,只有坚持公开透明,才能提供公平竞争的购买环境,避免行政权力对社会、市场行为的不当干预。公开既包括购买活动相关信息的公开,又包括正当程序的公开。公平原则就是要在竞争的前提下承接主体的机会平等和地位平等。机会平等是指所有符合条件的竞争者都能参加竞争,政府不得无故排斥有资格的主体参加购买活动;地位平等是指政府给予符合条件的竞争者同等待遇,不得有歧视行为,政府作为购买者只应按照市场因素决定交易对方。坚持公平原则,将有利于督促政府按照程序和规则使用资金,提高资金使用效益。公正原则就是政府平等地对待各个可能的交易对手,严格地依照法定的条件和程序作出决定。政府购买体育公共服务是市场化供给制度的主要表现,坚持公正原则,能够保障任何单位和个人不得干预购买活动的正常开展,建立起规范的监督机制,引导各购买主体的行为方向,实现政府购买体育公共服务的制度价值。

（三）协力原则

政府购买体育公共服务的过程中有三个基本环节，即体育公共服务的供给、生产和消费，这三个环节也相应地涉及购买、承接和消费三类主体。协力原则是指在政府购买体育公共服务的实践与制度建立中，通过协商、建立合作伙伴等形式来协调各主体的关系，进而实现政府购买服务的制度治理与制度价值。特别是政府与承接主体的关系，包括政府与体育公共服务的承接主体相互依存、各司其职、共担责任，在市场竞争机制的激励下，为提供高效优质的体育公共服务而诚信建设性地行事。作为政府购买体育公共服务的协力原则，一是政府购买公共服务的权力来源于人民政府，政府不仅是政策的制定者，还应该是公共服务生产过程的监督者与激励者，并应为承接主体的过错向公共服务受益人承担最终责任；二是承接主体不仅只是生产某种公共服务，还要了解政府的意图与职责，不仅要追求自身利益更要追求公共利益，并承担可能产生的相应责任；三是公众是公共利益的指向，没有公共服务的消费，就没有公共服务的生产。公共服务消费者满足自己的消费需求，并不是通过自己去购买，而是依靠公共权力机关进行提供，消费者应是这一过程中不可或缺的环节。因此，按照协力原则，要求重构政府购买体育公共服务过程中政府与社会主体之间的关系与责任。因为政府购买公共服务的目的就在于集中建立以问题为导向、具有创造性、具有适应性和消费者参与的公共服务治理制度。

（四）责信原则

责信原则是指处于某种职位或岗位的人员对其职位或岗位职责范围内的行为、产品、决定、制定的各种政策措施及其实施，需承担由此带来的包括报告、解释、回应与受惩处等责任。政府向社会购买体育公共服务，存在着政府与公共服务承接主体重叠的责信问题。就政府而论，不仅要对购买服务担负领导责任、保障责任、管理责任和监督责任，而且要实施责任追究。同样,责信原则适用于公共服务承接主体。承接主体不仅担负着公共物品生产与服务、项目运作、专业支持、信誉保障等责任,而且也要实施责任追究。因此,政府与公共服务承接主体应该在各自的职责范围内承担相应的责任,责有攸归。国外学界将责信原则归纳为八个类别,即道德责信、行政责信、政治责信、管理责信、市场责信、法律或司法责信、选举关系责信与专业责信。可见,每一种责信都与政府购买体育公共服务有着直接或间接的关系。有学者认为,①对政府购买公共服务这样的新型公共服务治理模式,其责信制度也应按照责信原则的精神进行创新,建立混合型的责信制度,即在政府与公共服务承接主体这一合同关系当事人之间建立市场责信制度,而在公共服务受益人与公共服务承接主体间建立行政责信制度。因为,政府与承接主体之间并不是简单的雇佣关系,而是在一定的市场机制基础上,建立的契约式关系。对于政府与承接主体之间的责信,要依据市场竞争机制,根据社会公众对公共服务需求的响应性与服务的质量来评判;而对于承接主体与消费者之间的责信,要把承接主体视为合格的行政问责主体,可以独立或与政府一起承担行政责信义务。

二、县域政府购买体育公共服务的范畴

根据国办《意见》,政府向社会力量购买服务的内容为适合采取市场化方式提供、社会力量能够承担的公共服务,突出公共性和公益性。同时提到,凡属事务性管理服务,原则上都要通过合同、委托等方式向社会购买。从各地县域实践来看,政府购买服务的领域越来越广泛,购买内容不断拓展,但在购买服务中也出现一些倾向,如选择性购买,把"有权无责"的留给自己,"有责无权"扔给社会组织,"能买什么"和"优先买什么"仍

---

① 项显生.论政府购买公共服务的基本原则[J].中共福建省委党校学报,2014(2):37-44.

是核心问题之一。这些问题迫切需要理论研究予以指导实践。

（一）政府购买体育公共服务的边界及标准的讨论

从学界已有的讨论和分析来看，政府购买公共服务法律关系的客体就是公共服务。其立论的本质核心体现在"公共性"这一社会发展的根本命题和价值主张上。从学理上看，公共性有多重含义，它既是一个复杂而抽象的概念，又是一个历史性的范畴。在讨论公共服务内容属性时，我国学者杨海坤①将"公共性"的概念解释为：行政共同体通过对公共事务的管理，向社会成员提供公共服务和公共产品以满足其人道生活的需要。可见，它是"一种为满足公众需要的，由国家组织的，固定、持续地向公众提供的服务"。因此，从公共性的社会制度安排的内涵来看，购买公共服务的内容不仅是一个事实的区分，而且还是一种制度价值的体现。

政府购买公共服务能否实现制度价值的关键是要界定购买内容的边界。因为，如果购买范围过宽，必将加大政府的负担，甚至超越了经济社会发展水平，进而影响到公民权利的实现，影响到国家经济社会的发展；反之，如果购买范围过窄，不能满足公众对公共服务的需求，或者与社会组织资源不对接，那么建立政府购买公共服务制度就失去了意义。因此，必须要科学界定政府购买公共服务的范畴和标准。

从学理上看，界定政府购买的范畴就必须要解决"如何界定"的问题。"如何界定"就是一定标准和原则的适用过程。如上所述，合法性原则中的法律保留条款就是界定购买范围的基本遵循。我国学者通常对行政的理解是：国家行政机关或其他特定的社会组织为实现公共利益对公共事务进行组织、管理的活动及其过程，并将购买公共服务看作是给付行政。在对购买公共服务边界认识上，国外学界先后出现过"侵害保留说""全部保留说""重要事项说"等不同的学说。有的认为政府购买公共服务是给付行政不需要干预；有的认为政府购买公共服务虽然是给付行政，

---

① 杨海坤.现代行政公共性理论初探[J].法学论坛,2001,16(2):26-32.

但是有必要对其进行干预。项显生①认为，即使是给付行政，如果没有设定边界，那么政府就可能按其偏好设定购买范围，而不是根据公众的需要设定范围。各种学说中，"重要事项说"更符合政府购买公共服务制度的要求。即在给付行政中，凡涉及人民的基本权利的实现与行使，以及涉及公共利益尤其是影响共同生活的重要基本决定，必须符合法律法规的规定。该学说在政府购买公共服务实践中有重要的指导价值，因为购买公共服务的项目中，重要事项保留可以具体化和操作化。实际上，理论探讨和实践运作中一直在进行重要性的具体化工作。欧美有关国家购买社会组织提供的公共服务，政府作为公共利益的代表者，要求按与其地位向符合的基准来行动，并有健全的立法规定和一系列较为严格的操作程序、监管制度来保障重要事项的落实。国务院印发的《国家基本公共服务体系"十二五"规划》及《国家基本公共文化服务指导标准（2015—2020年）》，应该属于政府购买公共服务国家层面的重要事项。

那么，判断重要事项的标准是什么？台湾学者许宗力研究后认为，判断重要事项包括以下几个方面，其一，受规范人范围的大小。通常受规范人的范围越广，表示该规定对公众的影响越大，对公共事务就越有重要意义。其二，影响作用的久暂。通常越具有长期影响作用的，就越具有公共事务重要性等。其三，财政影响的大小。凡公共事务需要动用大量财政资金的，越具有公共事务重要性。其四，公共争议性的强弱。凡事务对于公共意见的形成过程中，已经或者可预期引发公众争议的，通常具有公共事务重要性，且争议越强的越重要。其五，现状变革幅度的大小。变革越大，引发的争议势必越大，越有公开详尽的讨论的必要，越有法律保留的必要。其六，与现行法比较，针对某项特定问题或事务，立法者如果曾因其重要性决定以法律来规定，则今天面临相同或类似内容的新事务或新

① 项显生.论政府购买公共服务的基本原则[J].中共福建省委党校学报,2014(2)：37-44.

问题,就应同样肯定其重要性。① 因此,何为重要事项不是不可确定的,但需要在理论和实践探索中建立并完善判断标准。

(二)确认购买体育公共服务内容的方法与实践抉择

政府购买公共服务范围可以通过"重要事项说"的判断标准来进行界定。但不同国家和地区对政府购买公共服务的法律规制要求并不一致,具体购买内容又因区域发展水平等因素差异很大。根据国办《意见》,我国在教育、就业、社保、医疗卫生、住房保障、文化体育及残疾人服务等基本公共服务领域,要逐步加大政府向社会力量购买服务的力度,提出到2020年建立起比较完善的政府向社会力量购买服务体系。因此,各个领域购买的具体内容如何确定,现行购买服务的项目如何得来,是否存在优先次序,值得学界深入探讨。

如前所述,根据公共物品理论,应该合理确定中央政府与地方政府各自购买公共服务的范围和内容。也就是说,合理划分中央与地方的事权与财权,以达到公共资源的最优配置。发达国家公共体育服务发展的新趋势之一,就是中央与地方在公共体育服务供给中的分层与分权。必须由中央政府购买的内容不能下放给地方政府,地方政府也要按照中央政府制定的购买公共服务的相关政策和法规,结合自身区域的特点,合理地确定购买公共服务的具体内容等相关事项。朱毅然在分析发达国家政府购买公共体育服务经验的基础上,认为政府是纯公共体育服务唯一的生产方,这些公共体育服务政府不能去购买,政府购买的是准公共体育服务,并提出了确认购买内容的具体方法:一是各级政府利用科研课题的形式,吸引体育界的学者去研究公共体育服务的内容构成;二是组织专家研讨会议明确公共体育服务内容;三是举行听证会或利用网络等现代化渠道,大量收集群众的意见和建议;四是政府根据群众的实际需求、政府自身能力和专家的建议,确定现阶段政府应该购买的公共体育服务内容。

---

① 许宗力.法与国家权力[M].台北:台湾月旦出版公司,1993:189.

同时建议,为了体现社会主义社会的优越性,在具有消费的弱选择性和生产的弱竞争性特征的部分私人服务,如对弱势群体的很多私人性质的公共体育服务最好也纳入政府采购名单中。①

在探索政府购买公共服务实践过程中,中央和地方政府相继出台了一系列文件,有效推动了购买服务工作制度化、规范化。从国家层面来看,2013 年国办《意见》的出台,为各地因地制宜推进政府购买服务提供了制度框架,为社会组织承接政府服务提供了制度保障。同年 12 月,财政部发布《关于做好政府购买服务的实施意见、办法和具体措施》,对尽快形成中央与地方衔接配套、操作性强的政府购买服务政策体系提供了有效的指导。2015 年 5 月,国务院办公厅转发文化部、财政部、新闻出版广电总局、体育总局《关于做好政府向社会力量购买公共文化服务工作的意见》(国办发〔2015〕37 号),该意见中提出了 5 大类主要内容:公益性文化体育产品的创作与传播,公益性文化体育活动的组织与承办,中华优秀传统文化与民族民间传统体育的保护、传承与展示,公共文化体育设施的运营和管理,民办文化体育机构提供的免费或低收费服务等内容。从地方层面来看,上海、广东、山东、江苏、山西等省市先后出台政府购买服务配套政策或暂行办法,并进行初始实践,为进一步探索政府购买公共服务体系积累经验。例如,江苏省本级向社会组织购买公共体育服务暂行办法中确定了 5 大类主要内容,主要包括开展群众体育活动和青少年体育活动;组织运动员、教练员、裁判员和社会体育指导员等方面的培训;国民体质检测与健身指导;体育公益性宣传;其他适宜由社会组织承担的公共体育服务事项。山西省发布的《2014—2015 年山西省政府向社会力量购买服务指导目录》中(见表9-2),有 6 大类、57 款、316 项,其中,公共体育类包括 8 个购买项目,而在公共文化类中没有体育文化类项目,基本

---

① 朱毅然.发达国家政府购买公共体育服务的经验及启示[J].天津体育学院学报,2014,29(4):290-295.

公共教育类中仅有全省性学生竞赛、活动的组织和实施工作。常州市2013 年颁发《关于购买公共体育服务的实施办法》中,确定了 11 项购买内容,主要包括承办市级以上的各类体育赛事(活动);组队参加省级以上各类体育赛事(活动);业余训练等项目的培训;社会体育指导员等的教育培训;运动员、教练员、科研人员和管理人员的教育培训;学校等企事业单位的体育设施向社会开放服务;体育场馆的经营管理;全民健身活动站(点)的管理;国民体质监测;体育中介服务;公共体育服务的其他项目。由此可见,各地、县市在购买内容上差异很大,区域之间发展不平衡,购买服务已经向群众体育、竞技体育、体育产业、体育文化、健身休闲等领域上扩容和拓展。

表 9-2 2014—2015 年山西省政府向社会力量购买服务指导目录
(基本公共教育类、公共文化类、公共体育类)

代码	一级目录	二级目录	三级目录
A	基本公共服务事项		
A01		基本公共教育类	
A0101			公共教育规划和政策研究、宣传服务
A0102			公共教育资讯收集与统计分析
A0103			公共教育基础设施管理与维护
A0104			公共教育成果质量评估
A0105			公共教育成果交流与推广
A0106			全省性学生竞赛、活动的组织和实施工作
A0107			其他政府委托的教育服务
A12		公共文化类	
A1201			公共文化规划和政策研究、宣传服务
A1202			公共文化资讯收集与统计分析
A1203			优秀传统文化与非物质文化遗产保护及传承传播
A1204			公共文化基础设施的管理与维护服务

代码	一级目录	二级目录	三级目录
A1205			政府举办的公益性文艺演出
A1206			政府组织的公益性艺术品创作
A1207			政府组织的文化交流合作与推广
A1208			文物保护的辅助性工作
A1209			政府组织的群众性文化活动组织与实施
A1210			其他政府委托的文化服务
A13		公共体育类	
A1301			公共体育规划和政策研究、宣传服务
A1302			公共体育基础设施的管理和维护服务
A1303			公共体育资讯收集与统计分析
A1304			公共体育运动竞赛组织与实施
A1305			政府组织的群众性体育活动组织与实施
A1306			政府组织的体育职业技能再培训
A1307			政府组织的国民体质测试及指导服务
A1308			其他政府委托的体育类服务事项

注：资料来自山西省人民政府：《关于印发山西省政府购买服务暂行办法的通知》，晋政办发〔2014〕39号。

第四节　县域政府购买体育公共服务的运行机制与路径选择

政府向社会力量购买服务，是改革和创新公共服务提供方式、加快服务业发展、引导有效需求的重要途径。作为一种新型的公共服务供给方式，其顶层设计在国家层面初步完成，并已上升为国家战略决策。政府购买服务的初衷是引入市场竞争机制并达到两个主要目标，即提高公共服务质量和降低成本。市场机制和社会组织引入公共服务领域，意味着政府与社会组织的关系发生了根本性改变。实践证明，在地方政府购买体育公共服务的运行机制和路径选择等方面,亟待深入的分析和讨论。

一、县域政府购买体育公共服务的运行机制

制度安排是一个复杂并需仔细运作的过程。根据国办《意见》,各地要按照公开、公平、公正原则,建立健全政府向社会力量购买服务机制。因循着"购买什么、向谁购买、如何购买、购买效果"的逻辑思考,在总结地方实践经验基础上,主要讨论政府购买体育公共服务的运行机制。由于我国县域经济、文化传统、资源禀赋各异,依据 Goggin 等人政策执行的自上而下、自下而上及综合整合的阶段论,[①]课题组在实地考察和总结地方实践案例基础上,创建地方政府购买公共体育服务政策执行与实施的核心机制(见图 9-1 和图 9-2)。

(一)政府购买体育公共服务的动力机制

政府购买体育公共服务的动力机制是指购买主体以满足广大人民群众不断增长的体育需求为动力源的运作过程及其运作效应。体育公共服务的基本宗旨是促进人民体质健康,人民对体质健康的需求属于生活的基本需求,构成对政府公共服务的基本诉求。严格地讲,人们对公共产品的需求,才是产生政府制度和政府职能存在的理由。一般而言,对公共产品的需求是全社会的需求,而全社会的需求又是由众多的个人需求综合而成,需求的满足程度可以通过需求总量和需求结构的满足来衡量。随着社会进步和经济发展,人们对公共产品提供上具有数量的增加和质量的提高的需求,这种需求变化是影响政府行为的最基本的因素,构成了政府购买服务的原动力。

经过 40 年的改革开放,我国一跃成为世界第二大经济体。伴随经济快速发展,公众消费结构升级,从生存性消费向发展性消费转变,物质性

---

① Goggin M L,Bowman A O M.,Lester J P.Implementation Theory and Practice[M].Toward a Third Generation.New York:Harper Collins,1990.

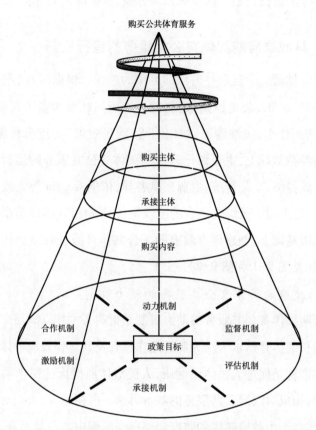

图 9-1　地方政府购买体育公共服务的政策执行与运行机制模型

消费需求减少,服务性消费需求明显增多,特别是最终消费和居民消费对经济的拉动作用日益强劲。根据 2014 年上半年的数据,最终消费对 GDP 增长的贡献率是 54.4%,拉动 GDP 增长 4 个百分点,国内消费已经超过投资和出口,成为最主要的经济增长推动力量。我国城镇化水平从 2011 年开始超过 50%,2014 年估计会达到近 55%,一方面是人口向城镇的快速集中,另一方面是出现了城镇郊区化和逆城镇化的现象,预示着一种新的城镇化态势到来,即城乡一体化的提升,孕育着巨大的新的发展空间。① 人口老龄

————

① 李培林.社会变迁新态势与社会治理[N].光明日报,2015-01-12.

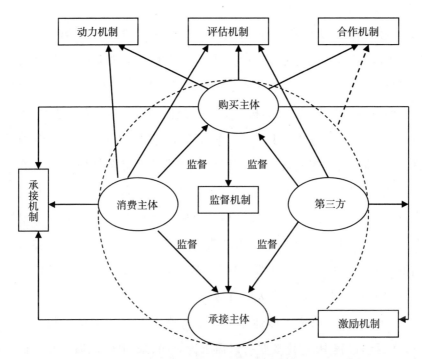

图 9-2 地方政府购买体育公共服务政策执行机制关系

化、空巢化加剧,到 2015 年,我国 60 岁以上老年人口将达到 2.16 亿,约占总人口的 16.7%,年均净增老年人口 800 多万,超过新增人口数,城乡空巢家庭超过 50%,部分大中城市达到 70%。这些变化促使国家、社会和个人对公共体育服务需求迅速增长,并呈现出多元性、多样性和层次性特征。① 全面迅速增长的公共服务需求开始形成新时期改革发展的新的动力和压力,县级政府感受尤其深刻。同时,随着公共服务领域不断扩大,财政供给能力不能满足需求的压力也在不断增加,因此,为了提高社会治理能力、改善社会服务质量和效率,打破原有社会体制僵局,弥补政府公共服务资源供给的不足,迫切需要创新公共服务供给途径,采取向社

① 王占坤,吴兰花,张现成,等.地方政府购买公共体育服务的成效、困境及化解对策[J].天津体育学院学报,2014,29(5):409-414.

会组织购买公共服务的机制。

政府购买公共体育服务可以有效实现公共体育服务供给的多元化，最大限度地满足公众日益增长的多样化公共体育服务需求，保障了公民体育权利，而且还保证了公共体育服务需求作为内在动力具有不可遏制地向前发展的趋势。其动力机制的运行包括动力源的开发及培育、需求表达与传递、运作方式与手段三个重要环节。其一，在动力源的开发及培育上，各地要充分把握城乡居民对公共体育服务需求的结构特征，即在不同区域、不同人群层面上，要充分考虑社会各阶层和群体的利益，把均衡享受公共体育服务作为动力源及培育的基本原则，以社会融合为价值取向。其二，在对公共体育服务需求表达与传递上，各地要根据实际，在向群众问需的基础上筛选服务项目，从"政府套餐"逐步过渡到"群众点菜"的机制，尤其是在广大的县域农村地区；在动力传递上，建立政府主体、承接主体、消费主体通过一定的媒介互相传递的运行机制。其三，在运作过程中，一定要坚持以需求为导向，采用区域、城乡和人群分层梯度推进的方式，充分发挥新媒体的功能，实现需求动力的培育、转化、传递和反馈。

（二）政府购买体育公共服务的承接机制

政府购买公共服务的承接机制是指政府通过一定的程序选择公共服务承接主体，并由承接主体向公共服务受益人提供公共服务的运行机制，包含承接主体准入条件、承接程序、承接方式以及信息公开程序等内容，是政府购买公共服务的核心机制之一。[①] 承接机制主要解决"向谁购买"及"如何购买"的问题，根据国办《意见》，承接主体包括社会组织、企业、机构等社会力量。购买主体、承接主体及消费主体在该机制的运行中，权利义务相互交织，遵守各自的角色规范，成为政府购买活动良性运转的有效保证。

---

① 崔卓兰,周隆基.社会管理创新与行政给付新发展[J].当代法学,2013(1):53-60.

在该机制运行中,从世界发达国家政府购买公共体育服务实践来看,政府设有专门的管理部门全权负责政府的购买行为。政府负责承接主体的准入条件、设定承接程序和选择承接方式,并据此来确定承接主体。所有具备公共服务提供资格的单位、组织或自然人都是潜在的承接主体。在承接程序方面,根据是否具有竞争性,可分为竞争性选择程序和非竞争性选择程序。竞争性选择程序是政府通过公开招标等形式向不特定承接主体发出招标邀请,并通过公开评标等方式来确定报价最低、效率最高、提供服务品质最好的承接主体的选择方法。非竞争性选择程序是指政府未采用公开招标的形式,而是通过询价采购、单一来源采购等形式来选定承接主体的选择方法。竞争性选择程序通常具有事先设定选择标准、一次投标、一次决定以及不允许私下协商与谈判的特点,被认为是最有效的最符合市场竞争规律以及最具有民主精神的承接主体选择方法而深受欢迎,并被多数国家采用。① 具体实践中,如果出现无法采用竞争性选择程序,非竞争性选择程序可作为必要的补充。国内规定,承接主体的具体准入条件由购买主体会同当地财政部门根据购买服务项目的性质和质量要求来确定。从国内实践经验来看,承接程序主要有三种类型:一是公开竞争型,规定只能以公开竞争的方式进行;二是公开竞争与定向选择结合的混合型,即采取公开招标和定向购买相结合的方式进行;三是内部审评型,即由承接主体提出申请,再由政府组织专家进行评审。②

承接方式是承接机制中另一重要内容,即政府通过何种方式来落实承接的公共服务。世界各国有不同承接方式,主要有特许经营、政府拨款、凭单制、志愿者及公共服务自助。③ 项显生将上述承接方式分为财政支持类与非财政支持类。政府拨款、凭单制属于财政支持类;特许经营、

---

① 安瓦·沙.公共服务提供[M].孟华,译.北京:清华大学出版社,2009:86.
② 项显生.论我国政府购买公共服务承接机制[J].河南社会科学,2014,22(10):56-60.
③ 安瓦·沙.公共服务提供[M].孟华,译.北京:清华大学出版社,2009:86.

志愿者及公共服务自助则属于非财政支持类。从已有的实践案例来看,政府大部分的购买项目属于财政支持类,但非财政支持类承接方式有逐渐增多的趋势,甚至有些国家探索二者混合的承接方式,也取得了较好的效果。① 国内根据经费拨付方式不同,主要采用合同制拨款、政府直接资助和政府补贴三种方式。② 目前,各地采用较为广泛的有三种方式:一是定向委托、"费随事转",主要适用于社会组织承接政府转移职能;二是公布项目、公开评审,主要适用于以专项资金支持社会组织开展公益、社会服务项目;三是公开招标,主要适用于政府向社会组织购买有关社区或特殊群体的公共服务。毫无疑问,发展以竞争性选择为主的多元化承接方式,是未来政府购买服务的基本方向,而基于消费者主体的角度,凭单制则更能满足消费者的自主选择权。

承接机制运行中的另一个重要环节就是政府购买信息公开及其程序的问题。根据《中华人民共和国政府信息公开条例》规定,涉及群众切身利益、需要公众广泛知晓或参与的事项,都必须公开。因此,建立良好的政府购买公共服务承接机制必须完善信息公开程序。项显生③提出了信息公开程序的四个基本要求:第一,要明确公开要求,即规定所有与政府购买公共服务的相关信息都必须公开,承接主体没有履行公开信息义务要追究相应的责任。第二,要界定公开范围,政府购买公共服务的基本信息,包括所购服务的范围、标的、数量、质量要求,以及服务期限、资金支付方式、权利义务和违约责任等;承接主体的基本情况、评估情况和审计报告等。第三,要遵循平等的原则,即所有与政府购买公共服务有关的承接主体都是公开主体。第四,确定公开载体,政府应该建立多种渠道,特别是利用互联网等现代媒体进行信息公开工作。

① 朱利安·勒·格兰德.另一只无形的手——通过选择与竞争提供公共服务[M].韩波,译.北京:新华出版社,2010:187.
② 王辉霞.组织的社会责任研究[J].当代法学,2012(4):104-110.
③ 项显生.略论我国政府购买公共服务承接机制[J].河南社会科学,2014,22(10):56-60.

（三）政府购买体育公共服务的激励机制

政府购买体育公共服务的激励机制是指购买主体为了实现社会价值目标，按设定的标准和程序，依据绩效评估的结果，鼓励和支持社会组织、企业、机构等社会力量和消费者参与政府购买行为的过程。基于发达国家政府购买公共体育服务的实践经验，激励机制不仅要确定激励的方向，还要确定激励的方式和手段。现阶段激励机制运行的核心环节，主要体现在采用优惠政策、荣誉称号、勋章等激励方式上。

优惠政策通常作为各国政府购买公共服务采用的激励方式之一。政府购买公共服务不平衡是一种普遍现象，如前所述，国内购买公共体育服务，一是地区发展不平衡，东部沿海地区政府购买服务工作起步早、步子大，相关制度和配套政策相对完善，而中西部大多数地区则处于起步阶段；二是城乡发展不平衡，购买服务项目基本上在城镇，受惠人群以城镇居民为主，广大的县域农村地区存在着空白很多；三是领域发展不平衡，购买服务主要集中在社会事务事项较多，行业性服务与管理类较少。这些不平衡就是实行优惠政策的现实依据。优惠政策可看作是一种政府为优先发展重点领域或优化投资环境而采取的一种人为的弥补措施。优惠政策作为政府购买公共服务的一种激励方式，其运作过程的基本要求是：第一，明确优惠对象。如英国文化媒体和体育部（DCMS）在公共服务协议中，重点强调通过有效的激励措施鼓励低收入人群、黑人及少数民族居民的相关消费和参与体育活动。国内则要加大对体育社会组织购买体育公共服务的优惠，特别是草根体育组织的支持力度，同时要加大对中西部地区购买体育公共服务的优惠，促进政府购买服务地区、城乡发展的相对平衡。第二，在财政方面倡导以间接优惠为主。如挪威的 BHSC 体育康复中心，残疾人等弱势群体可以享有免收检测费、路费、住宿费等诸多优惠政策，由政府通过税收优惠等方式对 BHSC 体育康复中心进行补偿。第三，尽量减少优惠政策带来的负面效应。如一些政府部门及其工作人员凭借优惠政策向下属行业协会购买服务，或个别社会组织为获得资源而注册登记、跑马圈地。第四,基于激励的竞争政策与基于规则的竞争政策齐头并举。前者指的就是优惠政策,后者则涉及极为广泛的各种政府行动,只有两者有效配合,才能确保激励机制的良性运作和持续发展。如日本和英国政府对参与公共体育服务的社会组织,优先给予公益法人或特定公益法人的地位,不再需要经过烦琐的税务部门的审核,即可自动享受税收优惠服务。[①] 公共服务质量奖是政府购买公共服务又一种激励方式,起源于英国。这种奖励最初是在数量固定的优胜者中间竞争产生,后来演变成一种根据某些固定标准而颁发的奖励。例如,深圳市龙岗区在借鉴欧洲《通用评价框架》的基础上,以《公共服务卓越绩效评价准则》为标准,于2011年开展了国内首个区长公共服务质量奖活动,引导和激励更多的组织建立和实施公共服务卓越绩效模式,从而整体提高辖区的公共服务质量水平。

荣誉称号、勋章等属于符号型激励方式,是对社会组织或个体在政府购买公共服务中的行为方式和价值观念给予的认可。新加坡的公共服务享誉全球,与其不遗余力地建立政府支持的公共服务激励机制密切相关。例如,要求行政部门根据服务对象、内容建立服务使命和信念,并向公众公开,授予不同等级的勋章。最高级别的可得到由总统亲自颁发的公共服务勋章(PBM)和公共服务星条勋章(BBM,BBML)。[②]

完整的激励机制在政府向社会力量购买公共服务活动中发挥着重要作用,对建立鼓励社会组织参与公共体育服务供给,提升政府购买公共服务活动的效率,持续改进公共体育服务质量有着重要的实践价值。

(四)政府购买体育公共服务的评估机制

任何一个评估活动都是一个系统,该系统由各个主体及相互的关系构成。政府购买体育公共服务的评估机制是指为做好项目评审和绩效评

① 古惠冬.对我国优惠政策的再思考[J].改革,2000(6):42-46.
② 刘志欣,等.非政府组织管理:结构、功能与制度[M].北京:清华大学出版社,2013:87.

价工作,由评估主体、评估客体、评估指标、评估方法、评估程序等组成的一个相互联系的系统及其运行机理。评估作为政府向社会力量购买服务的一个重要机制,是政府购买公共体育服务质量和效率的保障,从某种意义上而言,是保证政府购买活动持续、稳定、健康发展的一种具体的实践和操作。评估机制主要解决“做了什么”及“获得什么效果”的问题。因此,按照评估体系的一般组成结构,重点分析购买活动中的项目评估和绩效评估机制。

　　一般来说,政府购买公共服务的项目评估可以分为对承接单位资质的事前评估、承担项目服务期间的中期评估、公共服务最终结项评估等三类。对于公开招标的项目而言,由于在招标过程中已经对承接单位的资质有明确要求,中标组织已经满足资质要求,所以只需要后面两类的评估。而对于定向购买的公共服务或者很难进行公开招标的项目服务来说,社会组织事前的资质评估是必不可少的,有助于后续评估工作的顺利开展。① 政府购买公共体育服务的绩效评估则可分为效率评价和效果评价两个方面,效率评价较为客观,效果评价较为主观。因此,制定科学合理、操作性强的绩效评估指标体系,就成为绩效评估机制实施的关键。借鉴国内外有益成果,引入第三方独立评估机构,建立由购买主体、服务对象及第三方组成的项目评审和绩效评估机制,已成为政府购买公共体育服务评估机制的重要趋势。关于第三方评估,已有一些地方政府在购买服务活动中开始实践,如“上海全民健身发展300指数”项目评估和“浦东新区综合体育评估”都尝试了引入第三方评估和政府技术服务招标的形式,取得了良好的效果。②

　　规范化的项目评审和绩效评估机制,其运作的主要结构程序是:
　　其一,确定评估主体。评估主体指的是设计与主持整个评估活动的

① 徐家良,赵挺.政府购买公共服务评估机制研究[J].政治学研究,2013(5):87-92.
② 刘国永,杨桦.群众体育发展报告(2014)[M].北京:社会科学文献出版社,2004:28-46.

人与机构。评估主体可能是某一个人、某几个人或某个团体、某个机构，在评估实践中具体可包括购买主体、社会组织、第三方评估组织等，他们各自为评估提供不同方面的信息。

其二，确定评估客体。评估客体指评估所作用的独立存在的实体，包括承接单位、社会组织或个人，都可能成为评估的对象。

其三，评估指标体系。评估指标反映了评估者的某些目的和期望，政府购买服务活动中，主要根据购买目的、购买主体、承接主体、购买内容等来建构指标体系，通常又通过需求评估、质量评估和效果评估来实现评估兑现。

其四，评估方法。项目评审和绩效评估的方法很多，各种方法都有其适用对象和范围。重要的问题是要根据购买主体的目的和要求，设计既适合评估目的，又适合组织自身的特点的方法，还应该综合考虑评估成本、购买模式、时机与有效性，使评估发挥改善绩效的功用。

其五，评估程序。评估程序是指进行评估活动应遵循的先后顺序。一项评估活动包括收集信息、明确评估目标、制订评估计划、建立评估标准、确定评估主体、培训评估人员、进行评估工作、评估结果反馈等环节，各环节构成一个有机整体，确保政府购买公共体育服务的质量和效率。

（五）政府购买体育公共服务的监督机制

扎实推进政府向社会力量购买服务工作，健全和完善的监督机制成为当务之急。政府购买公共服务的监督机制是指不同监督主体对政府购买公共服务的内容、过程和成效进行全方位，全过程监督的工作机制总称。① 对政府购买公共服务进行监督既是政府正确履行职权的必然要求，也是实现政府购买公共服务这种制度内在价值的重要保障。监督机制的首要任务是强化政府提供基本公共服务职责，防止政府滥用公权力，

---

① 项显生.我国政府购买公共服务监督机制研究[J].福建论坛（人文社会科学版），2014(1):167-175.

终极目标是营建公平的市场环境,提高政府购买公共服务的质量和效率。

政府向社会力量购买公共服务的监督管理依据主要是《中华人民共和国政府采购法》及地方性法律规章。国内地方政府购买公共服务的实践表明,现行监督机制主要体现在行政部门的内部监督上,而外在的社会性监督、专业性监督不足,容易造成政府部门集运动员与裁判员于一身的现象。这种内部监督在实践中主要形成了三种模式:一是政府购买公共服务职能部门开展的监督模式;二是政府财政、审计、监察等部门组成的联合监督模式;三是政府组成专门机构进行监督的模式。各种监督模式体现了注重政府内部的自我完善和修复作用,为形成和完善我国政府购买公共服务监督机制进行了积极的探索,并积累了丰富的实践经验,但仍存在监督依据不统一、监督内容模糊不清、被监督对象缺位和监督能力不强等问题。①

建立与完善政府购买公共服务监督机制,重点实施好以下几个环节:

其一,建立公正、多元、完备的监督体系。根据国办《意见》,政府向社会力量购买服务是按照政府主导、部门负责、社会参与、共同监督的要求来开展的。多元化是指监管主体不仅是政府,还应该包括受益的社会公众、专家学者和媒体。项显生认为,当前最迫切的是要强化自我监督、外部监督以及责任追究机制的构建。自我监督机制是基础,外部监督机制是补充,责任追究机制是关键。完备的监督体系,还体现在评估机制与监督机制有机结合上,并加大监管和惩处的力度。

其二,明确监督对象和监督内容。政府购买公共服务的职能部门以及承接主体均是监督对象。职能部门包括管理、民政、财政、审计、监察等部门以及与公共服务品质有关的部门如工商、质量监督等。公共服务的承接主体自然是主要的监督对象,包括承接主体内部的资质情况、服务产

---

① 项显生.我国政府购买公共服务监督机制研究[J].福建论坛(人文社会科学版),2014(1):167-175.

品的使用标准以及员工的敬业和专业化程度等都属于监督对象,尤其是公共服务质量的控制体系更是其监督对象。科学界定监督内容才能保证政府购买公共服务监督的有效性。当前立项监督、执行监督、服务质量监督是政府购买公共服务的重点监督内容。立项监督的重点是立项的合法性、必要性、合规性、可行性和规范性。执行监督的重点是招投标阶段的公开透明性、公平参与性、程序公正性和专家民主性;合同管理阶段的合同履行情况、专人负责、关键环节、标准执行等;资金拨付阶段的预算安排、使用计划、约定拨付等。服务质量监督的重点是服务的标准化、满意度测评和服务信用记录等。

其三,加强政府购买公共服务信息化建设。政府购买公共服务信息化建设是监督机制运行的重要组成部分,《中华人民共和国政府信息公开条例》为信息公开提供了法律基础。信息化监督就是通过信息平台,将政府购买活动中的政策决策、购买事项、工作程序、制度和方式等信息移植到信息管理系统,并按照操作权限对购买过程进行全方位、全环节的实时动态监督。政府购买公共服务监督机制运行的关键环节:一是实施购买公共服务信息发布制度;二是公开购买工作的全程信息;三是信息公开监督制度;四是利用信息平台做好宣传引导。从构建政府购买公共服务监督机制的未来设想来看,有学者提出了"一库两平台"建设的基本思路,即"一库"是指建立全国政府购买公共服务的统一基础数据库,"两平台"是指"政府购买公共服务信息平台"和"政府购买公共服务监督平台",这一思路对政府购买公共服务信息化建设的顶层设计,完善地方政府购买公共服务信息公开监督机制有一定的参考意义。

其四,开展第三方专业化监督工作。如上所述,政府购买体育公共服务的监督主体具有多元性,还具有独立性。独立性是指监管主体是具有一定资质的第三方机构或人员,如高校体育专家学者、体育科研院所、会计事务所、法律事务所、审计事务所等,这些人员和机构在监督监管服务质量方面具有明显优势,既能保证监督监管的客观性和公正性,又能确保监督的专业性和科学性。因此,建立与完善政府购买公共服务监督机制,要大力推广第三方专业化监督工作。

总之,政府向社会力量购买公共服务,需要建立一系列运行机制,它是一个复杂的系统工程,除了上述讨论的机制之外,还包括主体间合作机制、社会组织扶持机制、公众参与机制及发展创新机制等,这些机制共同作用,推动着政府购买公共服务的制度模式富有实效的向前发展。

二、县域政府购买体育公共服务的路径选择

政府购买体育公共服务作为公共服务市场化最主要的制度安排之一,其实践功能和价值优势备受推崇。如上所述,政府购买公共体育服务在我国尚处于起步探索阶段,尽快形成中央与地方衔接配套的政策体系,健全政府购买公共体育服务实施的运行机制,提高体育社会组织承接能力,通过购买服务促进基本公共体育服务均等化、标准化和多元化,成为政府购买服务的必然选择。

(一)完善购买体育公共服务的法规及相关制度

建立与完善政府购买公共服务相关法律、法规和制度,是政府购买公共服务法律法规的基石。随着我国政府购买公共服务的快速发展,制定和完善相关法律法规迫在眉睫。因为政府购买体育公共服务具有连接政府与社会组织、市场的特殊属性,也决定了政府购买体育公共服务的价值导向以及购买行为本身的规范性和示范效应,要比政府其他行为更加直接、更具有影响力。因此,政府购买体育公共服务的模式、方法、范围、程序、绩效和价值取向都应该纳入法律的规制和价值引领的范畴。具体说来,一是制定政府购买社会力量服务的专门法律法规,或在现行《中华人民共和国政府采购法》和《中华人民共和国招标投标法》中增加政府购买社会力量服务专门条款;二是探索制定政府购买公共文化体育服务的相关条例及配套政策,完善财税等配套扶持政策,建立政府购买公共文化体育服务的资金预算及资金配套的刚性约束机制;三是鼓励各地结合实践

经验和实际情况制定上下结合的政策体系,包括地方性法规、规章、条例、暂行办法、实施方案等。

(二)加大培育扶持体育社会组织力度

政府购买体育公共服务的发展状况很大程度上取决于体育社会组织发育程度的高低。体育社会组织的建设和发展,不仅仅是承接政府购买公共服务,而且是国家治理体系和治理能力现代化的重要组成部分。如前所述,我国体育社会组织定位不清晰,政府和社会组织的职能、权力、责任边界尚未制度化和规范化,社会组织内部结构和运行机制不完善,基层体育社会组织发育滞后,承接服务能力普遍不足,参与政府购买体育公共服务的程度极不平衡。因此,加强体育社会组织建设,构建并形成其与政府、社会、市场的良性互动,加大对体育社会组织的资金、人才、政策支持力度,成为政府购买体育公共服务的重要路径。2015 年 7 月,中共中央办公厅、国务院办公厅印发了《行业协会商会与行政机关脱钩总体方案》(以下简称《方案》),为完善支持体育社会组织发展提供了明确的政策要求,也为促进体育社会组织规范发展提供了契机。具体而论,一是全国性体育社会组织,要按照《方案》总体要求和基本原则,明确职责分工,分步推进,精心组织实施,将承接公共体育服务能力建设作为组织发展的主要目标之一;二是加大对体育社会组织的经费投入力度,建立扶持体育社会组织发展和购买体育公共服务的专项资金制度,并制定资金管理办法,明确政府向体育社会组织购买公共服务的范围、项目、标准、方式和程序,提高体育社会组织服务水平和效率;三是加大对民间、欠发达地区、少数民族、农村体育社会组织的支持力度,对未登记的体育社会组织实施备案制度,鼓励和引导其对政府购买公共体育服务活动的参与,弘扬其在志愿服务精神和价值引领方面的独特作用。

(三)推广运用政府和社会资本合作等模式

政府购买体育公共服务要坚持社会化、市场化改革方向。围绕使市场在资源配置中起决定性作用和更好发展政府作用,鼓励各地在购买体育公共服务模式和方式的创新与探索。如前所述,独立关系竞争性购买是一种较为理想的购买模式,它体现了政府与社会组织之间的关系更为独立与平等,契约精神更得以彰显。但从我国各地政府购买公共服务的实践来看,这一模式采用较少。当然,随着选择范围的扩大,竞争性购买意味着政府购买服务的交易成本的上升,这使得扩大竞争能否真正实现资源的最优配置成为值得思考的话题。① 因为,我国现在正处于特定的发展阶段,公共服务整体水平正在提升,但相关问题不可回避,如市场经济体制并不完善,尤其是社会组织发育不良,能力较弱,对政府依赖较大。在这些因素的共同诱致下,政府购买公共服务的模式的实质是在公共服务领域引入市场和社会力量的参与,倡导公共服务公私混合供给的多元模式。因此,当下的 PPP(Public-Private-Partnership)制度供给创新在国内引起前所未有的高度重视,有关管理部门已将 PPP 译为"政府与社会资本合作"。恰是 PPP 的机制创新带来一种使政府、企业、专业机构于合作中形成公共服务绩效升级效益,其具体的运作模式,作为政府购买体育公共服务的一种路径,有望展示异乎寻常的亮色。②

（四）持续改进和提高体育公共服务质量

政府向社会力量购买体育公共服务,已成为重大的民生工程。从应然状态来看,政府购买公共服务遵循的是一种技术化的治理路径,然而,在实际运作过程中,政府购买公共服务呈现出一些异化情境。③ 社会组织虽然承接了越来越多公共服务项目,但所提供服务的质量不高,是一种低水平的重复发展;社会组织所提供的公共服务没有惠及公众,而是停留在政府内部。④ 当前国外购买公共服务范式转换的一个重要趋势是,不

　　① 张海,范斌.政府购买社会组织公共服务方式的影响因素与优化路径[J].探索, 2013(5):150-155.

　　② 贾康.PPP:制度供给创新及其正面效应[N].光明日报,2015-05-27(015).

　　③ 吴月.政府购买公共服务的异化[J].天府新论,2014(6):103-108.

　　④ 李春霞,吴长青,巩在暖.体制嵌入、组织回应与公共服务的内卷化——对北京市政府购买社会组织服务的经验研究[J].贵州社会科学,2012,276(12):130-132.

论是政府管理部门还是社会组织承接主体,质量和顾客被置于首要地位,公众参与和听证成为一项重要制度。越来越多的学者已经指出,公共服务供给并不是纯粹的技术过程,它还是一个价值构建和社会参与的过程,正逐步演变为持续改进公共服务质量的活动。这预示着国内购买体育公共服务,不仅要关注体育公共服务的广度,还要关注公共服务的深度和细节,更要关注公共服务的项目和品质。把持续改进和提高体育公共服务质量作为政府购买公共服务的重要路径,应该获得各级政府更多的关注和实际行动,这才是政府购买体育公共服务的初衷。

第十章 │ 县域体育公共服务
绩效评估及其应用

  政府绩效评估是改进政府管理和提高公共服务能力的有效工具。作为建设服务型政府的一种基本制度，它有助于规范政府行为，创新服务型政府运行机制，推动政府管理工作的科学化。《全民健身计划（2016—2020 年）》提出，建立全民健身公共服务绩效评估指标体系，定期开展第三方评估和社会满意度调查。建立县域体育公共服务绩效评估的制度，对完善基层全民健身服务体系建设，促进县域体育公共服务快速发展具有重要的意义。本章基于理论分析与专家调查相结合的方法，按照县域体育公共服务发展目标，确立符合我国县域体育公共服务发展实际的绩效评估指标体系。

第一节　体育公共服务绩效评估的研究进展

一、绩效评估与体育公共服务绩效评估

（一）绩效与绩效评估

"绩效"（performance）是一个外来词，单纯从语义学的角度看，包括

成绩和效益。"成绩"强调对行为或活动的客观测量,"效益"则关注行为或活动影响的主观评价。绩效则是对二者的综合,即产出和结果。根据朗文词典的解释,"Performance:the action of performing,or the action of performed",即正在进行的某种活动或者已经完成的某种活动。因此,这个词不仅被看作是一个过程的表现,而且还是该过程产生的结果。学界对其理解主要有三种观点:一是从工作结果的角度进行定义,认为绩效是在特定的时间内,由特定的工作职能或活动产生的产出记录;[1]二是从行为角度进行定义,认为绩效是人们所做的与组织目标相关的、可观测的事情,并具有可评价的要素行为,这些行为对个人或组织效率具有积极或消极作用;三是认为绩效是结果与行为的统一。从全球范围来看,随着新公共管理运动的兴起,结果导向的管理理念日益为大多数国家所接受和实践,从普遍意义上而言,绩效是对特定行为或活动的全面、系统地表征,又是行为和结果的统一。

绩效评估则是对行为或活动的产出和结果进行经济、效率和有效性维度的测量,以判定其达到既定目标的程度。一般而言,绩效评估主要包括两方面的内容,正确地做事和做正确的事。著名行政学者戴维·罗森布鲁姆指出:"这是千真万确的——即如果你不能评估某项活动,你就无法管理它;也许更为正确的是,你评估什么你就得到什么。"[2]

(二)体育公共服务绩效评估的内涵

国内不少学者对"体育公共服务绩效评估"进行了界定。肖林鹏等认为,体育公共服务绩效评估是指由考核、评价体育公共服务提供能力的

---

① Radford A,Pink G,Ricketts T. A Comparative Performance Scorecard for Federally Funded Community Health Centers in North Carolina.Journal of Healthcare Management[NLM-MEDLINE].2007,52(1):20-31.

② David H,Rosenbloom.The Context of Management Reforms[J].The Public Manager,1995,3.

相关要素构成的有机整体。① 王才兴认为,公共服务绩效评价是一种以服务质量和公共需求满意度为第一评价标准,蕴含公共责任和顾客至上管理理念的综合评估机制。其基本含义是:按照一定的标准和程序,运用数理统计、运筹学等原理和特定的指标体系,对被评价对象在一定期间的经营或服务业绩作出综合评价。② 王伯超认为,体育公共服务绩效评估是指为了巩固体育资源能够发挥最大的效益以及在体育公共服务中的努力不偏离目标,建立的一整套体育公共服务绩效评估指标体系,定期对各地区各部门提供的体育公共产品和服务能力与水平进行考核与评估。

综上所述,体育公共服务绩效评估是指评估主体运用科学、规范的评价指标体系和评价方法,对评估对象在一定期间的体育公共服务行为过程及其效益进行科学、客观、公正的综合评价与判断。

二、体育公共服务绩效评估的研究述评

公共服务绩效评估兴起与管理主义思潮密切相关。20 世纪 80 年代以来,在西方大部分发达国家均出现了大规模的政府再造运动,其核心主张是将企业和私营部门的精神及成功的管理制度移植到公共部门,在政府内引入竞争机制、树立顾客意识,政府管理应以市场顾客为导向,实行绩效管理,提高服务质量和有效性。

从国外来看,绩效评估应用时间较早、技术上也比较成熟的当属英国。英国公共文化和体育服务的职能由文化媒体和体育部负责,其目标是:"提高所有文化和体育活动的质量,进而追求卓越,做观光、旅游和休闲产业的领军者。"英国在绩效评估上经历了效率优位、质量优位和综合绩效评估等阶段,已形成了较为完善的评估体系,并多次修订其战略目标,修订后的战略目标更为关注地方文化和体育服务的结果和地方长期、

① 肖林鹏,李宗浩,杨晓晨.我国公共体育服务体系概念开发及其结构探讨[J].天津体育学院学报,2007,22(6):472-475.
② 王才兴.构建完善的体育公共服务体系[J].体育科研,2008,29(2):1-13.

整体目标的实现。其绩效评估体系分为满意度,参与程度与效用,服务的可获得性和供应,维修和保护,对社会、经济和环境目标实现的贡献,税收的价值等6个维度,各个维度又分为关键绩效指标和中期绩效指标两部分。20世纪80年代后,公共服务绩效评估在加拿大、丹麦、芬兰、新西兰、澳大利亚等国家得到广泛应用,评估的重点逐步放在公共服务的质量和顾客满意度上,联邦国家健全了公共服务绩效评估制度,并完善公共服务绩效评估的立法工作。美国、英国等已形成公共服务绩效管理法,主要内容包括依法确定公共服务绩效管理的主体、依法确定公共服务管理的指标体系、依法确定公共服务管理申诉法律制度和问责制度;澳大利亚则颁布了《公共服务法》。这些成熟的经验对完善我国体育公共服务绩效评估制度具有重要的参考价值。

从国内研究来看,近年来,学界对体育公共服务绩效评估才给予了关注。绩效评估可谓是一个多维概念,体育公共服务绩效属于一个综合性范畴。国内研究主要成果集中在体育公共服务绩效评估指标体系构建与评估方法、体育公共服务部分内容评估及实证分析上。郭斌、薛冰在评述公共服务指标体系研究时,建议至少关注三个层面的内容,即评估的方法论,规范和价值,实证与具体的方法。[1]

从指标体系建构与评估方法来看,宋娜梅等[2]针对体育公共服务绩效评价这一整体问题,通过对影响体育公共服务水平的各种因素进行系统分析与整合,构建了一个涵盖公共服务效能、公众满意度、公共服务投入度等3方面的评价指标体系;郑家鲲等[3]则对我国基本体育公共服务的发展情况,从规章制度、经费投入、场地设施、组织队伍、信息宣传、活动

① 郭斌,薛冰.回顾与反思:政府公共服务评价指标体系研究进展[J].理论导刊,2003(3):53-55.
② 宋娜梅,罗彦平,郑丽.体育公共服务绩效评价:指标体系构建与评分计算方法[J].体育与科学,2012,33(5):30-34.
③ 郑家鲲,黄聚云.基本公共体育服务评价指标体系的构建[J].上海体育学院学报,2013,37(1):9-13.

开展等 6 个方面构建了一个能够检测城乡基本体育公共服务均衡化程度和体育公共服务效率与质量的评估体系;谢正阳①基于已达到小康水平或即将达到小康水平的地区考虑,设计出包括 4 项定性指标(全民健身公共服务计划纳入政府工作目标、纳入政府经济社会发展规划、制定有全民健身公共服务的支持性政策和具体实施办法、有必要的规章制度和考核标准)和 3 个维度定量评价(服务体系、保障体系、效益效果)的指标体系,该体系既能客观评价某个县区城乡全民健身公共服务均等化整体水平,又能评价某一方面在总体中的位置;刘亮②以新公共管理理论为指导,基于武汉"1+8"城市圈的调查与分析,确立了体育公共服务绩效评估的政府责任、资源投入、价值目标、服务效能和社会回应等5 个维度。

与此同时,也有部分学者基于体育公共服务的某一方面内容进行了绩效评估和实证分析。赵聂③从公众对基本体育需求出发,通过文献资料调研、专家访谈等方法确立了体育公共服务指标体系,基于数据包络分析(DEA)评价模型,对西南地区 10 个城市体育公共服务绩效进行了实证分析。叶楠等④采用主成分分析的方法,构建了体育社团运行效果评价指标体系;唐立成等⑤探讨了公共体育场馆服务管理绩效评估的模式并提出改革对策;张清华等⑥调查了江苏省城镇居民体育公共服务满意

---

①　谢正阳.全民健身公共服务评价指标体系探析[J].体育与科学,2013,34(1):86-93.

②　刘亮.新公共管理视角下体育公共服务绩效评估研究——基于武汉"1+8"城市圈的调查与分析[J].武汉体育学院学报,2011,45(6):24-29.

③　赵聂.基于 DEA 模型的公共体育服务绩效评价研究[J].成都体育学院学报,2008,34(6):8-14.

④　叶楠,韩冬.体育社团运行效果评价指标体系的构建及应用[J].山东体育学院学报,2009,25(3):1-4.

⑤　唐立成,唐立慧,王笛.我国公共体育场馆服务管理绩效评估模式与对策研究[J].北京体育大学学报,2010,33(1):24-27.

⑥　张清华,刘海辉,樊炳有.江苏省城镇居民体育公共服务满意度调查[J].山东体育学院学报,2010,26(3):84-12.

度情况;张伟①基于新公共管理理论,以公众满意度为切入点,利用层次分析法和灰色系统理论的三角白化权函数,对公众健身服务的满意度进行定性和定量分析;唐晓辉等②对城市社区公共体育资源配置的政府绩效评价体系进行了研究。从评估方法来看,多数研究主要采用专家调查、层次分析法、综合指数法等评估方法。

由此可见,制定科学合理的绩效评估指标体系和测评方法,是实施绩效评估的关键,也是绩效评估改革的难点之一。我们认为,构建一套科学、合理、符合我国现阶段县域体育公共服务实际情况的绩效评估体系,要坚持正确的导向,目的明确,重点突出,方法使用;指标应能明确、清晰地界定,既要易于理解和比较,又要注重使用和可操作性,定性指标和定量指标并重,侧重定量指标;建立指标体系要把握好标准,把实证分析评估方法与规范分析的方法相结合,这样才能增强体育公共服务绩效评估的客观性和科学性。

第二节　县域体育公共服务绩效评估指标体系的构建

一、体育公共服务绩效评估的理论框架

如前所述,新公共管理在重视公共服务供给效率的同时,存在对公共服务公平的忽视。基于对新公共管理运动的总结和反思,罗伯特·登哈特和珍妮特·登哈特提出了公共管理的新范式——新公共服务理论。新公共服务高扬价值理性,重申公共利益、公民权等价值原则,为各国和地区公共服务改革与实践提供了有效的理论指导。

我国体育公共服务的性质决定了它的公共性、公民性、公平性和多样

① 张伟.全民健身公共服务满意度测评与对策研究[J].武汉体育学院学报,2011,45(3):22-26.

② 唐晓辉,李洪波,孙庆祝.城市社区公共体育资源配置的政府绩效评价体系研究[J].天津体育学院学报,2012,27(5):386-390.

性的特征,即政府所提供的体育公共服务,必须基于社会全体成员的共同利益,以普遍实现体育公共服务权益为准则,追求社会效益的最大化。因此,在借鉴对公共服务绩效评价的思想、体育公共服务的内容及其绩效评估研究进展的基础上,围绕县域体育公共服务的目标,从县域体育公共服务的投入、服务过程、服务效益分析 3 个维度上构建县域体育公共服务绩效评估指标体系。①

（一）体育公共服务的投入

体育公共服务投入是县域体育公共服务开展的首要环节。投入决定了县域体育公共服务的过程与效益,它不但包括县域体育公共服务的人力、设施、资金的投入,而且,还包括县域公共体育政策制定、服务机构设置等内容。

政策投入反映了政府对公共服务的重视程度,主要包括政府颁布的与县域体育公共服务发展有关的政策规章、公共体育事业纳入政府工作目标和社会发展总体规划、鼓励社会力量参与体育公共服务建设的相关政策、吸引人才到乡镇文化站工作的相关政策、发展体育产业的相关政策、表彰激励群众体育发展的相关政策、完善体育健身服务市场的相关政策等。

机构设置是县域体育公共服务的基础,主要包括县级体育行政机构设置、各乡镇综合文化站的建设、体育社会组织的发展情况等,这些构成县域体育公共服务的前提。

人力投入主要反映县域体育公共服务开展过程中人力资源的投入情况,通过人力投入分析来评价人力资源配置是否合理,是否能够满足县域人民的健康需求,是否能够真正体现服务型政府的核心内容。主要包括人力资源的结构与水平（县级体育职能部门从业人员数量、各乡镇综合文化站配备社会体育指导员数量、全县每万人拥有社会体育指导员数、全

---

① 苏敏.县域公共体育服务绩效评价指标体系研究[D].临汾:山西师范大学,2011.

县体育教师配备情况等)。

设施投入是对县域体育公共服务场地及其设施设备的考核与评价,主要涉及开展县域体育公共服务所必需的硬件投入,如体育设施场地面积、公共体育场馆建设、全民健身路径情况、农民体育健身工程建设、体育特色资源开发程度等。

资金投入是县域体育公共服务的保障,主要包括县域体育公共服务资金投入的总体情况,人均体育经费及每年体育彩票公益金使用情况等。

(二)体育公共服务的过程

县域体育公共服务过程评价不仅要反映县域体育公共服务发展的现状,又要反映其组织结构和运行状况,同时还要反映其服务的效益,实现其投入的最大化。过程分析包括县域体育公共服务活动、服务质量等方面的评价。举办公共体育活动是对体育公共服务运行状况的直接评价,可以通过政府主办各类体育活动次数、社会主办体育活动次数、全民健身活动科学指导情况、体育"三下乡"活动次数等来反映。服务质量指体育公共服务的"有形性"(公共体育设施、设备等外观是否有吸引力)、体育公共服务的"可靠性"(公共体育职能部门履行服务承诺的能力)、体育公共服务的"保证性"(体育公共服务人员的自信与可信能力)、体育公共服务的"个性化"(公共服务要因地制宜、因人而异)等。

(三)体育公共服务的效益

体育公共服务效益主要包括中期效益和最终效益。中期效益体现在体育产业、体育消费和满意度(对政策法规、场地设施、活动服务、组织机构、体育经费)上;而最终效益体现在人民健康水平状况的改善上。

二、体育公共服务绩效评估指标体系设计的基本原则

我国县域体育公共服务体系建设,要坚持政府为主导,由政府本位转向公民本位,由关注效率转向公平和效益,因此,绩效评估要准确地反映体育公共服务绩效的实际水平与发展趋势,评估指标体系设计应该遵守

以下基本原则。

（一）目标导向原则

县域体育公共服务绩效评估的目的不仅仅是分析体育公共服务的发展现状和水平，而是要以社会主义核心价值观为引领，实现城乡一体化的体育公共服务体系，促进县域基本体育公共服务标准化和均等化，鼓励和引导社会力量参与，培育和促进居民的体育消费。所以，指标体系设计要突出县域基本体育公共服务的重点和关键工作，设计关键绩效指标来反映服务型政府的绩效水平，使评估真正起到目标导向作用。

（二）系统优化原则

县域体育公共服务是一个系统工程，对其绩效评估必须树立系统的理念，指标体系要能反映体育公共服务的系统性特征。要从整体上把握县域体育公共服务的功能，把握影响县域体育公共服务绩效的各个要素，要统筹考虑政府履行体育公共服务职能和实现均等化的关系，确保每一个指标都有明确的解释，体现指标设计的系统性和成本有效性。

（三）服务为本原则

评价指标体系的设计要体现服务为本的原则，绩效评估权在于人民。指标设计既要有理论和实践依据，又要客观地反映居民对体育公共服务的诉求和满意度；既要保证指标的良好代表性，又要使不同指标之间有其相对的独立性，尽量减少冗余，吸引民众的积极参与，并有助于建立群众评价和反馈机制的形成。

（四）可操作性原则

评估指标体系建立的目的主要是在体育公共服务绩效评估中得到应用。这就要求所建立的指标体系具有可行性和可操作性，易于理解和使用，指标的数据易采集，计算公式科学合理，评价过程简单，利于掌握和操作。同时，要考虑评价指标的有效性，当县域体育公共服务发生变化时，能明显反映出这种变化的主要特征。

三、体育公共服务绩效评估设计方法与步骤

绩效评价方法有很多,如平衡记分卡法、传统的财务指标分析法、360度绩效考核法、应用关键绩效指标的考核指标体系、系统综合集成建立绩效评价体系。本研究采用系统综合集成方法,它的实质是把专家体系、统计数据与信息资料以及计算机技术三者有机结合起来,①主要是通过以下步骤进行。

第一步:领域界定,确定范围。根据县域体育公共服务绩效评估的内容,将县域体育公共服务确定为政策法规服务、场地设施服务、体育活动服务、组织机构和人才服务、体育经费服务等领域,并将其纳入县域体育公共服务的投入、服务的过程和服务的效益3个维度。

第二步:调研访谈,初选指标。通过对有关专家、县域体育部门负责人的调研访谈,了解县域体育公共服务的现状,特别是体育公共服务的硬件与软件建设情况,对体育公共服务投入、服务过程和服务效益等关键指标进行初选。

第三步:设计问卷,筛选指标。在理论分析和调研的基础上,设计专家评判问卷。问卷主要从指标的重要程度、判断依据、熟悉程度等三个方面来评判(见附录5)。

第四步:专家调查,确定指标。将初选指标进行二轮次专家匿名调查,通过数据分析,筛选指标,运用层次分析法(AHP),确定评估指标体系的权重。

第五步:体系优化,实践应用。采用模糊数学综合评判的方法对评估指标体系进行实践应用。

---

① 金新政.软科学研究方法[M].武汉:湖北科学出版社,2002:107-110.

表 10-1　县域体育公共服务绩效评估初选指标

一级指标	二级指标	三级指标
体育公共服务的投入	体育公共服务的政策	1.公共体育事业纳入政府工作目标和社会发展总体规划
		2.鼓励社会力量参与体育公共服务建设的相关政策
		3.吸引人才到乡镇文化站工作的相关政策
		4.发展体育产业的相关政策
		5.表彰激励群众体育发展的相关政策
		6.完善体育健身服务市场的相关政策
	体育公共服务的机构	7.县级体育行政机构设置是否健全
		8.全县各乡镇是否拥有综合文化站
		9.全县群众性体育社团数量
	体育公共服务的设施	10.全县人均体育设施活动面积
		11.县级直属公共体育场馆数量
		12.全县全民健身路径条数
		13.全县农民体育健身工程行政村所占比例
		14.体育特色资源开发利用程度
	体育公共服务的人力	15.县级体育职能部门从业人员数量
		16.各乡镇综合文化站配备社会体育指导员数量
		17.全县每万人拥有社会体育指导员人数
		18.全县体育教师配备情况
		19.全县各级体育裁判员数量
		20.每万人拥有体育健身服务志愿者数量
	体育公共服务的资金	21.全县每年公共体育事业财政支出
		22.全县每年人均政府财政体育经费金额
		23.县域每年体彩公益金额度
体育公共服务的过程	体育公共服务的活动	24.每年由政府部门主办的各类体育活动次数
		25.每年由社会主办的各类体育活动次数
		26.全民健身活动的科学指导情况
		27.全县非奥运项目开展的数量与水平
		28.县域民族民间传统体育项目列入非物质文化遗产的数量
		29.每年体育"三下乡"活动次数
	体育公共服务的服务质量	30.体育公共服务的有形性
		31.体育公共服务的可靠性
		32.体育公共服务的保证性
		33.体育公共服务的个性化
体育公共服务的效益	体育公共服务的产业、消费	34.体育产业占县 GDP 的百分比
		35.家庭年人均体育消费支出
	体育公共服务的满意度	36.对县域公共体育政策法规服务的满意度
		37.对县域公共体育场地设施服务的满意度
		38.对县域公共体育活动服务的满意度
		39.对县域公共体育组织机构和人才服务的满意度
		40.对县域公共体育经费服务的满意度
		41.对县域体育产业服务的满意度
	体育公共服务的健康水平	42.全县体育人口数量
		43.全县居民（除在校生）达到《国民体质测定标准》及格以上标准人数占全县人口（除在校生）比例
		44.全县在校学生达到《国家学生体质健康标准》及格以上标准人数占全县在校学生人数比例
	体育公共服务的人才培养	45.全县每千人参加业余训练人数
		46.每年向上级部门或学校培养与输送体育人才数量

第三节　县域体育公共服务绩效评估指标体系的确立

一、德尔菲法在评估指标筛选中的运用

根据县域体育公共服务绩效评估指标体系设计的基本原则,针对县域体育公共服务绩效评估初选指标,运用德尔菲法对指标进行筛选。德尔菲法(Delphi)是专家调查法中很重要的一种方法,它是指就某些问题分别依靠有关专家的知识经验和判断能力,采用系统的逻辑方法和匿名问卷的形式请专家分别对事物进行评价预测与判断,从而获得客观可靠的意见与信息的方法。[1]

(一)专家选择和评判意见的量化

本研究选择的专家为从事群众体育研究、管理和县域体育主管部门工作的领导,专家具备一定的理论知识和实践经验,涉及本领域年限至少3年。对专家意见的量化,采用侯定丕、王战军所著的《非线性评估的理论探索与应用》一书中,以等比数列代替5分制等差数列,规定最低分为1,最高分为50,由 $c^4 = 50$ 得等比数列,分别以1,3,7,18,50代替1,2,3,4,5重新对指标赋值。[2] 研究中按很重要(50分)、重要(18分)、一般(7分)、不重要(3分)、很不重要(1分)对初选指标评分,并对指标提出修改建议,同时请专家对指标的熟悉程度以及指标评定的影响因素进行自我评价,具体评价等级及自我评价的标准见表10-2。

表10-2　评价等级、判断依据、熟悉程度量化表

评价等级	量化值	判断依据	量化值	熟悉程度	量化值
很重要	50	理论分析	0.8	很熟悉	1
重要	18	工作经验	0.6	较熟悉	0.8

[1]　郑旗.体育科学研究方法[M].北京:人民体育出版社,2006:193.
[2]　侯定丕,王战军.非线性评估的理论探索与应用[M].北京:中国科学技术大学出版社,2001:30.

评价等级	量化值	判断依据	量化值	熟悉程度	量化值
一般	7	同行介绍	0.4	一般	0.6
不重要	3	直觉	0.2	不熟悉	0.4
很不重要	1			很不熟悉	0.2

（二）专家评价意见的核心指标

（1）专家权威程度。专家权威程度是通过专家对指标的判断依据（Ca）和专家对指标的熟悉程度（Cs）两个因素来反映。专家权威程度（Cr）系数计算公式为：

$$Cr = (Ca + Cs)/2 \qquad\qquad 式（10-1）$$

（2）专家集中程度。专家的集中程度用满分率和平均数来表示。

满分率（ K_i ）的计算公式为：

$$K_i = \frac{m_i'}{m_i} \ （ i = 1,2,3,\cdots, n） \qquad\qquad 式（10-2）$$

其中， m_i' 表示给满分的专家数， m_i 表示参加 i 指标评价的专家数。 K_i 取值在0—1之间， K_i 越大，说明对该指标给满分的专家越多，也就是该指标越重要。

平均数（ M_i ）的计算公式为：

$$M_i = \frac{1}{m_i}\sum_{j=1}^{m} C_{ij} \ （ i = 1,2,3,\cdots, n ; j = 1,2,3,\cdots, m） \qquad 式（10-3）$$

其中， m_i 表示参加 i 指标评价的专家数， C_{ij} 表示第 j 个专家对 i 指标的评分值。 M_i 越大，则对应的 i 指标的重要性越高。

（3）专家协调程度。专家的协调程度用两个指标来反映：专家协调系数和变异系数。

a.专家协调系数

设参与权重评估的专家数为 m ，待评估指标数为 n ，则反映 m 个专家对全部 n 个指标权重评估的协调程度（或一致程度）的指标称为协调

系数,以 w 表示。协调系数按以下步骤计算:

第一步:按专家对各指标评分排序,遇相等评分时取平均等级,并按指标计算等级和,然后再计算各指标的平均等级和,等级和和平均等级和的计算公式分别为:

$$S_i = \sum_{j=1}^{m} R_{ij} \qquad\qquad 式(10-4)$$

$$\bar{S} = \frac{1}{n} \sum_{i=1}^{n} S_i \qquad\qquad 式(10-5)$$

式中, S_i 为第 i 个评价指标的等级和; R_{ij} 为第 j 个专家对 i 个评价指标的评分等级; $\bar{S}$ 为各指标平均等级和。

第二步:计算协调系数。

$$w = \sum_{i=1}^{n} d_i^2 / (\sum_{i=1}^{n} d_i^2) \max \qquad\qquad 式(10-6)$$

$$其中: \sum_{i=1}^{n} d_i^2 = \sum_{i=1}^{n} (S_i - \bar{S})^2 \qquad\qquad 式(10-7)$$

$$(\sum_{i=1}^{n} d_i^2) \max = \frac{1}{12} m^2 (n^3 - n) \qquad\qquad 式(10-8)$$

当有相同秩次时,要对 w 进行校正:

$$w_c = \frac{12}{m^2(n^3 - n) - m \sum_{j=1}^{m} T_j} \sum_{i=1}^{n} d_i^2 \qquad\qquad 式(10-9)$$

式中, $T_j = \sum_{j=1}^{L} (t_k^3 - t_k)$ ($i = 1, 2, 3, \cdots, n$; $j = 1, 2, 3, \cdots, m$), L 为评分的等级, t_k 为相同秩次的个数。

协调系数在0—1之间取值,取值越接近1则表示专家们对全部评价指标评分的协调程度较好,反之则意味着专家们对全部评价指标评分的协调程度较差,说明专家之间对各评价指标相对重要性的认识存在较大的不一致性。

第三步:协调系数的显著性检验——χ^2 检验。

χ_R^2 值计算公式为：

$$\chi_R^2 = \cfrac{1}{mn(n+1) - \cfrac{1}{n-1}\sum_{j=1}^{m} Tj} \sum_{i=1}^{N} d_i^2 \qquad\qquad \text{式}(10-10)$$

自由度(df)= $n-1$。 如果 P>0.05,说明结果不可取,如果 P<0.01 或 P<0.05,说明专家评估或预测协调性好,结果可取。

b.变异系数

变异系数计算公式为:

$$CV_i = \sigma_i / M_i \qquad\qquad\qquad\qquad \text{式}(10-11)$$

式中, σ_i 为第 i 指标的标准差; M_i 为第 i 指标的平均数。变异系数 CV_i 说明专家对第 i 指标的相对波动程度, CV_i 越小说明专家们的协调程度越高。

二、基于德尔菲法的评估指标筛选结果

(一)第一轮专家评判结果与分析

(1)专家积极系数:第一轮专家咨询发出问卷 30 份,回收 27 份,有效问卷 23 份,回收率90%,问卷有效率85%。

(2)专家权威程度:根据第一轮专家评判对每个指标的判断依据和熟悉程度的赋值,结合式(10-1)计算得到了一级指标和二级指标权威程度表(见表10-3)。

表 10-3　专家权威程度

	指标名称	判断依据(Ca)	熟悉程度(Cs)	权威程度(Cr)
投入指标		0.6192	0.8417	0.7305
	政策投入	0.6528	0.8347	0.7438
	机构投入	0.6778	0.8278	0.7528
	设施投入	0.5850	0.8250	0.7050
	人力投入	0.6000	0.8653	0.7327
	资金投入	0.5889	0.8500	0.7195

续表

指标名称		判断依据（Ca）	熟悉程度（Cs）	权威程度（Cr）
过程指标		0.5900	0.8158	0.7029
	活　动	0.5681	0.8167	0.6924
	服务质量	0.6229	0.8146	0.7188
效益指标		0.5994	0.8276	0.7135
	产业、消费	0.5417	0.8375	0.6896
	满意度	0.6014	0.8361	0.7188
	健康水平	0.6167	0.8250	0.7209
	人才培养	0.6250	0.8000	0.7125
合计		0.6072	0.8345	0.7209

从表10-3可以看出：各指标判断依据结果在0.5417—0.6778之间，这说明大多数专家对各项指标的判断依据来自于工作经验；各指标熟悉程度变化在0.8000—0.8653之间，这说明咨询专家对县域体育公共服务都比较熟悉；各指标权威程度均大于0.6896。在三个一级指标中投入指标的权威程度最高，为0.7305，过程指标的权威程度最低，为0.7029。在二级指标中机构投入指标的权威程度最高，为0.7528，产业、消费指标的权威程度最低，为0.6896。

（3）专家协调系数：根据第一轮专家调查的结果及式（10-4）到式（10-10）计算可得第一轮专家咨询协调系数及卡方值见表10-4。从表10-4可以看出，投入指标、过程指标和效益指标的协调系数分别为：0.1878、0.1724和0.1864，卡方检验的结果P<0.01，总体的协调系数为0.1725，卡方检验的结果P<0.01，说明了各专家之间意见的协调程度。

表 10-4 第一轮专家评判协调系数

指标	协调系数	卡方值	自由度	P 值
体育公共服务投入指标	0.1878	99.1716	22	<0.01
体育公共服务过程指标	0.1724	37.2278	9	<0.01
体育公共服务效益指标	0.1864	53.6858	12	<0.01
合计	0.1725	186.3324	45	<0.01

(4)满分率、变异系数、平均得分、累积得分、累计百分率：根据第一轮专家评判结果，结合满分率式(10-2)、平均得分式(10-3)、变异系数式(10-11)计算公式，经过 Excel 运算得三级指标的满分率、变异系数、平均得分。然后根据评价等级的量化值，在对平均得分计算的基础上进行排序，然后计算累积得分、累计百分率见表 10-5。

表 10-5 第一轮专家评判结果

指标序号	指标名称	满分率	变异系数	平均得分	累积得分	累计百分率
1	公共体育事业纳入政府工作目标和社会发展总体规划	75.00	0.0931	42.00	42.00	3.38
21	全县每年公共体育事业财政支出	75.00	0.0931	42.00	84.00	6.76
22	全县每年人均政府财政体育经费金额	66.67	0.1427	38.42	122.42	9.85
25	每年由社会主办的各类体育活动次数	62.50	0.1605	36.63	159.04	12.79
6	完善体育健身服务市场的相关政策	54.17	0.1311	34.88	193.92	15.60
40	对县域公共体育经费服务的满意度	54.17	0.1884	33.79	227.71	18.32
24	每年由政府部门主办的各类体育活动次数	50.00	0.2001	33.29	261.00	20.99
42	全县体育人口数量	54.17	0.1884	33.04	294.04	23.65

指标序号	指标名称	满分率	变异系数	平均得分	累积得分	累计百分率
44	全县在校学生达到《国家学生体质健康标准》及格以上标准人数占全县在校学生人数比例	54.17	0.2712	32.92	326.96	26.30
4	发展体育产业的相关政策	54.17	0.2115	32.88	359.83	28.94
31	体育公共服务的可靠性	45.83	0.1142	32.67	392.50	31.57
33	体育公共服务的个性化	41.67	0.1470	31.92	424.42	34.14
10▲	全县人均体育设施活动面积	54.17	0.3057	31.83	456.25	36.70
8	全县各乡镇是否拥有综合文化站	45.83	0.1879	31.13	487.38	39.20
18	全县体育教师配备情况	45.83	0.1993	30.67	518.04	41.67
37	对县域公共体育场地设施服务的满意度	41.67	0.1470	30.42	548.46	44.11
2	鼓励社会力量参与体育公共服务建设的相关政策	41.67	0.2214	29.71	578.17	46.50
9	全县群众性体育社团数量	41.67	0.1735	29.50	607.67	48.88
38	对县域公共体育活动服务的满意度	41.67	0.1735	29.50	637.17	51.25
11	县级直属公共体育场馆数量	45.83	0.2776	29.04	666.21	53.59
3	吸引人才到乡镇文化站工作的相关政策	41.67	0.2404	28.79	695.00	55.90
16	各乡镇综合文化站配备社会体育指导员数量	45.83	0.3115	28.72	723.71	58.21
43	全县居民(除在校生)达到《国民体质测定标准》及格以上标准人数占全县人口(除在校生)比例	45.83	0.2855	28.58	752.29	60.51
35▲	家庭年人均体育消费支出	45.83	0.2735	27.75	780.04	62.74
7	县级体育行政机构设置是否健全	33.33	0.2182	27.04	807.08	64.72
5	表彰激励群众体育发展的相关政策	29.17	0.2246	25.25	832.33	66.95
17	全县每万人拥有社会体育指导员人数	33.33	0.2706	25.04	857.38	68.96
26	全民健身活动的科学指导情况	33.33	0.2706	25.04	882.42	70.98

指标序号	指标名称	满分率	变异系数	平均得分	累积得分	累计百分率
34	体育产业占县 GDP 的百分比	33.33	0.2946	24.42	906.83	72.94
32	体育公共服务的保证性	16.67	0.1669	23.46	930.29	74.83
30	体育公共服务的有形性	25.00	0.2738	22.67	952.96	76.65
12	全县全民健身路径条数	25.00	0.2692	22.13	975.08	78.43
39	对县域公共体育组织机构和人才服务的满意度	25.00	0.2265	21.71	996.79	80.18
29	每年体育"三下乡"活动次数	25.00	0.2577	21.63	1018.42	81.92
20▲	每万人拥有体育健身服务志愿者数量	29.17	0.3178	21.00	1039.42	83.60
13	全县农民体育健身工程行政村所占比例	25.00	0.3483	20.88	1060.29	85.28
15	县级体育职能部门从业人员数量	25.00	0.3385	20.58	1080.88	86.94
36	对县域公共体育政策法规服务的满意度	16.67	0.1669	20.58	1101.46	88.60
23▲	县域每年体育彩票公益金额度	20.83	0.3131	20.08	1121.54	90.21
28★	县域民族民间传统体育项目列入非物质文化遗产的数量	25.00	0.3811	20.08	1141.63	91.83
14★	体育特色资源开发利用程度	20.83	0.2747	19.88	1161.50	93.42
41★	对县域体育产业服务的满意度	25.00	0.3550	18.96	1180.46	94.95
27★	全县非奥运项目开展的数量与水平	20.80	0.3474	17.42	1197.88	96.35
45★	全县每千人参加业余训练人数	20.83	0.3363	17.33	1215.21	97.74
19★	全县各级体育裁判员数量	12.50	0.3436	14.13	1229.33	98.88
46★	每年向上级部门或学校培养与输送体育人才数量	8.33	0.3303	13.92	1243.25	100.00

注：▲表示第一轮专家评判修改指标，★表示第一轮专家评判删除指标。

满分率是表示各指标的重要性，从表10-5可以看出，各三级指标的满分率大于60%的指标有4项，占指标总数的8.7%，分别是公共体育事业纳入政府工作目标和社会发展总体规划、全县每年公共体育事业财政支出、全县每年人均政府财政体育经费金额、每年由社会主办的各类体育活动次数。满分率介于40%—60%之间的指标数有20项,占指标总数的43.5%;满分率介于20%—40%之间的指标数有18项,占指标总数的39.1%;满分率小于20%的指标数有4项,占指标总数的8.7%,第一轮专家调查满分率的分布基本符合正态分布。

变异系数也是表示专家权威程度的指标,其赋值越小表明专家权威程度越高,从表10-5可以看出,公共体育事业纳入政府工作目标和社会发展总体规划、全县每年公共体育事业财政支出的变异系数最小,均为0.0931;而县域民族民间传统体育项目列入非物质文化遗产的数量和对县域体育产业服务的满意度两个指标的变异系数较大,分别为0.3811和0.3550。

平均得分也是表示重要程度的指标,表10-5中根据各指标平均得分进行排序,并统计累积得分、累计百分率,取累计百分率为90%,对备选指标进行筛选,结果表明,删除指标为:县域民族民间传统体育项目列入非物质文化遗产的数量、体育特色资源开发利用程度、对县域体育产业服务的满意度、全县非奥运项目开展的数量与水平、全县每千人参加业余训练人数、全县各级体育裁判员数量、每年向上级部门或学校培养与输送体育人才数量。

根据第一轮专家对指标体系提出的意见和建议,在原来初选指标的基础上增加和修改部分指标。增加的指标为全县体质监测在县域的覆盖率;修改的指标为每万人拥有体育健身服务志愿者数量修改为是否开展全民健身服务志愿者活动;全县人均体育设施活动面积修改为全县人均体育设施场地面积;县域每年体育彩票公益金额度修改为县域每年体育彩票公益金使用情况;家庭年人均体育消费支出修改为全县年人均体育消费支出。得出第一轮专家咨询结果(见表10-6)。

表 10-6 县域体育公共服务绩效第一轮专家评判确定的评价指标

一级指标	二级指标	三级指标
体育公共服务的投入指标	体育公共服务的政策投入	1.公共体育事业纳入政府工作目标和社会发展总体规划
		2.鼓励社会力量参与体育公共服务建设的相关政策
		3.吸引人才到乡镇文化站工作的相关政策
		4.发展体育产业的相关政策
		5.表彰激励群众体育发展的相关政策
		6.完善体育健身服务市场的相关政策
	体育公共服务的机构投入	7.县级体育行政机构设置是否健全
		8.全县各乡镇是否拥有综合文化站
		9.全县群众性体育社团数量
	体育公共服务的设施投入	10.全县人均体育设施场地面积▲
		11.县级直属公共体育场馆数量
		12.全县全民健身路径条数
		13.全县农民体育健身工程行政村所占比例
	体育公共服务的人力投入	14.县级体育职能部门从业人员数量
		15.各乡镇综合文化站配备社会体育指导员数量
		16.全县每万人拥有社会体育指导员人数
		17.全县体育教师配备情况
		18.是否开展全民健身服务志愿者活动▲
	体育公共服务的资金投入	19.全县每年公共体育事业财政支出
		20.全县每年人均政府财政体育经费金额
		21.县域每年体育彩票公益金使用情况▲
体育公共服务的过程指标	体育公共服务的活动	22.每年由政府部门主办的各类体育活动次数
		23.每年由社会主办的各类体育活动次数
		24.全民健身活动的科学指导情况
		25.每年体育"三下乡"活动次数
	体育公共服务的服务质量	26.体育公共服务的有形性
		27.体育公共服务的可靠性
		28.体育公共服务的保证性
		29.体育公共服务的个性化
体育公共服务的效益指标	体育公共服务的产业、消费	30.体育产业占县 GDP 的百分比
		31.全县年人均体育消费支出▲
	体育公共服务的满意度	32.对县域公共体育政策法规服务的满意度
		33.对县域公共体育场地设施服务的满意度
		34.对县域公共体育活动服务的满意度
		35.对县域公共体育组织机构和人才服务的满意度
		36.对县域公共体育经费服务的满意度
	体育公共服务的健康水平	37.全县体育人口数量
		38.全县居民(除在校生)达到《国民体质测定标准》及格以上标准人数占全县人口(除在校生)比例
		39.全县在校学生达到《国家学生体质健康标准》及格以上标准人数占全县在校学生人数比例
		40.全县体质监测在县域的覆盖率●

注:▲表示第一轮修改的指标,●表示第一轮增加的指标。

从表10-6可知,县域体育公共服务绩效的投入指标中被删除2个指标,修改了3个指标,没有增加新指标;过程指标中被删除2个指标,没有修改也没有增加新指标;效益指标中被删除3个指标,其中2个指标均来源于人才培养,修改了1个指标,同时在健康水平中增加1个新指标。最后县域体育公共服务绩效评价指标体系经过第一轮筛选并修改、增补后,总体指标数为40个,其中投入指标数为21个,过程指标数为8个,效益指标数为11个,原来备选指标中的二级指标人才培养被整体删除。

(二)第二轮专家评判结果与分析

(1)专家积极系数:第二轮专家咨询发出问卷21份,回收18份,有效问卷16份,回收率86%,问卷有效率89%。

(2)专家协调系数:根据第二轮专家调查的结果结合式(10-10)计算可得第二轮专家咨询协调系数及卡方值见表10-7。从表10-7可以看出,投入指标、过程指标和效益指标的协调系数分别为:0.3225、0.6851和0.3591,卡方检验的结果 P<0.01,总体的协调系数为0.3246,卡方检验的结果 P<0.01,这说明各专家之间意见协调。与第一轮专家协调系数相比较,第二轮专家协调系数无论是投入指标、过程指标、效益指标还是总计指标,都大幅度的高于第一轮,这表明第二轮的专家意见更集中。

表10-7 第二轮专家咨询协调系数

指标	协调系数	卡方值	自由度	P 值
体育公共服务的投入指标	0.3225	83.8430	20	<0.01
体育公共服务的过程指标	0.6851	62.3436	7	<0.01
体育公共服务的效益指标	0.3591	46.6808	10	<0.01
合计	0.3246	164.5507	39	<0.01

(3)满分率、平均得分、变异系数、可操作性、累积得分、累计百分率:根据第二轮专家咨询结果结合满分率式(10-2)、平均得分式(10-3)、变异系数式(10-11)计算公式、可操作性,经过 EXCEL 运算得三级指标的满

分率、平均得分、变异系数、可操作系数。然后根据评价等级的量化值,在对平均得分计算的基础上进行排序,然后计算累积得分、累计百分率见表10-8。

表 10-8　第二轮专家咨询结果

指标序号	指标名称	满分率	变异系数	可操作系数	平均得分	累积得分	累计百分率
1	公共体育事业纳入政府工作目标和社会发展总体规划	84.62	0.08	4.38	45.08	45.08	4.29
19	全县每年公共体育事业财政支出	79.92	0.09	4.31	42.62	87.69	8.34
23	每年由社会主办的各类体育活动次数	76.92	0.09	3.38	42.62	130.31	12.39
28	体育公共服务的保证性	76.92	0.13	4.46	41.77	172.08	16.36
20	全县每年人均政府财政体育经费金额	69.23	0.14	4.15	39.31	211.38	20.10
37	全县体育人口数量	69.23	0.14	3.92	39.31	250.69	23.83
39	全县在校学生达到《国家学生体质健康标准》及格以上标准人数占全县在校学生人数比例	69.23	0.17	3.54	38.46	289.15	27.49
38	全县居民(除在校生)达到《国民体质测定标准》及格以上标准人数占全县人口(除在校生)比例	61.54	0.22	3.69	35.69	324.85	30.88
7	县级体育行政机构设置是否健全	61.54	0.20	4.15	35.15	360.00	34.23
33	对县域公共体育场地设施服务的满意度	53.85	0.15	4.23	34.38	394.38	37.49
22	每年由政府部门主办的各类体育活动次数	46.15	0.12	4.08	32.77	427.15	40.61
34	对县域公共体育活动服务的满意度	46.15	0.12	4.23	32.77	459.92	43.73
13	全县农民体育健身工程行政村所占比例	46.15	0.20	3.62	30.23	490.15	46.60

·309·

指标序号	指标名称	满分率	变异系数	可操作系数	平均得分	累积得分	累计百分率
10	全县人均体育设施场地面积	38.46	0.15	4.69	29.46	519.62	49.40
24	全民健身活动的科学指导情况	30.77	0.14	4.08	27.00	546.62	51.97
8	全县各乡镇是否拥有综合文化站	23.08	0.13	3.69	24.54	571.15	54.30
40	全县体质监测在县域的覆盖率	30.77	0.32	4.00	24.54	595.69	56.63
21	县域每年体育彩票公益金使用情况	23.08	0.16	3.85	23.69	619.38	58.89
27	体育公共服务的可靠性	23.08	0.18	3.92	22.85	642.23	61.06
31	全县年人均体育消费支出	23.08	0.18	4.15	22.85	665.08	63.23
36	对县域公共体育经费服务的满意度	15.38	0.12	4.00	22.08	687.15	65.33
15	各乡镇综合文化站配备社会体育指导员数量	23.08	0.19	3.92	22.00	709.15	67.42
32	对县域公共体育政策法规服务的满意度	23.08	0.19	4.38	22.00	731.15	69.51
17	全县体育教师配备情况	23.08	0.23	4.15	21.69	752.85	71.57
9	全县群众性体育社团数量	23.08	0.21	3.85	21.15	774.00	73.58
2	鼓励社会力量参与体育公共服务建设的相关政策	15.38	0.21	4.31	20.08	794.08	75.49
6	完善体育健身服务市场的相关政策	15.38	0.21	4.08	20.08	814.15	77.40
12	全县全民健身路径条数	23.08	0.26	4.00	20.00	833.15	79.30
3	吸引人才到乡镇文化站工作的相关政策	15.38	0.27	3.92	19.92	854.08	81.20
11	县级直属公共体育场馆数量	15.38	0.18	4.23	19.54	873.62	83.06
14	县级体育职能部门从业人员数量	15.38	0.18	3.92	19.54	912.69	86.77

续表

指标序号	指标名称	满分率	变异系数	可操作系数	平均得分	累积得分	累计百分率
35	全县体育产业占县GDP的百分比	15.38	0.18	4.15	19.54	912.69	86.77
26	体育公共服务的有形性	23.08	0.23	3.85	19.46	932.15	88.62
16	全县每万人拥有社会体育指导员人数	15.38	0.20	4.54	17.85	950.00	90.32
4★	发展体育产业的相关政策	15.38	0.24	4.15	17.54	967.54	91.98
25★	每年体育"三下乡"活动次数	15.38	0.24	4.46	17.54	985.08	93.65
5★	表彰激励群众体育发展的相关政策	7.69	0.16	4.00	17.08	1002.15	95.28
18★	是否开展全民健身服务志愿者活动	7.69	0.16	4.15	17.08	1019.23	96.90
35★	对县域公共体育组织机构和人才服务的满意度	7.69	0.24	4.08	16.46	1035.69	98.46
29★	体育公共服务的个性化	15.38	0.22	4.54	16.15	1051.85	100.00

注:★表示第二轮专家评判删除指标。

满分率是表示各指标的重要性,从表10-8可以看出,各三级指标的满分率大于60%的指标有9项,占指标总数的22.5%,排在前三位的分别是公共体育事业纳入政府工作目标和社会发展总体规划、全县每年公共体育事业财政支出、每年由社会主办的各类体育活动次数。满分率介于40%—60%之间的指标数有4项,占指标总数的10%;满分率介于20%—40%之间的指标数有13项,占指标总数的32.5%;满分率小于20%的指标数有14项,占指标总数的35%。

变异系数也是表示专家权威程度的指标,其赋值越小表明专家权威程度越高,从表10-8可以看出,公共体育事业纳入政府工作目标和社会发展总体规划、全县每年公共体育事业财政支出、每年由社会主办的各类体育活动次数的变异系数最小,分别为0.08、0.09和0.09;而吸引人才到乡镇文化站工作的相关政策和全县全民健身路径条数两个指标的变异系

表 10-9　县域体育公共服务绩效第二轮专家评判确定的评价指标

体育公共服务的投入指标	体育公共服务的政策投入	1.公共体育事业纳入政府工作目标和社会发展总体规划
		2.鼓励社会力量参与体育公共服务建设的相关政策
		3.吸引人才到乡镇文化站工作的相关政策
		4.完善体育健身服务市场的相关政策
	体育公共服务的机构投入	5.县级体育行政机构设置是否健全
		6.全县各乡镇是否拥有综合文化站
		7.全县群众性体育社团数量
	体育公共服务的设施投入	8.全县人均体育设施场地面积
		9.县级直属公共体育场馆数量
		10.全县全民健身路径条数
		11.全县农民体育健身工程行政村所占比例
	体育公共服务的人力投入	12.县级体育职能部门从业人员数量
		13.各乡镇综合文化站配备社会体育指导员数量
		14.全县每万人拥有社会体育指导员人数
		15.全县体育教师配备情况
	体育公共服务的资金投入	16.全县每年公共体育事业财政支出
		17.全县每年人均政府财政体育经费金额
		18.县域每年体育彩票公益金使用情况
体育公共服务的过程指标	体育公共服务的活动	19.每年由政府部门主办的各类体育活动次数
		20.每年由社会主办的各类体育活动次数
		21.全民健身活动的科学指导情况
	体育公共服务的服务质量	22.体育公共服务的有形性
		23.体育公共服务的可靠性
		24.体育公共服务的保证性
体育公共服务的效益指标	体育公共服务的产业、消费	25.体育产业占县 GDP 的百分比
		26.全县年人均体育消费支出
	体育公共服务的满意度	27.对县域公共体育政策法规服务的满意度
		28.对县域公共体育场地设施服务的满意度
		29.对县域公共体育活动服务的满意度
		30.对县域公共体育经费服务的满意度
	体育公共服务的健康水平	31.全县体育人口数量
		32.全县居民(除在校生)达到《国民体质测定标准》及格以上标准人数占全县人口(除在校生)比例
		33.全县在校学生达到《国家学生体质健康标准》及格以上标准人数占全县在校学生人数比例
		34.全县体质监测在县域的覆盖率

数较大,分别为 0.27 和 0.26。从另一个方面反映出第二轮专家权威程度高于第一轮。

可操作性分为 5 个等级,分别是容易操作、较易操作、一般、难操作、很难操作,其赋值分别为 5 分、4 分、3 分、2 分和 1 分,从表 10-8 可以看出,每个三级指标的可操作性变化在 3.38—4.69 之间,其中操作性平均值大于 4 的指标有 27 个,占指标总数的 67.5%;小于 4 的指标有 13 个,占指标总数的 32.5%,这说明大多数指标都容易操作、信息容易获得。

平均得分也是表示重要程度指标,表 10-8 中根据各指标平均得分进行排序,并统计累积得分、累计百分率,取累计百分率为 90%,对第一轮指标结果进行筛选,结果表明,删除指标为:体育公共服务的个性化、对县域公共体育组织机构和人才服务的满意度、是否开展全民健身服务志愿者活动、表彰激励群众体育发展的相关政策、每年体育"三下乡"活动次数、发展体育产业的相关政策。得出第二轮专家咨询结果(见表 10-9)。

从表 10-9 可知,县域体育公共服务的投入指标中被删除 3 个指标,没有修改和增加新指标;过程指标中被删除 1 个指标,没有修改也没有增加新指标;效益指标中被删除 2 个指标,也没有修改和增加新指标。最后县域体育公共服务评价指标体系经过第二轮筛选,总体指标数为 34 个,其中投入指标数 18 个,过程指标数为 7 个,效益指标数为 9 个,最终确定了 34 个指标。

第四节　县域体育公共服务绩效评估
指标解释与权重确定

一、县域体育公共服务绩效评估指标解释

指标是衡量事物变化的具体参数及评价工具。"以某种理论为基础而建立的社会指标体系是指一些研究人员、学者根据他们所提出的理论

和假说,将社会现象编制成指标体系,并且用他们的理论来说明这些指标"。① 在对指标解释和分析指标来源的基础上确定各指标的评价标准,其中可以量化的指标,研究中结合国家有关政策规定和县域发展实际,赋予一定的值,给予合理评价;而对于难以用量化标准来衡量的指标,采用定性描述,如用"满足、比较能满足、一般、不能满足、极不满足"来表示,分别代表"100—90 分(优)、89—80 分(良)、79—70 分(中)、69—60 分(差)、59 分及以下(劣)",以期实现它的可操作性。

(一)体育公共服务的投入指标

(1)公共体育事业纳入政府工作目标和社会发展总体规划

指标解释:县域公共体育事业纳入政府工作目标和社会发展总体规划,政府工作报告及有关文件将体育公共服务纳入经济社会发展规划、县域建设规划和政府年度工作目标。(定性指标)

指标来源:《体育事业发展"十二五"规划》"各级政府要为公众参加体育活动创造必要条件,将群众体育事业纳入县级以上国民经济和社会发展规划"(2011 年);《全民健身计划(2016—2020 年)》提出:"纳入当地国民经济和社会发展规划及基本公共服务发展规划"(2016 年)。

指标标准:本研究用"高于预期、达到预期、一般、低于预期、远远低于预期"来衡量。

(2)鼓励社会力量参与体育公共服务建设的相关政策

指标解释:政府要研究、制定有关政策措施,支持与社会兴办相结合;鼓励社会力量对体育赛事、公益性体育机构、公共体育设施建设的支持。(定性指标)

指标来源:《体育事业发展"十二五"规划》"鼓励社会力量参与体育场馆经营管理活动,逐步实现投资多元化、运营市场化、管理企业化"

---

① 郑杭生,李强,李路路,等.社会指标理论研究[M].北京:中国人民大学出版社,1989:70-77.

（2011 年）。

指标标准：本研究用"高于预期、达到预期、一般、低于预期、远远低于预期"来衡量。

（3）吸引人才到乡镇文化站工作的相关政策

指标解释：争取乡镇政府落实人员编制，配备至少一名社会体育指导员作为专职或兼职体育工作人员，实行人员聘用、岗位管理和绩效考评制度等。（定性指标）

指标来源：《关于发挥乡镇综合文化站的功能进一步加强农村体育工作的意见》（2010 年）；《"十一五"全国乡镇综合文化站建设规划》"（第一节：强化乡镇综合文化站的文化服务职能）乡镇综合性文化站要配备专职人员管理，每个综合性文化站至少应有 1—2 个编制"；"（第三节：加强乡镇综合文化站工作队伍建设）对文化站实行公开招聘的办法，规范进人程序，吸引政治思想好、文化水平高的大中专毕业生到文化站工作"（2007 年）。

指标标准：本研究用"高于预期、达到预期、一般、低于预期、远远低于预期"来衡量。

（4）完善体育健身服务市场的相关政策

指标解释：政府要制定完善相关政策，加强体育健身服务市场的规范化管理。（定性指标）

指标来源：《体育事业发展"十二五"规划》"培养和规范体育健身休闲市场，促进体育健身休闲健康发展"（2011 年）；《体育发展"十三五"规划》"推广运用政府和社会资本合作模式，加大财政金融扶持力度，支持社会力量进入体育产业领域，建设体育设施，开发体育产品，提供体育服务"（2016 年）。

指标标准：本研究用"高于预期、达到预期、一般、低于预期、远远低于预期"来衡量。

（5）县级体育行政机构设置是否健全

指标解释：体育行政机关是指各级政府部门所属的体育行政主管部

门,包括独立或合并的机构,并承担体育管理职能。如体育行政部门与文化、教育行政部门合并。(定性指标)

指标来源:《体育事业统计年年报报表指标解释及填写要求》(2009年);《国务院办公厅转发国家体委关于深化改革加快发展县级体育事业的意见》"县级体育行政主管机构的设置形式要有利于《体育法》和《全民健身计划纲要》的贯彻实施;要根据本地经济社会发展的实际情况,建立适应社会主义市场经济体制的县级体育管理体制"(1996年);《国务院办公厅转发国家体委关于深化改革加快发展县级体育事业的意见》"根据体育事业发展的具体情况,适当设置或分工进行业余训练,社会体育指导,体育产业经营,体育场馆和体育市场管理等部门和单位"(1996年)。

指标标准:本研究用"健全、较健全、一般、不健全、很不健全"来衡量。

(6)全县各乡镇是否拥有综合文化站

指标解释:综合文化站是集体育、文化服务等多种功能于一体,服务于当地农民的综合性公共机构。其中承担着乡镇政府管理体育工作、提供体育公共服务的职能,是农村公共体育、文化服务体系的重要组成部分;是党和政府开展农村体育工作的基本阵地。(定量指标)

指标来源:《关于发挥乡镇综合文化站的功能进一步加强农村体育工作的意见》"强化政府对农村的公共文化服务;大力发展农村公共文化事业;进一步推动社会主义新农村建设;进一步推动基层文化体育组织建设;建立健全综合站体育工作机制;完善农村体育公共服务体系"(2010年)。

指标标准:《"十一五"全国乡镇综合文化站建设规划》"到2010年,全国所有农村乡镇建立具备综合服务功能文化站"(2007年)。本研究用"100%、99%—95%、94%—90%、89%—85%、84%及以下"来衡量。

(7)全县群众性体育社团数量

指标解释:体育社团是指为了满足体育爱好、达到强身健体的需求,人为组织或自发组织由各级体育总会批准,在民政部门登记的体育社会组织。政府要鼓励支持群众性体育组织的发展;广泛开展群众喜闻乐见的运动项目;加强群众体育俱乐部建设;因地制宜地开发和培育具有地方特色的体育健身项目。(定量指标)

指标来源:《体育事业统计年年报报表指标解释及填写要求》(2009年);《国务院办公厅关于加快发展体育产业的指导意见》"政府要鼓励支持群众性体育组织发展、改革、创新体育社会团体管理模式。在加强业务指导和依法监管的同时,完善体育社团法人机制;充实体育社会团体业务职能;发挥体育社会团体服务功能"(2010年)。

指标标准:《体育发展"十三五"规划》"大力培育基层全民健身组织,逐步建立遍布城乡、规范有序、充满活力的社会化全民健身组织网络"(2016年);《山西省体育事业"十二五"发展规划》"到2015年,全省各市、60%以上的县(市、区)分别建有体育总会和社会体育指导员协会;各市单项体育协会达到30个以上;80%的县(区、市)单项体育协会达到20个以上"(2011年)。本研究用"大于20个、19—15个、14—10个、9—5个、4个及以下"来衡量。

(8)全县人均体育设施场地面积

指标解释:场地面积是指可供训练、比赛、健身活动的有效面积。政府要加强城乡社区体育设施建设,满足人民群众开展体育活动的基本需求。(定量指标)

指标来源:《体育事业统计年年报报表指标解释及填写要求》(2009年);《公共文化体育设施条例》"第十条,公共文化体育设施的数量、规模以及布局,应当根据国民经济和社会发展水平、人口结构及文化体育事业发展的需要,优化配置,并符合国家关于城乡公共文化体育设施用地的规定"(2007年)。

指标标准:《全民健身计划(2016—2020年)》"推动公共体育设施建设,着力构建县(市、区)、乡镇(街道)、行政村(社区)三级群众身边的全民健身设施网络和城市社区15分钟健身圈,人均体育场地面积达到

1.8m²,改善各类公共体育设施的无障碍条件"(2016年)。本研究用"大于 2.0m²、2.0—1.8m²、1.8—1.6m²、1.6—1.4m²、小于 1.4m²"来衡量。

(9)县级直属公共体育场馆数量

指标解释:县级体育场、全民健身中心、社区多功能运动场等场地设施的数量,并根据其功能特点向公众开放。(定量指标)

指标来源:《体育事业统计年年报报表指标解释及填写要求》(2009年);《体育发展"十三五"规划》"全国市(地)、县(区)全民健身活动中心覆盖率超过 70%,城市街道、乡镇健身设施覆盖率超过 80%,行政村(社区)健身设施全覆盖";"到 2020 年,新建县级全民健身活动中心 500个、乡镇健身设施 15000 个、城市社区多功能运动场 10000 个,对损坏和超过使用期限的室外健身器材进行维护更新,努力实现到 2020 年人均体育场地面积达到 1.8 平方米的目标"(2016年)。

指标标准:在研究相关文献的基础上,本研究用"大于等于 40 个、39—30 个、29—20 个、19—10 个、9 个及以下"来衡量。

(10)全县全民健身路径条数

指标解释:全民健身路径是指各级体育行政部门,利用体育彩票公益金,在社区、街道、乡镇、村实施建设占地不多、经济实用、公益性的室外体育场地设施工程。(定量指标)

指标来源:《体育事业"十一五"规划》名词解释(2007年)。

指标标准:《全国城市体育先进社区标准》"每个社区拥有 1 至 2 套全民健身路径工程设施;新农村建设示范村应拥有 1 至 2 套全民健身路径工程设施"(2004年)。本研究用"80 条及以上、79—70 条、69—60 条、59—50 条、小于 50 条"来衡量。

(11)全县农民体育健身工程行政村所占比例

指标解释:农民体育健身工程是指在农村兴建公共体育场地设施,以此推动体育组织、体育活动在内的农村体育事业全面发展的工程。基本标准是:一块混凝土标准篮球场,配备一副标准篮球架和两张室外乒乓球

台。(定量指标)

指标来源:《体育事业"十一五"规划》名词解释(2007年)。

指标标准:《关于实施农民体育健身工程的意见》:"到2010年,争取占全国六分之一的行政村建有标准的公共体育场地设施,把体育服务体系覆盖到农村"(2006年);《体育事业发展"十二五"规划》"继续实施农民体育健身工程,实现80%的行政村建有公共体育设施,实现城市社区全部建有公共体育设施"(2011年);《全民健身计划(2016—2020年)》"继续实施农民体育健身工程,实现行政村健身设施全覆盖"(2016年)。

在文献研究的基础上,本研究用"大于等于90%、89%—80%、79%—70%、69%—60%、59%及以下"来衡量。

(12)县级体育职能部门从业人员数量

指标解释:从业人员是指在本单位工作,并取得劳动报酬的全部人员。包括职工、聘任人员、再就业的离退休人员以及在本单位工作的外方人员和港、澳、台人员。在此主要是指在县级政府行政机关或事业单位从事体育工作的国家公务员、专职教练员、运动员、管理人员、科研人员以及工勤人员等。(定量指标)

指标来源:《体育事业统计年年报报表指标解释及填写要求》(2009年)。

指标标准:根据调查研究,一般县级体育行政职能分为全民健身组织与指导、业余训练、体育产业经营、文体宣传等,行政编制3—4名,其余为事业编制,视县域经济社会发展情况不等。依据对"体育职能部门从业人员"的解释,本研究用"30名及以上、29—25名、24—20名、19—15名、14名及以下"来衡量。

(13)各乡镇综合文化站配置社会体育指导员数量

指标解释:社会体育指导员指在学校体育、竞技体育、军队体育以外的群众性体育活动中从事技能传授、科学健身指导和组织管理工作的人员。乡镇综合文化站要为当地社会体育组织办公和开展体育活动提供条件。(定量指标)

指标来源:《体育事业"十一五"规划》名词解释(2007年);《关于发挥乡镇综合文化站的功能进一步加强农村体育工作的意见》"要将村文化室、文化大院建成体育健身站点"(2010年)。

指标标准:《关于发挥乡镇综合文化站的功能进一步加强农村体育工作的意见》"每个站点配备至少一名三级以上社会体育指导员"(2010年)。本研究用"大于3人、3人、2人、1人、无"来衡量。

(14)全县每万人拥有社会体育指导员人数

指标解释:社会体育指导员指在学校体育、竞技体育、军队体育以外的群众性体育活动中,从事技能传授、科学健身指导、组织管理工作的人员。(定量指标)

指标来源:《体育事业"十一五"规划》名词解释(2007年)。

指标标准:《体育事业"十一五"规划》"政府要加强社会体育指导员建设,每万人拥有社会体育指导员数量达到5人"(2007年)。本研究用"大于5人、5人、4人、3人、3人及以下"来衡量。

(15)全县体育教师配备情况

指标解释:体育教师应当热爱学校体育工作,具有良好的思想品德,文化素养,掌握体育教育的理论和教学方法。(定性指标)

指标来源:《学校体育工作条例》(1990年)。

指标标准:《学校体育工作条例》"第十八条""学校应当在教育行政部门核定的教师总编制数内,按照教学计划中体育课授课时数所占的比例和开展课余体育活动的需要配备体育教师。除普通小学外,学校应当根据学校女生数量配备一定比例的女体育教师"(1990年)。本研究用"满足、较满足、一般、不满足、很不满足"来衡量。

(16)全县年公共体育事业财政支出

指标解释:公共体育事业财政支出是指根据国民经济和社会发展规划,政府通过税收、信用等方式筹集资金,以出资人身份将资金投向公共体育事业的一种资金支出活动。主要用于各项专业业务活动及辅助活动发生的实际支出。县级人民政府要将体育事业经费,体育基本建设资金列入本级财政预算和基本建设投资计划,并根据本地经济发展水平和增长速度,努力增加对体育事业的投入。(定性指标)

指标来源:《体育事业统计年年报报表指标解释及填写要求》(2009年);《体育事业发展"十二五"规划》"用于群众体育事业发展的经费、基本建设资金,列入县级以上体育主管部门预算"(2011年)。

指标标准:本研究用"满足、比较能满足、一般、不能满足、极不满足"来衡量。

(17)全县年人均政府财政体育经费金额

指标解释:全县年人均政府财政体育经费金额=全县年人均政府财政体育经费/全县人口总数。(定性指标)

指标来源:研究生成。

指标标准:本研究用"满足、比较能满足、一般、不能满足、极不满足"来衡量。

(18)县域每年体育彩票公益金使用情况

指标解释:体育彩票公益金是指经国务院批准,从体育彩票销售额中按规定比例提取的专项用于发展体育事业的资金(包括资助开展全民健身活动、修整和增建体育设施、弥补大型体育运动会比赛经费不足、体育扶贫工程专项支出等)。(定量指标)

指标来源:《体育事业统计年年报报表指标解释及填写要求》(2009年);《体育彩票公益金管理暂行办法》(1998年)。

指标标准:《全民健身计划纲要》第二期工程第二阶段(2006—2010年)实施计划"政府要加强对体育彩票公益金用于全民健身事业的比例,加强对其额度监督检查,保证体育彩票公益金的60%足额用于全民健身事业"。本研究用"大于等于80%、79%—70%、69%—60%、59%—50%、49%及以下"来衡量。

（二）体育公共服务的过程指标

（19）每年由政府部门主办的各类体育活动次数

指标解释：政府部门主办的各类体育活动次数是指该统计年度，以政府部门为主，举办以现代体育项目、民族传统体育活动为主要内容的、不同级别群众体育活动的总次数。（定量指标）

指标来源：《体育事业统计年年报报表指标解释及填写要求》（2009年）；《全民健身条例》（第十三条）"地方人民政府应当定期举办本行政区域的群众体育比赛活动"（2009年）。

指标标准：《合肥市体育事业"十二五"规划》"到2015年，每年组织开展的群众体育活动不少于20项"；《山西省潞城市体育事业"十二五"规划》"到2015年，每年组织开展的群众体育活动不少于18次"。本研究用"大于等于20次、19—15次、14—10次、9—5次、4次及以下"来衡量。

（20）每年由社会主办的各类体育活动次数

指标解释：由社会主办的各类体育活动次数是指该统计年度，以社会力量为主，举办以现代体育项目、民族传统体育活动为主要内容的、不同级别群众体育活动的总次数。社会力量主要包括各类体育社会组织举办的体育活动。（定量指标）

指标来源：《体育事业统计年年报报表指标解释及填写要求》（2009年）；《体育事业发展"十二五"规划》"支持各地方根据当地自然人文资源特色举办竞赛活动，鼓励企业举办商业性体育比赛"（2011年）；《体育发展"十三五"规划》"大力培育基层全民健身组织，逐步建立遍布城乡、规范有序、充满活力的社会化全民健身组织网络"（2016年）。

指标标准：根据实际情况，本研究用"大于等于20次、19—15次、14—10次、9—5次、4次及以下"来衡量。

（21）全民健身活动的科学指导情况

指标解释：全民健身活动是指由政府倡导、群众参与、以增进身心健康为目的的群众性健身活动。每年8月8日为全民健身日，要加强对公

民体育锻炼的科学指导,提高公民的科学健身意识。(定量指标)

指标来源:《全民健身条例》"第三章第十二条""县级以上人民政府及其有关体育主管部门应鼓励并支持全民健身活动站点、体育俱乐部等群众性体育组织开展全民健身活动,宣传科学健身知识"(2009 年)。《体育发展"十三五"规划》"建立广泛覆盖城镇乡村的体质测试平台,开展不同人群的国民体质测试工作,依托体质监测数据库,建立科学健身指导服务体系"(2016 年)。

指标标准:《山西省体育事业"十二五"发展规划》"开展全民健身日活动覆盖率 100%"(2011 年)。本研究用"100%—90%、89%—80%、79%—70%、69%—60%、59%及以下"来衡量。

(22)体育公共服务的有形性

指标解释:体育公共服务的有形性是指公共体育设施、设备、场所等外观设置合理、美观,有一定的吸引力。(定性指标)

指标来源:研究生成。

指标标准:本研究用"很满意、比较满意、一般、不满意、很不满意"来衡量。

(23)体育公共服务的可靠性

指标解释:体育公共服务的可靠性是指公共体育职能部门履行服务承诺的能力。(定性指标)

指标来源:研究生成。

指标标准:本研究用"很满意、比较满意、一般、不满意、很不满意"来衡量。

(24)体育公共服务的保证性

指标解释:体育公共服务的保证性是指体育公共服务人员的自信与可信能力。(定性指标)

指标来源:研究生成。

指标标准:本研究用"很满意、比较满意、一般、不满意、很不满意"来衡量。

（三）体育公共服务的效益指标

（25）体育产业占县 GDP 的百分比

指标解释:体育产业是指为社会公众提供体育服务和产品的活动,主要包括竞赛表演业、健身休闲业、场馆服务业、体育中介业、体育培训业、体育传媒业、体育用品业、体育彩票业等内容。（定量指标）

指标来源:《国家体育产业统计分类》(2015 年)。

指标标准:《中国体育产业发展报告(2008—2010)》"根据现有的调查和分析表明,中国体育产业的产值中占 GDP 的 0.1%—0.3%";《体育发展"十三五"规划》2014 年中国体育产业占 GDP 的 0.64%;《体育发展"十三五"规划》"到2020 年,全国体育产业总规模超过 3 万亿元,体育产业增加值的年均增长速度明显快于同期经济增长速度,在国内生产总值中的比重达到 1%,体育服务业增加值占比超过 30%";《山西省体育事业"十二五"发展规划》"2015 年力争使体育产业增加值达到占全省 GDP 的 0.5%以上"(2011 年)。本研究用"大于 0.8%、0.8%—0.6%、0.6%—0.4%、0.4%—0.2%、0.2%及以下"来衡量。

（26）全县年人均体育消费支出

指标解释:体育消费指人们用于体育活动方面的各种消费支出。（定量指标）

指标来源:《我国体育消费发展趋势研究》(1990 年)。

指标标准:《2007 年中国城乡居民参加体育锻炼现状调查公报》"全年人均消费水平为593 元"(2008 年);《体育发展"十三五"规划》"体育消费额占人均居民可支配收入比例超过 2.5%"(2016 年)。

本研究用"大于 2.5%、2.5%—2.0%、2.0%—1.5%、1.5%—1.0%、1.0%以下"来衡量。

（27）对县域公共体育政策法规服务的满意度

指标解释:居民对县域公共体育政策法规服务是否满意。（定性

指标）

指标来源:研究生成。

指标标准:本研究用"非常满意、比较满意、一般、不满意、很不满意"来衡量。

(28)对县域公共体育场地设施服务的满意度

指标解释:居民对县域公共体育场地设施服务是否满意。(定性指标)

指标来源:研究生成。

指标标准:本研究用"非常满意、比较满意、一般、不满意、很不满意"来衡量。

(29)对县域公共体育活动服务的满意度

指标解释:居民对县域公共体育活动服务是否满意。(定性指标)

指标来源:研究生成。

指标标准:本研究用"非常满意、比较满意、一般、不满意、很不满意"来衡量。

(30)对县域公共体育经费服务的满意度

指标解释:居民对县域公共体育每年经费投入是否满意。(定性指标)

指标来源:研究生成。

指标标准:本研究用"非常满意、比较满意、一般、不满意、很不满意"来衡量。

(31)全县体育人口数量

指标解释:体育人口是指经常参加体育健身的人口。目前各国的统计指标不尽相同,我国目前采用体育人口判定标准是:每周有目的、有规律地锻炼3次以上,每次锻炼时间30分钟以上,每次锻炼达到中等运动强度。(定量指标)

指标来源:《体育事业"十一五"规划》名词解释(2007年)。

指标标准:《全民健身计划(2011—2015 年)》"经常参加体育锻炼人数比例达到32%以上,其中,16 岁以上城乡居民(不含在校学生)达到12%以上,城市居民达到 18%以上,农村居民达到 7%以上"(2011 年);《体育发展"十三五"规划》"2014 年底,全国经常参加体育锻炼的人数比例达到 33.9%","到 2020 年,经常参加锻炼的人数达到 4.35 亿"(2016年)。本研究用"大于等于 37%、36%—35%、34%—33%、32%—31%、30%及以下"来衡量。

(32)全县居民(除在校生)达到《国民体质测定标准》及格以上标准人数占全县人口(除在校生)比例

指标解释:测试达标率是指国家级、省级、地市级、县区级按照统一的国民体质测定标准,本年度受测人数的达标率情况。提倡国民在经常参加体育锻炼的基础上,定期按照《国民体质测定标准》进行体质测定。(定量指标)

指标来源:《体育事业统计年年报报表指标解释及填写要求》(2009 年)。

指标标准:《全民健身计划(2011—2015 年)》"达到《国民体质测定标准》合格标准的城乡居民(不含在校学生)人数比例增加到 90%以上;达到优秀标准人数比例增加到 16%以上。其中城市居民达到优秀标准人数比例增加到 20%;农村居民达优秀标准人数比例增加到 12%";《体育发展"十三五"规划》报告:"城乡居民达到《国民体质测定标准》合格以上的人数比例是 89.6%"。本研究用"90%及以上、89%—80%、79%—70%、69%—60%、59%及以下"来衡量。

(33)全县在校学生达到《国家学生体质健康标准》及格以上标准人数占全县在校学生人数比例

指标解释:《国家学生体质健康标准》是测量学生体质健康状况、锻炼效益的评价标准。测试达标率是指国家级、省级、地市级、县区级按照统一的学生体质健康标准,本年度受测人数的达标率情况。学校每学年应对学生进行一次标准测试,按评定等级记入《国家学生体质健康标准

登记卡》。因病或残疾免予执行本标准的学生,填写《免予执行申请表》。（定量指标）

指标来源:《体育事业统计年年报报表指标解释及填写要求》(2009年);《国家学生体质健康标准(2014年修订)》。

指标标准:《全民健身计划(2011—2015年)》:在校学生普遍达到《国家学生体质健康标准》的基本要求,耐力、力量等体能素质明显提高,达到优秀标准人数比例达到25%以上。本研究用"100%、99%—90%、89%—80%、79%及以下"衡量。

(34)全县体质监测站在县域的覆盖率

指标解释:体质监测站是指国家级、省级、地市级、县区各级所建立的国民体质监测站的总数量。全国城市体育先进社区和有条件的社区应当建立体质测定站,为居民提供体质测定服务;县、乡镇应与农村医疗卫生工作结合,创造条件建立体质测定站,为农民提供体质测定服务。体质测定站应当具备以下基本条件:有培训合格的体质测定人员、有对伤害事故及时救护的条件、有符合体质测试项目要求的器材和场地、有测试数据处理及健身指导的设备和人员。（定量指标）

指标来源:《国民体质测定标准施行办法》"县、乡镇应当将施行《国民体质测定标准》作为农村体育工作的重要内容;与农村医疗卫生工作结合,创造条件建立体质测定站,为农民提供体质测定服务"(2003年)。

指标标准:《体育发展"十三五"规划》"进一步完善国民体质测试常态化机制,探索体质测定与运动健身指导站、社区医院等社会资源相结合的运行模式";《山西省体育事业"十二五"发展规划》到2015年,省、市"健康在线管理体系"实现网络化。70%以上的县(市、区)、100%的体育传统项目学校建有"国民体质监测站(点)"(2011年)。本研究用"80%及以上、79%—70%、69%—60%、59%—50%、49%及以下"来衡量。

二、县域体育公共服务绩效评估指标权重确定

指标的权重反映了该指标在整个指标体系中的相对重要程度,关系到这一指标对总体的"贡献性"大小。因此,确定指标的权重是评价指标测评的基础。本研究以层次分析法确定各指标的权重,其中计算权重的原始数据主要由评估者根据经验主观判断得到。

层次分析法(Analytic Hierarchy Process, AHP)是美国运筹学家萨蒂于 20 世纪 70 年代提出的,是一种定性与定量分析相结合的多目标决策分析方法。应用这种方法,决策者可以通过将复杂问题分解为若干层次和若干因素,在各因素之间进行简单的比较和计算,就可以得出不同方案的权重。具体步骤如下:

第一,建立层次结构模型。

根据表 10-9 县域体育公共服务绩效第二轮专家评判确定的评价指标建立图 10-1 所示的层次结构模型,该层次结构模型涵盖三层,各个层次之间的元素互不交叉,下层元素分属上层元素。其中目标层只有一个,即县域体育公共服务绩效评估的期望结果,中间为准则层,其表征实现县域体育公共服务绩效评估的期望目标的中间环节,最下一层为方案层,其表征县域体育公共服务绩效评估对象的具体化。

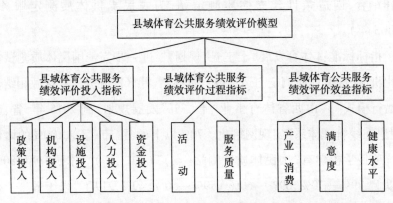

图 10-1　县域体育公共服务绩效评估的层次结构分析模型图

第二,构造判断矩阵。

建立层次分析模型之后,对各层元素进行两两比较,构造出比较判断矩阵(见表10-10)。

表10-10　判断矩阵

Cs	P_1	P_2	...	...	P_n
P_1	b_{11}	b_{12}	...	...	b_{1n}
P_2	b_{21}	b_{22}	...	...	b_{2n}
...	...	...	...	...	...
...	...	...	...	...	...
P_n	b_{n1}	b_{n2}	...	...	b_{nn}

判断矩阵具有如下特征:

$b_{ii} = 1 ; b_{ji} = 1/b_{ij}$

判断矩阵是层次分析法的基本信息,也是进行相对重要度计算的重要依据,它表示针对上一层次因素,本层次与之有关因素之间相对重要性的比较,为此在构造判断矩阵时就需要对"重要性"赋予一定的数值,通常赋值的根据或来源,可以是由决策者直接提供,或是通过决策者与分析者对话来确定,或是由分析者通过某种技术咨询而获得,也可以通过其他途径来酌定。本研究中b_{ij}是根据第二轮德尔菲法评判结果确定。

第三,指标权重的确定。

指标权重的确定也就是计算层次单排序的过程,它是根据判断矩阵计算对于上一层某元素而言本层次与之有联系的元素重要性次序的权值。常用的方法有根法、和法、最小二乘法等,本研究采用的是和法。具体步骤如下:

(1)判断矩阵的每一列元素进行求和,并按下列公式对每一元素作归一化处理:

$$b_{ij} = \frac{b_{ij}}{\sum_1^n b_{ij}} \ (\ i,j = 1,2,\cdots,n \ ) \qquad 式(10-12)$$

表 10-11　县域体育公共服务绩效评价指标权重

一级指标	二级指标	三级指标	权重
县域体育公共服务绩效投入指标 0.41	政策投入 0.19	1.公共体育事业纳入政府工作目标和社会发展总体规划	0.43
		2.鼓励社会力量参与体育公共服务建设的相关政策	0.19
		3.吸引人才到乡镇文化站工作的相关政策	0.19
		4.完善体育健身服务市场的相关政策	0.19
	机构投入 0.13	5.县级体育行政机构设置是否健全	0.43
		6.全县各乡镇是否拥有综合文化站	0.31
		7.全县群众性体育社团数量	0.26
	设施投入 0.23	8.全县人均体育设施场地面积	0.30
		9.县级直属公共体育场馆数量	0.20
		10.全县全民健身路径条数	0.20
		11.全县农民体育健身工程行政村所占比例	0.30
	人力投入 0.19	12.县级体育职能部门从业人员数量	0.25
		13.各乡镇综合文化站配备社会体育指导员数量	0.27
		14.全县每万人拥有社会体育指导员人数	0.21
		15.全县体育教师配备情况	0.27
	资金投入 0.26	16.全县每年公共体育事业财政支出	0.41
		17.全县每年人均政府财政体育经费金额	0.37
		18.县域每年体育彩票公益金使用情况	0.22
县域体育公共服务绩效过程指标 0.32	活动 0.54	19.每年由政府部门主办的各类体育活动次数	0.32
		20.每年由社会主办的各类体育活动次数	0.42
		21.全民健身活动的科学指导情况	0.26
	服务质量 0.46	22.体育公共服务的有形性	0.44
		23.体育公共服务的可靠性	0.36
		24.体育公共服务的保证性	0.20
县域体育公共服务绩效效益指标 0.27	产业、消费 0.31	25.体育产业占县 GDP 的百分比	0.47
		26.全县年人均体育消费支出	0.53
	满意度 0.31	27.对县域公共体育政策法规服务的满意度	0.20
		28.对县域公共体育场地设施服务的满意度	0.30
		29.对县域公共体育活动服务的满意度	0.30
		30.对县域公共体育经费服务的满意度	0.20
	健康水平 0.38	31.全县体育人口数量	0.28
		32.全县居民(除在校生)达到《国民体质测定标准》及格以上标准人数占全县人口(除在校生)比例	0.26
		33.全县在校学生达到《国家学生体质健康标准》及格以上标准人数占全县在校学生人数比例	0.28
		34.全县体质监测在县域的覆盖率	0.18

（2）把每一列经归一化处理后的判断矩阵行相加：

$$\underline{W}_i = \sum_{1}^{n} \underline{b}_{ij} \ (\ i = 1, 2, \cdots, n) \qquad\qquad 式（10-13）$$

（3）对向量 $\underline{W} = (\underline{W}_1, \underline{W}_2, \cdots, \underline{W}_n)^t$ 按下列公式进行归一化处理：

$$W_i = \frac{\underline{W}_i}{\sum_{1}^{n} \underline{W}_j} \ (\ i = 1, 2, \cdots, n \ ) \qquad\qquad 式（10-14）$$

$W = (W_1, W_2, \cdots, W_n)^t$ 即所求的特征向量的近似解，也就是研究设计中同一层各因素相对于上一层因素权重值。即县域体育公共服务绩效评价指标权重（见表 10-11）。

第五节　县域体育公共服务绩效
评估指标体系实证检验

绩效评估是指运用一定的量化指标、评价标准及评价方法，对实现其职能所确定的绩效目标的实现程度进行的综合性评价的一种方法，常用的方法很多，如目标管理法、配对比较法、模糊综合评判法等，本研究采用的是模糊综合评判法。模糊综合评判法（FUZZY）就是应用模糊数学理论和方法帮助人们进行多因素的决策和优选。适用于多因素多层次的复杂问题评判，是一种重要且应用广泛的综合评价方法。其具体步骤如下：

第一，确定模糊综合评判因素集 U。

研究评价对象的影响因素集为 U ，$U = (U_1, U_2, \cdots, U_n)$，即确定评判的指标体系（见表 10-12）。

表 10-12　县域体育公共服务绩效评估的因素集

县域公共服务绩效评价因素集		
县域体育公共服务绩效＝{投入，过程,效益}	投入＝{政策投入,机构投入,设施投入,人力投入,资金投入}	政策投入＝{公共体育事业纳入政府工作目标和社会发展总体规划,鼓励社会力量参与体育公共服务建设的相关政策,吸引人才到乡镇文化站工作的相关政策,完善体育健身服务市场的相关政策}
		机构投入＝{县级体育行政机构设置是否健全,全县各乡镇是否拥有综合文化站,全县群众性体育社团数量}
		设施投入＝{全县人均体育设施场地面积,县级直属公共体育场馆数量,全县全民健身路径条数,全县农民体育健身工程行政村所占比例}
		人力投入＝{县级体育职能部门从业人员数量,各乡镇综合文化站配备社会体育指导员数量,全县每万人拥有社会体育指导员人数,全县体育教师配备情况}
		资金投入＝{全县每年公共体育事业财政支出,全县年人均政府财政体育经费金额,县域每年体育彩票公益金使用情况}
	过程＝{活动,服务质量}	活动＝{每年由政府部门主办的各类体育活动次数,每年由社会主办的各类体育活动次数,全民健身活动的科学指导情况}
		服务质量＝{体育公共服务的有形性,体育公共服务的可靠性,体育公共服务的保证性}
	效益＝{产业、消费,满意度,健康水平}	产业、消费＝{体育产业占县 GDP 的百分比,全县年人均体育消费支出}
		满意度＝{对县域公共体育政策法规服务的满意度,对县域公共体育场地设施服务的满意度,对县域公共体育活动服务的满意度,对县域公共体育经费服务的满意度}
		健康水平＝{全县体育人口数量,全县居民(除在校生)达到《国家国民体质测定标准》及格以上标准人数占全县人口(除在校生)比例,全县在校学生达到《国家学生体质健康标准》及格以上标准人数占全县在校学生人数比例,全县体质监测在县域的覆盖率}

第二,建立模糊综合评判的评价集 V。

评价集是评价者对评价对象可能作出的各种总的评价结果组成的集合,用 V 表示,为了对县域体育公共服务绩效作出更为客观、准确的评价,本模型的评语共分为五个等级,具体评价集为:

$V=\{$优,良,中,差,劣$\}$

第三,建立权重集。

为了反映各因素的重要程度,对各因素应分配给一个相应的权数 A_i,于是,由各权重 A_i 组成 U 上的一个模糊集合 A,称 A 为权重集。县域体育公共服务绩效的评估指标权重根据 AHP 法已确定(见表10-13)。

表10-13　评估因素权重向量表

A	A_i	A_{ik}
$A=\{0.41,$ $0.32,0.27\}$	$A_1=\{0.19,0.13,0.23,$ $0.19,0.26\}$	$A_{11}=\{0.43,0.19,0.19,0.19\}$
		$A_{12}=\{0.43,0.31,0.26\}$
		$A_{13}=\{0.30,0.20,0.20,0.30\}$
		$A_{14}=\{0.25,0.27,0.21,0.27\}$
		$A_{15}=\{0.41,0.37,0.22\}$
	$A_2=\{0.54,0.46\}$	$A_{21}=\{0.32,0.42,0.26\}$
		$A_{22}=\{0.44,0.36,0.20\}$
	$A_3=\{0.31,0.31,0.38\}$	$A_{31}=\{0.47,0.53\}$
		$A_{32}=\{0.20,0.30,0.30,0.20\}$
		$A_{33}=\{0.28,0.26,0.28,0.18\}$

第四,进行单因素模糊评判,建立模糊关系矩阵 R。

研究中选取某县级体育局相关工作人员 5 人、乡镇文化站代表 10 人、学校体育教师 5 人,共计 20 人组成评估小组,以问卷调查的形式让他们对综合评估系统第三层各元素进行单因素评价。通过对调查表的回收、整理和统计,得到评价结果统计表(见表10-14)。

表10-14 县域体育公共服务绩效评估结果统计表

序号	指标名称	优	良	中	差	劣
1	公共体育事业纳入政府工作目标和社会发展总体规划	0	5	10	5	0
2	鼓励社会力量参与体育公共服务建设的相关政策	0	3	10	5	2
3	吸引人才到乡镇文化站工作的相关政策	2	5	9	4	0
4	完善体育健身服务市场的相关政策	1	3	11	3	2
5	县级体育行政机构设置是否健全	2	8	8	2	0
6	全县各乡镇是否拥有综合文化站	20	0	0	0	0
7	全县群众性体育社团数量	0	20	0	0	0
8	全县人均体育设施场地面积	0	0	20	0	0
9	县级直属公共体育场馆数量	0	0	0	20	0
10	全县全民健身路径条数	20	0	0	0	0
11	全县农民体育健身工程行政村所占比例	20	0	0	0	0
12	县级体育职能部门从业人员数量	0	20	0	0	0
13	各乡镇综合文化站配备社会体育指导员数量	0	0	0	0	20
14	全县每万人拥有社会体育指导员人数	0	0	0	0	20
15	全县体育教师配备情况	1	5	7	6	1
16	全县每年公共体育事业财政支出	2	5	5	4	4
17	全县每年人均政府财政体育经费金额	2	5	5	4	4
18	县域每年体育彩票公益金使用情况	20	0	0	0	0
19	每年由政府部门主办的各类体育活动次数	20	0	0	0	0
20	每年由社会主办的各类体育活动次数	0	0	20	0	0
21	全民健身活动的科学指导情况	0	0	0	20	0
22	体育公共服务的有形性	3	5	9	2	1
23	体育公共服务的可靠性	3	5	6	4	2

序号	指标名称	优	良	中	差	劣
24	体育公共服务的保证性	3	8	5	4	0
25	体育产业占县 GDP 的百分比	0	0	0	0	20
26	全县年人均体育消费支出	0	0	0	0	20
27	对县域公共体育政策法规服务的满意度	2	8	7	3	0
28	对县域公共体育场地设施服务的满意度	0	13	5	1	1
29	对县域公共体育活动服务的满意度	0	10	7	1	2
30	对县域公共体育经费服务的满意度	0	6	8	4	2
31	全县体育人口数量	0	20	0	0	0
32	全县居民（除在校生）达到《国民体质测定标准》及格以上标准人数占全县人口（除在校生）比例	0	20	0	0	0
33	全县在校学生达到《国家学生体质健康标准》及格以上标准人数占全县在校学生人数比例	0	20	0	0	0
34	全县体质监测在县域的覆盖率	0	0	0	20	0

根据表 10-14,可以构造模糊评判矩阵 R 为:

$$R = \begin{vmatrix} r_{11} & r_{12} & \cdots & r_{1n} \\ r_{21} & r_{22} & \cdots & r_{2n} \\ \cdots & \cdots & \cdots & \cdots \\ r_{m1} & r_{m2} & \cdots & r_{mn} \end{vmatrix} \qquad 式(10-15)$$

第五,建立评判模型,进行综合评判。

评判模型为:

$$B = A \times R = (a_1, a_2, \cdots, a_n) * \begin{vmatrix} r_{11} & r_{12} & \cdots & r_{1n} \\ r_{21} & r_{22} & \cdots & r_{2n} \\ \cdots & \cdots & \cdots & \cdots \\ r_{m1} & r_{m2} & \cdots & r_{mn} \end{vmatrix} \qquad 式(10-16)$$

分析处理模糊综合评判结果向量,这一步可以使评判结果信息清晰化,最终对被评判对象作出判定。具体评价结果如下:

$B_{政策投入} = [0.4240, 0.3855, 0.1810, 0.0095, 0]$

$B_{机构投入} = [0.3530, 0.4320, 0.1720, 0.0430, 0]$

$B_{设施投入} = [0.5000, 0, 0.3000, 0.2000, 0]$

$B_{人力投入} = [0.1310, 0.3175, 0.0945, 0.0810, 0.4935]$

$B_{资金投入} = [0.2980, 0.1950, 0.1950, 0.1560, 0.1560]$

$B_{投入综合} = [0.3215, 0.2404, 0.1944, 0.1093, 0.1343]$

$B_{活动} = [0.3200, 0, 0.4200, 0.2600, 0]$

$B_{服务质量} = [0.1500, 0.2800, 0.3560, 0.1560, 0.0580]$

$B_{过程综合} = [0.2418, 0.1288, 0.3906, 0.2122, 0.0267]$

$B_{产业、消费} = [0, 0, 0, 0, 1]$

$B_{满意度} = [0.0200, 0.4850, 0.3300, 0.1000, 0.0650]$

$B_{健康水平} = [0.1360, 0.4820, 0.2582, 0.1000, 0.0230]$

$B_{效益综合} = [0.0062, 0.4620, 0.1023, 0.0994, 0.3302]$

$B_{县域体育公共服务绩效} = [0.2109, 0.2645, 0.2323, 0.1396, 0.1528]$

按最大隶属度原则,说明该县域体育公共服务绩效评价中,某县政策投入为"优",机构投入为"良",设施投入为"优",人力投入为"差",资金投入为"优",投入综合为"优";活动为"中",服务质量为"中",过程综合为"中";产业、消费为"劣",满意度为"良",健康水平为"良",效益综合为"良";县域体育公共服务绩效为"良"。

通过对该县体育公共服务绩效进行评价,课题组发现该县在体育公共服务投入中,体育公共服务政策、体育公共服务设施、体育公共服务资金方面处于优势状态,而体育公共服务人力投入处于劣势状态,这主要是由于社会体育指导员人数严重不足引起的。社会体育指导员在我国1993年推行,各项制度的发展还不够完善,尤其对于县域来讲,社会体育指导员的建设更是明显滞后。随着改革开放和城镇化建设的进程,社会及经济结构发生深刻变革,参加体育锻炼人口的增加,人们健康观念的更新,政府要加大培养社会体育指导员的力度,采取多样化的培训方式,培养不同等级的社会体育指导员,只有这样,才能适应社会发展的需要,才能使人民群众的健身活动走向科学化、健康化的轨道。

在县域体育公共服务过程中,体育公共服务活动、体育公共服务质量处于及格,该县域每年组织的各种体育活动达 20 次以上,基本能满足当前群众需求,但对全民健康活动的科学指导不足,这主要还是由社会体育指导员人数不足引起的。

在县域体育公共服务效益中,体育公共服务的健康水平和对体育公共服务的满意度方面处于良好状态,这和该县域体育公共服务的政策、设施、资金投入有关。但在体育公共服务产业方面处于劣势状态。作为一个新兴产业,体育产业在世界范围内已初具规模,在我国同样具有广阔的发展前景,政府部门应当认真贯彻落实《国务院办公厅关于加快发展体育产业的指导意见》,制定地方性文件,为体育产业发展提供政策保障,同时利用多种手段进行引导、调控和运作,探索出一条适合县域实际的经济发展模式。

县域体育作为我国体育事业的重要组成部分,它的发展是个系统工程,随着社会发展其内涵不断扩展。综合评价县域体育公共服务的基础上,找出当前存在的问题,对进一步推动县域公共体育的发展具有一定的借鉴和指导价值。

参考文献

[1]埃比尼泽·霍华德.明日的田园城市[M].金经元,译.北京:商务印书馆,2006.

[2]安瓦·沙.公共服务提供[M].孟华,译.北京:清华大学出版社,2009.

[3]安应民.构建均衡发展机制——我国城乡基本公共服务均等化研究[M].北京:中国经济出版社,2011.

[4]白日荣.城市公共休闲调查研究——以烟台为例[M].北京:经济科学出版社,2010.

[5]北京市发展和改革委员会.北京市"十一五"时期社会公共服务发展规划[EB/OL].http://www.bjpc.gov.cn/fzgh_1/guihua/11_5/11_5_zx/11_5_zd/200610/t141476_5.htm.

[6]曾福生,李燕凌,匡远配.农村公共产品供求均衡论[M].北京:中国农业出版社,2006.

[7]曾维和.当代西方国家公共服务组织结构变革——基于服务需求复杂性的一项探讨[M].北京:中国社会科学出版社,2010.

[8]车峰.我国公共服务领域政府与NGO合作机制研究[M].北京:

中央民族大学出版社,2013.

[9]车峰.我国政府购买公共服务问题研究综述[J].理论导刊,2014(12).

[10]陈斌,韩会君.公共体育服务外包的政府责任及实现机制论析[J].天津体育学院学报,2014,29(5).

[11]陈波.我国农村公共文化服务体系的财政保障机制研究[M].北京:中国社会科学出版社,2014.

[12]陈昌盛,蔡跃洲.中国政府公共服务:体制变迁与地区综合评估[M].北京:中国社会科学出版社,2007.

[13]陈超.现时期农民体育需求与供给的典型调查[D].南京:南京师范大学,2011.

[14]陈家起,刘红建,朱梅新.苏南地区农村体育公共服务供给的有益探索[J].体育与科学,2013,35(5).

[15]陈烈,魏成,等.县域可持续发展规划的理论与实践[M].北京:科学出版社,2011.

[16]陈明.人文社会科学理论阐释模型论[M].合肥:安徽大学出版社,2007.

[17]陈晓静.山西省县级政府体育公共服务能力及其影响因素的研究[D].临汾:山西师范大学,2014.

[18]陈振明,等.公共服务导论[M].北京:北京大学出版社,2011.

[19]陈振明.非市场缺陷的政治经济学分析——公共选择和政策分析学者的政府失败论[J].中国社会科学,1998(6).

[20]崔卓兰,周隆基.社会管理创新与行政给付新发展[J].当代法学,2013(1).

[21]戴俭慧,高斌.政府购买体育公共服务的行为分析[J].体育学刊,2013(2).

[22]戴健,等.公共体育服务体系建设[M].上海:上海交通大学出版

社,2015.

[23]戴健,郑家鲲.我国公共体育服务体系研究述评[J].上海体育学院学报,2013,37(1).

[24]戴健.中国公共体育服务发展报告(2013)[M].北京:社会科学文献出版社,2013.

[25]邓毛颖,张新长,等.县域城乡规划信息化体系研究[M].北京:科学出版社,2011.

[26]董留学.我国政府公共服务市场化研究[D].郑州:郑州大学,2005.

[27]董明涛.基于合作治理的农村公共服务体系改革研究[J].广东农业科学,2014(2).

[28]窦贝贝.山西省县域体育基本公共服务均等化研究[D].临汾:山西师范大学,2014.

[29]段晋霞.县级政府体育公共服务标准体系构建的研究[D].临汾:山西师范大学,2014.

[30]段文斌,谭庆刚.新制度主义对主流经济学的扩展[J].南开学报(哲学社会科学版),2002(5).

[31]樊炳有.体育公共服务的理论框架及系统结构[J].体育学刊,2009,16(6).

[32]樊炳有.我国体育公共服务供给制度及实践路径选择探讨[J].体育与科学,2009,30(4).

[33]樊丽明,石绍宾,等.城乡基本公共服务均等化研究[M].北京:经济科学出版社,2011.

[34]樊丽明.中国公共品市场与自愿供给分析[M].上海:上海人民出版社,2005.

[35]范逢春.农村公共服务多元主体协同治理机制研究[M].北京:人民出版社,2014.

[36]方堃.当代中国新型农村公共服务体系研究——基于"服务三角"模型的分析框架[M].北京:中国社会科学出版社,2010.

[37]费孝通.江村经济[M].南京:江苏人民出版社,1986.

[38]风笑天.社会学研究方法[M].北京:中国人民大学出版社,2009.

[39]冯蕾.基本公共服务怎样均等化:国家发改委相关负责人介绍《国家基本公共服务体系"十二五"规划》[N].光明日报,2012—07—20(001).

[40]冯文彬.新民主主义的国民体育[J].新体育,1950(1).

[41]冯欣欣,曹继红.政府与非营利体育组织合作:理论逻辑与模式转变——基于资源依赖的视角[J].天津体育学院学报,2012,27(4).

[42]冯欣欣,曹继红.资源依赖视角下我国体育社团与政府的关系及其优化路径研究[J].天津体育学院学报,2013,28(5).

[43]冯欣欣.政府购买公共体育服务的模式研究[J].体育与科学,2014,35(5).

[44]符加林,崔浩,黄晓红.农村社区公共物品的农户自愿供给——基于声誉理论的分析[J].经济经纬,2007(4).

[45]高焕喜.我国县域经济发展中城乡统筹机制形成研究[M].北京:中国财政经济出版社,2007.

[46]高小平,王立平.服务型政府导论[M].北京:人民出版社,2009.

[47]龚维斌.中国社会体制改革报告(2014)[M].北京:社会科学文献出版社,2014.

[48]古惠冬.对我国优惠政策的再思考[J].改革,2000(6).

[49]谷礼燕.我国城市社区体育公共服务供给制度的改革研究[J].广州体育学院学报,2011,31(1).

[50]郭斌,薛冰.回顾与反思:政府公共服务评价指标体系研究进展[J].理论导刊,2009(3).

[51]郭剑鸣.公共服务供给主体多元化的理论前景与现实路径——

以广东公共服务业多元化发展为例[C].中国行政管理学会 2004 年年会暨"政府社会管理与公共服务"论文集.

[52]郭杰.山西省县域体育公共服务质量评价研究——基于公民价值的视角[D].临汾:山西师范大学,2014.

[53]国家体委政策研究室.体育运动文件选编(1949—1981)[M].北京:人民体育出版社,1982.

[54]国家体育总局.2006—2008 全国体育及相关产业统计公报[EB/OL].(2010-04-29)[2013-12-01].http://www.sport.gov.cn/n16/n1077/n1467/n1513017/n1514290/1517921.html.

[55]国家体育总局.冯建中副局长在 2014 年全国群众体育工作会议上的讲话[EB/OL].http://www.sport.gov.cn/n16/n33193/n33208/n33418/n33583/5073295.html.

[56]国家体育总局.刘国永司长在 2015 年全国群众体育工作会议上的总结讲话[EB/OL].http://www.sport.gov.cn/n16/n33193/n33208/n33418/n33583/6123460.html.

[57]国家体育总局.刘鹏局长在 2012 年全国群众体育工作会议上的讲话[EB/OL].http://www.sport.gov.cn/n16/n33193/n33208/n33418/n33583/2700125.html.

[58]国家体育总局.刘鹏局长在 2015 年全国群众体育工作会议上的讲话[EB/OL].http://www.sport.gov.cn/n16/n33193/n33208/n33418/n33583/6123486.html.

[59]国家体育总局.体育事业发展"十二五"规划[EB/OL].http://www.sport.gov.cn/n16/n1077/n1467/n184 3577/1843747.html.

[60]国家体育总局、群众体育司.群众体育公共手册[M].北京:人民体育出版社,2014.

[61]国家体育总局.中央集中彩票公益金支持体育事业专项资金管理办法[EB/OL].http://www.sport.gov.cn/n16/n33193/n33208/n33448/

n33793/4938509.html.

[62]国家体育总局政法司.体育事业发展"十二五"规划[EB/OL].ht-tp://www.sport.gov.cn/n16/n33193/n33208/n33463/n2124098/4342624.html.

[63]国家统计局.中国统计年鉴2015[EB/OL].http://www.stats.gov.cn/tjsj/ndsj/2015/indexch.htm.

[64]国家统计局.中国统计年鉴2016[EB/OL].http://www.stats.gov.cn.

[65]韩小威.中国农村基本公共服务供给的制度模式探析[M].北京:中国社会科学出版社,2012.

[66]何传启.第六次科技革命的战略机遇[M].北京:科学出版社,2011.

[67]何平,吴楠.政府购买公共服务法律规制研究[M].合肥:合肥工业大学出版社,2014.

[68]和立道.中国城乡基本公共服务均等化问题研究[M].北京:社会科学文献出版社,2014.

[69]河连燮.制度分析理论与争议[M].李秀峰,柴宝勇,译.北京:中国人大学出版社,2014.

[70]贺东航.当前中国政治学研究的困境与新视野[J].探索,2004(6).

[71]洪大用.机遇与风险:当前中国的社会政策议程[J].学术界,2004(2).

[72]洪生伟.标准化工程奠定了我国经济的技术基础——《标准化工程》解读[J].中国标准导报,2008(9).

[73]洪永泰.户中选样之研究[M].台北:五南图书出版公司,1996.

[74]侯定丕,王战军.非线性评估的理论探索与应用[M].北京:中国科学技术大学出版社,2001.

[75]胡鞍钢.让全体人民共享体育发展成果[N].中国体育报,

2016-06-30.

[76]胡税根,徐元帅.中国政府公共服务标准化建设的价值研究[J].甘肃行政学院学报,2009(5).

[77]黄恒学,张勇.政府基本公共服务标准化研究[M].北京:人民出版社,2011.

[78]基本公共服务均等化研究课题组.让人人平等享受基本公共服务——我国基本公共服务均等化研究[M].北京:中国社会科学出版社,2011.

[79]贾康.PPP:制度供给创新及其正面效应[N].光明日报,2015-05-27(015).

[80]贾玉琛.县域体育公共服务市场化的研究[D].临汾:山西师范大学,2014.

[81]焦立新,金怀玉.基于发展要素的县域经济竞争力评价[M].合肥:合肥工业大学出版社,2011.

[82]杰弗里·菲佛,杰勒尔德·R.萨兰基克.组织的外部控制——对组织资源依赖的分析[M].闫蕊,译.北京:东方出版社,2006.

[83]金新政.软科学研究方法[M].武汉:湖北科学出版社,2002.

[84]靳永翥.公共服务提供机制——以欠发达农村地区为研究对象[M].北京:社会科学文献出版社,2009.

[85]句华.公共服务市场化的内涵和动因[J].社会科学战线,2003(3).

[86]句华.公共服务中的市场机制:理论、方式与技术[M].北京:北京大学出版社,2006.

[87]凯特尔.权利共享:公共治理与私人市场[M].孙迎春,译.北京:北京大学出版社,2009.

[88]蒯大申,饶先来.新中国文化管理体制研究[M].上海:上海人民出版社,2015.

[89]莱昂·狄骥.宪法学教程[M].王文利,等译.沈阳:春风文艺出版社,1999.

[90]莱斯特·萨拉蒙.全球公民社会:非营利部门视界[M].贾西津,等译.北京:社会科学文献出版社,2007.

[91]莱斯特·萨拉蒙.第三域的兴起[C]//李亚平,于海.第三域的兴起——西方志愿工作及志愿组织理论文选[R].上海:复旦大学出版社,1998.

[92]赖其军,郇昌店,肖林鹏,等.从政府投入到政府购买——公共体育服务供给创新研究[J].体育文化导刊,2010(10).

[93]雷厉,蔡有志,安枫,等.我国体育标准体系架构初探[J].武汉体育学院学报,2009,43(11).

[94]冷向明.当代中国服务型政府的理论模型、标准体系及建设纲要——基于"5×1"系统权变模型的探索性研究[M].北京:中国社会科学出版社,2010.

[95]李春霞,吴长青,巩在暖.体制嵌入、组织回应与公共服务的内卷化——对北京市政府购买社会组织服务的经验研究[J].贵州社会科学,2012,276(12).

[96]李建波,刘玉.我国体育公共服务包容性发展理论、实践与基本范式[J].上海体育学院学报,2013,37(6).

[97]李军鹏.公共服务学——政府公共服务的理论与实践[M].北京:国家行政学院出版社,2007.

[98]李军鹏.政府购买公共服务的学理因由、典型模式与推进策略[J].改革,2013(12).

[99]李苗.县域城镇化问题研究[M].北京:经济科学出版社,2012.

[100]李培林.社会变迁新态势与社会治理[N].光明日报,2015-01-12.

[101]李平,周金堂.中国县域经济前沿 2011[M].北京:经济管理出

版社,2012.

　　[102]李上.公共服务标准化体系及评价模型研究[D].北京:中国矿业大学,2010.

　　[103]李维安.非营利组织管理学[M].北京:高等教育出版社,2005.

　　[104]李伟.我国基本公共服务均等化研究[M].北京:经济科学出版社,2010.

　　[105]李仙飞.马克思主义视域之西方公共服务有效供给理论[M].北京:社会科学文献出版社,2012.

　　[106]李相如,展更豪,林洁,等.我国社会体育指导员的现状调查与研究[J].体育科学,2002,22(4).

　　[107]李晓园.当代中国县级政府公共服务能力及影响因素的实证研究——基于鄂赣两省的调查与分析[M].北京:中国社会科学出版社,2010.

　　[108]李梓烨.20世纪70年代后中英体育公共服务政策的比较研究[D].临汾:山西师范大学,2015.

　　[109]廖鸿,石国亮,朱晓红.国外非营利组织管理创新与启示[M].北京:中国言实出版社,2011.

　　[110]刘德吉.基本公共服务均等化:基础、制度安排及政策选择——基于制度经济学视角[M].上海:上海交通大学出版社,2013.

　　[111]刘国富.社会治理与公共服务中的县级政府——以C县为例[M].北京:中国社会科学出版社,2011.

　　[112]刘国永.对"十三五"时期全民健身事业发展的思考[J].北京体育大学学报,2016,39(10).

　　[113]刘国勇,杨桦,任海.中国群众体育发展报告(2014)[M].北京:社会科学文献出版社,2014.

　　[114]刘佳燕.城市规划中的社会规划——理论、方法与应用[M].南京:东南大学出版社,2009.

[115]刘亮.我国体育公共服务的概念溯源与再认识[J].体育学刊,2011,18(3).

[116]刘亮.新公共管理视角下体育公共服务绩效评估研究——基于武汉"1+8"城市圈的调查与分析[J].武汉体育学院学报,2011,45(6).

[117]刘美萍.论公共服务市场化与我国非政府组织的发展[J].徐州师范大学学报(哲学社会科学版),2007,33(1).

[118]刘鹏.在全国基本公共体育服务体系建设现场推进会上的讲话[EB/OL].http://www.sport.gov.cn/n316/n337/c718496/content.html.

[119]刘琼莲.论基本公共服务均等化的制度建构[J].学海,2009(2).

[120]刘玉.分层次、多元化、竞争式农村体育公共服务社区化供给研究[J].山东体育学院学报,2011,27(12).

[121]刘玉.体育公共服务市场化改革——发达国家经验及借鉴[J].北京体育大学学报,2012,35(11).

[122]刘玉.体育权利与体育公共服务供给[J].北京体育大学学报,2011,34(12).

[123]刘志欣,等.非政府组织管理:结构、功能与制度[M].北京:清华大学出版社,2013.

[124]柳成洋.服务标准化导论[M].北京:中国标准出版社,2009.

[125]卢文云.社会资本视阈下的村落体育公共服务供给策略[J].体育科学,2016,37(2).

[126]卢映川,万鹏飞,等.创新公共服务的组织与管理[M].北京:人民出版社,2007.

[127]罗斯托.经济增长的阶段:非共产党宣言[M].郭熙保,等译.北京:中国社会科学出版社,2001.

[128]吕普生.纯公共物品供给模式研究——以中国义务教育为例[M].北京:北京大学出版社,2013.

[129]马海涛,姜爱华,等.中国基本公共服务均等化问题研究[M].北京:经济科学出版社,2011.

[130]马庆钰,廖鸿.中国社会组织发展战略[M].北京:社会科学文献出版社,2015.

[131]梅锦萍.公共服务的市场化:本土经验及其理论解析——以江苏省宿迁市医疗改革为例[J].河海大学学报(哲学社会科学版),2011,13(1).

[132]孟文娣.中国群众体育公共服务市场机制引入方式的研究[D].北京:北京体育大学,2008.

[133]民政部调研组.发挥社会组织积极作用 助推民政转型升级 促进经济社会发展——江苏省调研报告[J].中国社会组织,2013(4).

[134]闵锐.西方国家政府公共服务市场化及其启示[D].哈尔滨:黑龙江大学,2009.

[135]诺曼·弗林.公共部门管理[M].曾锡环,等译.北京:中国青年出版社,2004.

[136]欧阳峣,等.两型社会试验区体制机制创新研究[M].长沙:湖南大学出版社,2011.

[137]潘家华,魏后凯.城市蓝皮书:中国城市发展报告 NO.8[R].北京:社会科学文献出版社,2015.

[138]彭英,毛爱华,唐刚.我国非营利体育组织发展困境[J].武汉体育学院学报,2012,46(10).

[139]彭跃清,陈利和.体育公共服务体制改革的立论基础[J].山东体育学院学报,2011,27(7).

[140]秦小平,王志刚,王健,等."以钱养事":农村体育公共服务供给机制改革新思路[J].上海体育学院学报,2012,36(1).

[141]邱建钢,赵元吉,王莉丽.多元经济背景下构建川渝两地农村体育公共服务体系的路径探索[M].成都:电子科技大学出版社,2012.

［142］全国人民代表大会.中华人民共和国宪法［EB/OL］.http://www.npc.gov.cn/npc/xinwen/node_505.htm.

［143］人民网.中共中央关于全面深化改革若干重大问题的决定［EB/OL］.http://politics.people.com.cn/n/2013/1115/c1001-23559207.html.

［144］任海,等.论体育资源配置模式——社会经济条件变革下的中国体育改革(一)［J］.天津体育学院学报,2001,16(2).

［145］萨瓦斯.民营化与公私部门的伙伴关系［M］.周志忍,等译.北京:中国人民大学出版社,2002.

［146］山西门户网站.山西体育事业"十二五"发展规划［EB/OL］.http://www.shanxigov.cn.

［147］上海社会科学院城市化发展研究中心.2010年度长三角区域城市综合竞争力评价［R］.2010-12-03.

［148］绍兴市体育中心.中心概况［EB/OL］.(2012-07-06)［2013-12-01］.http://www.sxtyzx.com/cn/about.php.

［149］沈山,等.城乡公共服务设施配置理论与实证研究［M］.南京:东南大学出版社,2013.

［150］沈山,秦萧,孙德芳,等.城乡公共服务设施配置理论与实证研究［M］.南京:东南大学出版社,2013.

［151］施昌奎.北京公共服务:布局·标准·路径［M］.北京:知识产权出版社,2013.

［152］施昌奎.北京市基本公共服务标准体系建设初探［J］.城市管理与科技,2012(4).

［153］石国亮,张超,徐子梁.国外公共服务理论与实践［M］.北京:中国言实出版社,2011.

［154］石国亮.国外政府与非营利组织合作的新形式——基于英国、加拿大、澳大利亚三国实践创新的分析与展望［J］.四川师范大学学报(社

会科学版),2012,39(3).

[155]石洪斌.农村公共物品供给研究[M].北京:科学出版社,2009.

[156]史康成.全国性体育社团从"同构"到"脱钩"改革的路径选择[J].北京体育大学学报,2013,36(12).

[157]双流县政府门户网站.双流体育中心[EB/OL].(2012-12-05)[2013-12-01].http://www.shuangliu.gov.cn/people/detail.jsp?id=703997.

[158]宋娜梅,罗彦平,郑丽.体育公共服务绩效评价:指标体系构建与评分计算方法[J].体育与科学,2012,33(5).

[159]宋农村.县级政府教育政绩评价指标体系研究[M].北京:人民出版社,2011.

[160]宋世明.工业化国家公共服务市场化对中国行政改革的启示[J].政治学研究,2000(2).

[161]苏敏.县域公共体育服务绩效评价指标体系研究[D].临汾:山西师范大学,2011.

[162]孙翠清,林万龙.中国农村公共服务需求问题研究——基于农户视角[M].北京:经济科学出版社,2011.

[163]孙雷鸣.广州市体育服务标准化发展对策研究[J].西安体育学院学报,2011,28(4).

[164]孙晓莉.公共服务中的公民参与[J].中国人民大学学报,2009(4).

[165]孙晓莉.中外公共服务体制比较[M].北京:国家行政学院出版社,2007.

[166]唐立成,唐立慧,王笛.我国公共体育场馆服务管理绩效评估模式与对策研究[J].北京体育大学学报,2010,33(1).

[167]唐立慧,郇昌店,肖林鹏,等.我国公共体育服务的市场化改革研究[J].西安体育学院学报,2010,27(3).

［168］唐鹏,潘蓉,刘嘉仪.农村公共体育服务体系的建构研究[J].体育与科学,2010,31(6).

［169］唐晓辉,李洪波,孙庆祝.城市社区公共体育资源配置的政府绩效评价体系研究[J].天津体育学院学报,2012,27(5).

［170］田凯.西方非营利组织治理研究的主要理论述评[J].经济社会体制比较,2012(6).

［171］汪波.政府购买公共体育服务:国际经验与我国推进路径[J].上海体育学院学报,2014,38(6).

［172］汪杰贵.乡村社会资本视阈下的农村公共服务农民自主供给制度研究[D].杭州:浙江大学,2012.

［173］汪锦军.合作的解释:对政府与第三部门合作的理论解释与反思[J].中共浙江省委党校学报,2009(5).

［174］汪雷.基层政府公共服务供给能力研究[M].合肥:合肥工业大学出版社,2013.

［175］汪应洛.系统工程理论、方法与应用[M].北京:高等教育出版社,1998.

［176］汪玉凯.中国行政管理体制改革30年:思考与展望[J].党政干部学刊,2008(1).

［177］王伯超,范冬云,王伟超,等.发达国家体育公共服务改革的背景及启示[J].上海体育学院学报,2010,34(3).

［178］王才兴.构建完善的体育公共服务体系[J].体育科研,2008,29(2).

［179］王才兴.问需于民,惠及全民——加快上海市体育基本公共服务体系建设[J].体育科研,2013,34(1).

［180］王春光.对作为基层社会的县域社会的社会学思考[J].北京工业大学学报(社会科学版),2016,16(1).

［181］王德第,荣卓.县域经济发展问题研究[M].天津:南开大学出

版社,2012.

[182]王登华,卓越,等.公共服务标准化导论——以南京市江宁区财政局实践探索为个案[M].北京:中国财政经济出版社,2011.

[183]王定云,王世雄.西方国家新公共管理理论综述与实务分析[M].上海:上海三联书店,2008.

[184]王辅刚.强县论——推进县域科学发展的思考与实践[M].北京:中国社会出版社,2009.

[185]王辉霞.组织的社会责任研究[J].当代法学,2012(4).

[186]王军,张蕴萍.县域经济创新发展研究[M].北京:人民出版社,2011.

[187]王骏,周曰智.补贴与项目委托契合下体育公共服务供给模式的创新——基于上海市杨浦区政府、学校、体育俱乐部合作模式的调查[J].山东体育学院学报,2012,28(1).

[188]王名,乐园.中国民间组织参与公共服务购买的模式分析[J].中共浙江省委党校学报,2008,24(4).

[189]王名.非营利组织管理概论[M].北京:中国人民大学出版社,2010.

[190]王名.中国非营利评论[M].北京:社会科学文献出版社,2008.

[191]王浦劬,萨拉蒙,等.政府向社会组织购买公共服务研究:中国与全球经验分析[M].北京:北京大学出版社,2010.

[192]王睿,李昕,朱晓军,等.农村集中居住条件下农村体育公共服务满意度研究[J].体育科学,2015,35(6).

[193]王树文.我国公共服务市场化改革与政府管制创新[M].北京:人民出版社,2013.

[194]王伟同.公共服务绩效优化与民生改善机制研究——模型构建与经验分析[M].大连:东北财经大学出版社,2011.

[195]王学实,汤起宇.论体育的市场机制引入——"体育可以产业

化而不能市场化"[J].天津体育学院学报,2007,22(3).

[196]王占坤,吴兰花,张现成,等.地方政府购买公共体育服务的成效、困境及化解对策[J].天津体育学院学报,2014,29(5).

[197]韦影.企业社会资本与技术创新:基于吸收能力的理论与实证研究[M].杭州:浙江大学出版社,2010.

[198]吴光芸.论构建政府、市场与公民社会三者互动的有效公共服务体系[J].江汉论坛,2005(9).

[199]吴业苗.城乡公共服务一体化的理论与实践[M].北京:社会科学文献出版社,2013.

[200]吴月.政府购买公共服务的异化[J].天府新论,2014(6).

[201]武一.广东省县域经济发展蓝皮书2009[M].北京:中国时代经济出版社,2010.

[202]习近平.关于《中共中央关于制定国民经济和社会发展第十三个五年规划的建议》的说明[N].光明日报,2015-11-04.

[203]项显生.论我国政府购买公共服务承接机制[J].河南社会科学,2014,22(10).

[204]项显生.论政府购买公共服务的基本原则[J].中共福建省委党校学报,2014(2).

[205]项显生.我国政府购买公共服务监督机制研究[J].福建论坛(人文社会科学版),2014(1).

[206]肖林鹏,李宗浩,杨晓晨.我国公共体育服务体系概念开发及其结构探讨[J].天津体育学院学报,2007,22(6).

[207]谢正阳.全民健身公共服务评价指标体系探析[J].体育与科学,2013,34(1).

[208]辛方坤.地方政府公共服务供给及其优化研究[M].上海:上海社会科学院出版社,2014.

[209]辛松和,周进国.我国群众体育的公平性问题研究[J].南京体

育学院学报,2014,28(3).

[210]新华社.中共中央关于全面深化改革若干重大问题的决定[EB/OL].(2013 - 11 - 15)[2013 - 12 - 01].http://news. xinhuanet. com/politics/2013-11/15/c_118164235.htm.

[211]徐家良,赵挺.政府购买公共服务评估机制研究[J].政治学研究,2013(5).

[212]徐小青.中国农村公共服务[M].北京:中国发展出版社,2002.

[213]许远旺.规划性变迁:机制与限度——中国农村社区建设的路径分析[M].北京:中国社会科学出版社,2012.

[214]许宗力.法与国家权力[M].台北:台湾月旦出版公司,1993.

[215]薛国文.县域经济发展探索[M].郑州:郑州大学出版社,2008.

[216]闫恩虎.县域经济论纲[M].广州:暨南大学出版社,2005.

[217]燕继荣.社会资本与国家治理[M].北京:北京大学出版社,2015.

[218]杨宝.政府购买公共服务模式的比较及解释——一项制度转型研究[J].中国行政管理,2011(3).

[219]杨俊亮.县域经济哲学——县域经济"三位一体"发展的哲学沉思[M].北京:光明日报出版社,2011.

[220]杨柯.公共服务中政府与社会组织合作机制优化路径分析[J].云南行政学院学报,2013(4).

[221]杨镪龙,许利平,帅学明.政府与非营利组织合作的新模式——从制度化协同走向联运嵌入模式[J].国家行政学院学报,2010(3).

[222]杨雪冬.市场发育、社会生长和国家构建——以县为微观分析单位[M].郑州:河南人民出版社,2002.

[223]叶楠,韩冬.体育社团运行效果评价指标体系的构建及应用[J].山东体育学院学报,2009,25(3).

[224]余涛,张世威,王永顺,等.新农村建设背景下农村体育生活方

式理念和构建——以安徽歙县许村为例[J].北京体育大学学报,2012,35(2).

[225]俞琳,曹可强.公共体育服务:体系构建、机制创新与制度安排[M].北京:北京体育大学出版社,2013.

[226]俞琳,曹可强.国外公共体育服务的制度安排[J].上海体育学院学报,2013,37(5).

[227]俞雅乖.农村公共服务供给:模式创新与城乡均等化[M].北京:中国人民大学出版社,2014.

[228]张大超,李敏.我国公共体育设施发展水平评价指标体系研究[J].体育科学,2013,33(4).

[229]张大维.城乡社区公共服务体系一体化建设研究[M].武汉:华中科技大学出版社,2014.

[230]张海,范斌.政府购买社会组织公共服务方式的影响因素与优化路径[J].探索,2013(5).

[231]张海斌,江可申,周德群.准公共物品投资主体、投资方式和经营方式探析[J].学习论坛,2004,20(10).

[232]张宏,陈琦.我国公共体育服务体系服务项目标准研究[J].成都体育学院学报,2012,38(9).

[233]张健明.我国城市化进程中新二元结构问题研究[M].上海:上海交通大学出版社,2015.

[234]张巨青.科学理论的发现、验证与发展[M].长沙:湖南人民出版社,1986.

[235]张澧生.社会组织治理研究[M].北京:北京理工大学出版社,2015.

[236]张立荣.当代中国服务型政府及公共服务体系建设状况问卷调查数据统计与展示——以公务员、乡村公众、城市公众及学者专家为调查对象[M].北京:中国社会科学出版社,2010.

[237]张丽娜.山西省农村体育公共服务供给现状与对策研究[D].临汾:山西师范大学,2014.

[238]张林,黄海燕.中国体育产业发展报告[M].北京:人民体育出版社,2013.

[239]张鹏.县域公共体育设施服务绩效评价及其改进策略研究——以山西省县域为对象[D].临汾:山西师范大学,2015.

[240]张清华,刘海辉,樊炳有.江苏省城镇居民体育公共服务满意度调查[J].山东体育学院学报,2010,26(3).

[241]张汝立.外国政府购买社会公共服务研究[M].北京:社会科学文献出版社,2014.

[242]张瑞林,王晓芳,王先亮,等.论我国全民健身公共服务"凭单制"供给[J].体育学刊,2013,20(4).

[243]张为民.中国县域统计年鉴(县市卷)[M].北京:中国统计出版社,2015.

[244]张伟.全民健身公共服务满意度测评与对策研究[J].武汉体育学院学报,2011,45(3).

[245]张伟.我国体育非营利组织的发展困境与路径选择[J].西北民族大学学报(哲学社会科学版),2012(6).

[246]张序,张霞.机制:一个亟待厘清的概念[J].理论与改革,2015(2).

[247]张雪兰.市场导向与组织绩效:基于竞争优势的理论建构与实证检验[M].武汉:武汉大学出版社,2008.

[248]张永韬.非营利体育组织供给体育公共产品模式研究[J].成都体育学院学报,2012,38(12).

[249]张征斌,郑旗,贾玉琛.体育公共服务市场化融资模式及其路径选择[J].太原师范学院学报,2013,12(6).

[250]张征斌.山西省县域体育公共服务的现状与发展对策研究

[D].临汾:山西师范大学,2014.

[251]张治库,李宜钊,王章佩.海南特区服务型政府公共政策的创新——体制与机制视角的探讨[M].北京:中国经济出版社,2011.

[252]长沙市政府门户网站.贺龙体校游泳馆和星沙特立游泳馆免费向中小学生开放[EB/OL].(2012-07-06)[2013-12-01].http://www.changsha.gov.cn/xxgk/qsxxxgkml/zsx/gzdt_5237/201207/t20120706_342744.html.

[253]赵成福.社会转型中的县域农村公共服务供给机制研究——以河南省延津县为表述对象[M].北京:中国社会科学出版社,2010.

[254]赵聂.基于DEA模型的公共体育服务绩效评价研究[J].成都体育学院学报,2008,34(6).

[255]赵英魁,刘晓东.构建我国体育标准体系若干基本问题的思考[J].中国标准导报,2012(6).

[256]珍妮特·V.登哈特,罗伯特·B.登哈特.新公共服务——服务,而不是掌舵[M].丁煌译.北京:中国人民大学出版社,2010.

[257]郑杭生,李强,李路路,等.社会指标理论研究[M].北京:中国人民大学出版社,1989.

[258]郑昊.县域体育公共服务的事权财权配置研究——以山西省安泽县为案例[D].临汾:山西师范大学,2016.

[259]郑家鲲,黄聚云.基本公共体育服务评价指标体系的构建[J].上海体育学院学报,2013,37(1).

[260]郑旗,常乃军,李俊明.中西部地区城镇居民健身服务体系的发展现状及对策研究[J].天津体育学院学报,2007,22(1).

[261]郑旗,程风美.农户参与公共体育服务自主供给:意愿行为、影响因素及机制设计——基于Logistic-ISM分析方法的实证研究[J].武汉体育学院学报,2018,52(5).

[262]郑旗,张鹏.县域公共体育设施服务质量评价与改进:基于IPA

分析与实证[J].上海体育学院学报,2015,39(6).

[263]郑旗.论县域公共体育服务供给制度的模式及其治理机制[J].体育研究与教育,2015,30(3).

[264]郑旗.山西省小城镇居民参与体育的价值观[J].体育学刊,2003,10(6).

[265]郑旗.山西省小城镇体育发展的主要影响因素[J].体育科学,2002,22(5).

[266]郑旗.山西省小城镇体育发展现状及其对策研究[J].中国体育科技,2002,38(9).

[267]郑旗.体育科学研究方法[M].北京:人民体育出版社,2006.

[268]郑旗.我国地方政府购买公共体育服务政策执行机制[J].北京体育大学学报,2017,40(6).

[269]郑旗.推进县域体育公共服务市场化[N].山西日报,2015-01-13.

[270]郑卫东.城市社区建设中的政府购买公共服务研究——以上海市为例[J].云南财经大学学报,2011,27(1).

[271]郑晓燕.中国公共服务供给主体多元化发展研究[M].上海:上海人民出版社,2012.

[272]植草益.微观规制经济学[M].朱绍文,等译.北京:中国发展出版社,1992.

[273]中国(海南)改革研究院.中国基本公共服务建设路线图[M].北京:世界知识出版社,2009.

[274]中国政府网.胡锦涛在北京奥运会残奥会总结表彰大会上的讲话[EB/OL].http://www.gov.cn/ldhd/2008-09/29/content_1109754.htm.

[275]中国政府网.关于全面深化农村改革加快推进农业现代化的若干意见[EB/OL].http://www.gov.cn/jrzg/2014-01/19/content_2570454.htm.

[276]中国政府网.国务院关于加快发展体育产业促进体育消费的若干意见[EB/OL]. http://www. gov. cn/zhengce/content/2014 - 10/20/content_9152.htm.

[277]中国政府网.国务院关于印发"十三五"推进基本公共服务均等化规划的通知[EB/OL]. http://www. gov. cn/zhengce/content/2017 - 03/01/content_5172013.htm.

[278]中国政府网.国务院关于印发国家基本公共服务体系"十二五"规划的通知[EB/OL].http://www.gov.cn/zwgk/2012-07/20/content_2187242.htm.

[279]中国政府网.中华人民共和国国民经济和社会发展第十三个五年规划纲要[EB/OL]. http://www. miit. gov. cn/n1146290/n1146392/c4676365/content.html.

[280]中华人民共和国国家发展和改革委员会发展规划司.国家新型城镇化规划(2014—2020 年)[EB/OL]. http://www. ghs. ndrc. gov. cn/zttp/tizgczh/ghzc/20140317_602854.

[281]中华人民共和国国家质量监督检验检疫总局.标准化工作指南第1部分:标准化和相关活动的通用词汇(GB/T 20000. 1—2002)[M].北京:中国标准出版社,2002.

[282]钟君,吴正杲.中国城市基本公共服务力评价(2014)[M].北京:社会科学文献出版社,2014.

[283]钟君,吴正杲.中国城市基本公共服务力评价(2012—2013)[M].北京:社会科学文献出版社,2013.

[284]钟瑛.政府公共服务标准体系研究[M].北京:世界图书出版公司,2011.

[285]仲宇,苏明理,姜彩楼.中国体育标准体系的构建研究[J].西安体育学院学报,2005,22(1).

[286]周爱光.从体育公共服务的概念审视政府的地位和作用[J].体

育科学,2012,32(5).

[287]周春生,汪杰贵.乡村社会资本与农村公共服务农民自主供给效率——基于集体行动视角的研究[J].浙江大学学报(人文社会科学版),2012,42(3).

[288]周建新,王凯.政府购买体育公共服务的困境与突破——基于供方与买方缺陷的视野[J].体育与科学,2014,35(5).

[289]周萍.探析政府购买行业协会服务的运行机制[J].中共杭州市委党校学报,2010(2).

[290]周庆智.县政治理:权威、资源、秩序[M].北京:中国社会科学出版社,2014.

[291]周晓平.基于社会资本视角的农村公共事务治理策略[J].中外企业家,2010(5).

[292]周自强.准公共物品供给理论分析[M].天津:南开大学出版社,2011.

[293]朱德.在中华全国体育总会筹备会议上的讲话[J].新体育,1950(1).

[294]朱德米.公共政策制定与公民参与研究[M].上海:同济大学出版社,2014.

[295]朱寒笑.新农村背景下农村公共体育服务供给的特点和政府职责[J].理论与当代,2009(3).

[296]朱利安·勒·格兰德.另一只无形的手——通过选择与竞争提供公共服务[M].韩波,译.北京:新华出版社,2010.

[297]朱毅然.发达国家政府购买公共体育服务的经验及启示[J].天津体育学院学报,2014,29(4).

[298]Albury D.Creating the Conditions for Radical Public Service Innovation[J].The Australian Journal of Public Administration,2011,70(3).

[299]Andrews R.Social Capital and Public Service Performance:A Re-

view of the Evidence[J].Public Policy and Administration,2011,27(1).

[300]Bilmes L J,Gould W S.The People Factor Strengthening America by Investing in Public Service[J].Review of Public Personnel Administration, 2010,30(4).

[301]Bourdieu P.The Forms of Capital//Riehardson J G. Handbook of Theory and Research for the Sociology of Education [M]. New York: Greenwood Press,1986.

[302]Boyd A.Personalising Public Services:Understanding the Personalisation Narrative[J].Local Government Studies,2012,38(3).

[303]Bubb S.From Third Sector to Pole Position:How the Third Sector is Leading Innovation in Public Services [J]. The International Journal of Leadership in Public Services,2010,6(4).

[304]Carvalho C,Brito Assessing C.Users´ Perceptions on How to Improve Public Services Quality[J].Public Management Review,2012,14(4).

[305]Crompton J L.A Theoretical Framework for Formulating Non-Controversial Prices for Public Park and Recreation Services [J]. Journal of Leisure Research,2011,43(1).

[306]Crompton J L.Eleven Strategies for Reducing Negative Responses to Price Increases for Public Park and Recreation Services[J].Journal of Park and Recreation Administration,2010,28(3).

[307]Dimian G C,Barbu A. Public Services—Key Factor to Quality of Life[J]. Management & Marketing Challenges for the Knowledge Society, 2012,7(1).

[308]García J A M,Caro L M.Understanding Customer Loyalty through System Dynamics:The Case of a Public Sports Service in Spain[J].Management Decision,2009,47(1).

[309]Gilbert P,Fulford K B. Bringing the Spirit and Values back into

Public Services〔J〕. The International Journal of Leadership in Public Services,2010,6(2).

〔310〕Houlberg H,Knudsen S T. Changes in Public Service Bargains: Ministers and Civil Servants in Denmark〔J〕.Public Administration,2011,89 (3).

〔311〕Housego A,O′Brien T.Delivery of Public Services by Non-Government Organizations〔J〕. The Australian Journal of Public Administration, 2012,71(2).

〔312〕Hsieh C W,Yang K F,Fu K J.Motivational Bases and Emotional Labor:Assessing the Impact of Public Service Motivation〔J〕.Public Administration Review,2011,72 (2).

〔313〕Hsu H H,Lin C F.Determining Improvement Priorities of Public Leisure Facilities by Revised Importance - Performance Analysis〔J〕. Services and Operations Management,2011,8(4).

〔314〕Liu Y D,Taylor P. Measuring Customer Service Quality of English Public Sport Facilities〔J〕.Sport Management and Marketing,2009,6(3).

〔315〕Liu Y D.Sport and Social Inclusion:Evidence from the Performance of Public Leisure Facilities〔J〕.Soc Indic Res,2009,90.

〔316〕McCarville R E,Reiling S D,White C M.The Role of Fairness in Users′ Assessments of First - Time Fees for a Public Recreation Service〔J〕. Leisure Sciences:An Interdisciplinary Journal,1996,18(1).

〔317〕Meijer A, Grimmelikhuijsen S, Brandsma G J. Communities of Public Service Support Citizens Engage in Social Learning in Peer-to-Peer Networks〔J〕.Government Information Quarterly,2012,29.

〔318〕Morrell K.Public Service Improvement:Theories and Evidence 〔J〕.Local Government Studies,2010,37(6).

〔319〕Mubangizi B C,Gray M.Putting the "Public" into Public Service

Delivery for Social Welfare in South Africa[J].Int J Soc Welfare,2011,20.

[320]Mulgan R.Outsourcing and Public Service Values:The Australian Experience[J].International Review of Administrative Sciences,2005,71(1).

[321]Ngok K. Serving Migrant Workers:A Challenging Public Service Issue in China[J].The Australian Journal of Public Administration,2012,71(2).

[322]OECD.Governance and Public Service Delivery in Rural Areas, in Strategies to Improve Rural Service Delivery[M].OECD Publishing,2010.

[323]Osborne S P,Brown L. Innovation in Public Services:Engaging with Risk[J].Public Money & Management,2011,31(1).

[324]Pierre J.The Marketization of the State:Citizens,Consumers,and the Emergence of Public Market//Peters G,Savoie D. Governance in a Changing Environment[M]. McGill:Queen's University Press,1995.

[325]Radford A,Pink G,Ricketts T.A Comparative Performance Scorecard for Federally Funded Community Health Centers in North Carolina[J]. Journal of Healthcare Management,2007,52(1).

[326]Robertson R,Ball R.Innovation and Improvement in the Delivery of Public Services:The Use of Quality Management within Local Government in Canada[J].Public Organization Review:A Global Journal,2002,2.

[327]Robinson L.Following the Quality Strategy:The Reasons for the Use of Quality Management in UK Public Leisure Facilities[J]. Managing Leisure,1999,4(4).

[328]Rosenbloom D H. The Context of Management Reforms[J].The Public Manager,1995,3.

[329]Ryde R. New Insights and New Possibilities for Public Service Leadership[J].The International Journal of Leadership in Public Services, 2009,5(4).

[330] Sharpe E K. Service Living: Building Community Through Public Parks and Recreation[J]. Journal of Leisure Research, 2010, 42(2).

[331] Stewart J, Clarke M. The Public Service Orientation: Issues and Dilemma[J]. Public Administration, 1987, 65.

[332] Thoreen P W. On the Profitable Provision of Public Goods and Services[J]. American Behavioral Scientist, 1981, 24(2).

[333] Torgovnik E, Preisler E. Effectiveness Assessment in Public[J]. Human Relations, 1987, 40(2).

[334] Uden L, Naaranoja M. Co-creation of Value for a Public Service [J]. Economics and Management, 2011, 3(4).

[335] Welbourne P. Twenty-first Century Social Work: The Influence of Political Context on Public Service Provision in Social Work Education and Service Delivery[J]. European Journal of Social Work, 2011, 14(3).

[336] Zolnik E J. Growth Management and Resident Satisfaction with Local Public Service[J]. Urban Geography, 2011, 32(5).

附　录　1

问卷编号：

县域体育公共服务和市场服务体系现状与公众需求
调查问卷
（县城公众入户调查卷）

尊敬的朋友：

　　您好！

　　为贯彻落实党的十八大精神，加大统筹城乡发展力度，加快我国县域体育公共服务体系建设，创新和完善城乡发展一体化体制机制，我们承担了国家社科基金项目《县域体育公共服务与市场服务的体制机制研究》（项目批准编号：12BTY033）。根据研究需要，课题组设计了该问卷，问卷采用不记名方式，希望听取您的真实想法、意见和建议。调查结果仅供研究之用，您不必顾虑，请独立填写问卷，无须与他人商量，在所选择的选项序号上打"√"或在横线上填写适当的内容，单选类题只能选择一个选项，多选类题可选择多个选项。

　　衷心感谢您的支持与合作！

　　通讯地址：山西省临汾市尧都区解放东路355号山西师范大学体育

学院

　　邮　编:041000

　　联系人:郑　旗(课题主持人)

　　联系电话:0357-3015706(办)

　　E-mail:zhengqifenglan@263.net

2012 年 12 月

调查日期:　　　年　月　日　　　　　调查员(签名):

一、您的基本情况

A1.您居住在_____省_____市(地区)_____县(市、区)。

A2.您的性别是:①男　②女

A3.您的年龄是:_____岁。

A4.您受教育程度是:

①初中及以下　②高中(中专、技校)　③大专　④本科及以上

A5.您的职业是:

①县(市)党政公务人员　②县(市)教、科、文、卫、体等专业技术人员

③企业员工　④商业、服务业人员　⑤个体户、小摊主等

⑥退休人员　⑦农、林、牧、渔业等生产人员　⑧学生　⑨其他

A6.您的家庭收入情况是:①较好　②一般　③较差

A7.您的家庭人口为_____人。

A8.您认为自己的身体状况如何?①健康　②一般　③不健康④不清楚

A9.您平均每周参加体育锻炼的次数:

①不锻炼　②1 次以下　③1—2 次　④3—5 次　⑤5 次以上

二、县域体育公共服务现状、需求与供给调查

B1.您的住所离最近的公共体育场馆或设施大概有多远?

· 366 ·

①500 米以内　②500—1000 米　③1000—1500 米　④1500—2000 米
⑤2000 米以上

B2.您周边的健身场所或体育设施能否满足您或家人的日常健身需求?

①能满足　②尚可　③一般　④不满足

B3.您认为本县公共体育设施(如体育场、健身路径等)的布局合理吗?

①很合理　②较合理　③一般　④不合理

B4.您周边的中小学体育场地是否对居民开放?

①开放　②偶尔开放　③不开放　④不知道

B5.您是否参加了某种体育健身组织或体育社团(如太极拳协会、老年体协等)?

①参加　②没参加

B6.您是否有意愿参加某一种体育健身组织或体育社团?

①很想参加　②想参加　③无所谓　④没想过

B7.您是否有意愿在居住的县城就能欣赏一场高水平的体育比赛?

①很想看到　②曾想过　③无所谓　④没想过

B8.您是否有意愿参与某一种体育健身项目(或体育休闲),比如打乒乓球?

①很想参加　②想参加　③无所谓　④没想过

B9.您是否有意愿在居住地附近的体育场地设施上就能锻炼身体?

①很向往　②有点向往　③无所谓　④没想过

B10.您是否有意愿同邻居、朋友或家人一起进行体育健身锻炼?

①很想这样　②想这样　③无所谓　④没想过

B11.您是否有意愿到经营性体育场所付费去健身锻炼(如去健身俱乐部)?

①很想　②有点想　③无所谓　④没想过

B12.您认为所居住县城与农村之间体育方面服务差距大吗（如体育场地设施）？

①很大　②较大　③一般　④较小

B13.您认为政府提供的体育方面的服务您是否容易获得？

①很容易　②较容易　③一般　④较难

B14.您是否主动向当地政府表达过自己对体育服务方面的需求（即需要或建议等）？

①是　②否

B15.县级政府在县域体育公共服务体系建设中发挥着重要的作用，请您根据自己的感受和了解的情况，表明对当地政府提供体育公共服务的满意度（每个方面有 5 个选项，请您在合适的选项上打√）：

	很满意	较满意	一般	不满意	很不满意
B71.为居民提供体育锻炼场地设施					
B72.为居民组建体育健身组织或社团					
B73.为居民组织体育活动					
B74.为居民进行健身指导					
B75.为居民提供体育健身知识和信息					
B76.对经营性体育场所监管情况					
B77.对居民体质健康状况进行监测					

B16.您认为下列哪一类体育公共服务对您最重要？（选择一个）

①运动知识普及（健身知识、健身指导等）　②公共体育设施提供和维护

③公众体育活动组织举办　④竞技体育组织管理

B17.您认为在居住的县城中，哪些体育公共服务方面的问题比较突

出？（可多选）

①体育公共服务的相关政策问题（　　　）

②公众体育锻炼的场所问题（　　　）

③群众性体育活动组织问题（　　　）

④领导对老百姓健身休闲的认识和重视问题（　　　）

⑤体育休闲健身活动指导问题（　　　）

⑥体育公共服务的建设规划问题（　　　）

⑦群众性体育健身组织薄弱问题（　　　）

⑧体育公共服务方面资金投入问题（　　　）

⑨老百姓体质健康监测问题（　　　）

⑩其他问题（　　　）

三、县域体育公共服务市场化调查

C1.您对县域体育公共服务市场化的基本看法如何？

①很同意　②较同意　③不好说　④不同意　⑤很不同意

C2.您认为本县体育社会化程度（即各种社会组织和公众兴办体育的积极性等）如何？

①很高　②较高　③一般　④不高　⑤很不高

C3.您认为社会组织等非政府部门和非营利组织有无必要参与提供体育公共服务？

①很有必要　②有必要　③无所谓　④没必要　⑤很没必要

C4.您认为本县域体育经营性服务机构数量如何？

①足够　②较够　③一般　④不够　⑤很不够

C5.您认为本县域体育经营性服务提供的产品或项目能否满足公众需求？

①能满足　②尚可　③一般　④不满足　⑤很不满足

C6.您认为本县域体育经营性场所（如健身场馆）服务质量如何？

①很好　②较好　③一般　④不好　⑤很不好

C7.您认为本县以市场方式提供的体育服务是否容易获得？

①很容易 ②较容易 ③一般 ④较难 ⑤很难

C8.您认为本县以市场方式提供的体育服务价格(如健身会员卡)是否合理？

①很合理 ②较合理 ③一般 ④不合理 ⑤很不合理

C9.您认为政府对县域体育经营性服务状况监管力度如何？

①很强 ②较强 ③一般 ④不强 ⑤很不强

C10.您认为目前制约县域体育公共服务市场化的主要因素是(可多选)：

①体育公共服务市场化城乡二元体制问题(   )

②有关体育公共服务市场化的法律法规问题(   )

③县域体育公共服务市场化的体制机制问题(   )

④县域体育公共服务市场化定位问题(   )

⑤县域体育公共服务市场化标准问题(   )

⑥县域公众对体育公共服务的需求和消费问题(   )

⑦县域体育公共服务市场化的质量监管问题(   )

⑧县域体育产业发展水平问题(   )

⑨其他问题(   )

四、县域体育公共服务体制机制改革的建议

D1.如果请您为县域体育公共服务体制机制、管理手段创新提两条建议,您认为主要内容是什么？(将建议写在下面横线上,不够可加附页)

_____

_____

_____

(问卷结束,再次感谢您的支持与合作!)

附 录 2

问卷编号：

县域体育公共服务和市场服务体系现状与公众需求
调查问卷
（乡村干部调查卷）

尊敬的乡村干部：

　　您好！

　　为贯彻落实党的十八大精神，加大统筹城乡发展力度，加快我国县域体育公共服务体系建设，创新和完善城乡发展一体化体制机制，我们承担了国家社科基金项目《县域体育公共服务与市场服务的体制机制研究》（项目批准编号：12BTY033）。根据研究需要，课题组设计了该问卷，问卷采用不记名方式，希望听取您的真实想法、意见和建议。调查结果仅供研究之用，您不必顾虑，请独立回答（填写）问卷，在所选择的选项序号上打"√"或在横线上填写适当的内容，单选类题只能选择一个选项，多选类题可选择多个选项。

衷心感谢您的支持与合作!

通讯地址:山西省临汾市尧都区解放东路 355 号山西师范大学体育学院

邮　编:041000

联系人:郑　旗(课题主持人)

联系电话:0357-3015706(办)

E-mail:zhengqifenglan@263.net

2012 年 12 月

调查日期:　　年　月　日　　　　　调查员(签名):

一、贵村的基本情况

A1.贵村位于_____省_____市(地区)_____县(市、区)_____镇(乡)。

A2.贵村距离县城大约:

①5 公里以内　②5—10 公里　③10—15 公里　④15—20 公里
⑤20 公里以外

A3.贵村自然地理条件属于:

①平原地区　②丘陵地区　③山区　④其他

A4.贵村内有_____户人家,总人数有_____人。

A5.贵村经济状况是:①较好　②一般　③较差

A6.贵村有没有村办企业厂矿?　①有　②没有

A7.贵村内拥有的中小学校情况是:

①无学校　②教学点　③小学　④初中　⑤完全中学　⑥高中

二、乡村体育公共物品、服务现状、需求与供给调查

(在回答问题之前,先了解农村常见的公共物品与服务,如村里的广播站、硬化马路、义务教育、改善医疗条件、修建体育场地、设施等都属于公共物品与服务。)

B1.总体来说,贵村的体育公共物品供给状况如何?

①很好　②较好　③一般　④较差　⑤很差

B2.除学校的体育场地设施外,贵村现有哪些体育健身场地和设施(可多选)?

①灯光球场　②游泳池(馆)　③健身房(馆)　④健身路径

⑤棋牌室　⑥文体广场　⑦公园　⑧其他

B3.您认为贵村体育场地和设施能否满足村民的体育健身需求?

①能满足　②尚可　③一般　④不满足　⑤很不满足

B4.您村子里的学校体育场地设施是否对您开放(无学校可不回答该问题)?

①开放　②偶尔开放　③不开放　④不知道

B5.您认为贵村的居民进行体育锻炼的人数状况如何?

①很多　②比较多　③一般　④比较少　⑤很少

B6.您村子里是否成立有体育健身组织(如农民体育协会、篮球协会等)?

①有　②没有

B7.如果没有成立体育健身组织,您是否有意愿成立某一种体育健身组织?

①很愿意　②想过此事　③无所谓　④没想过

B8.贵村有没有社会体育指导员(从事老百姓体育健身指导的人员)?

①有　②没有

B9.如果有,社会体育指导员的作用发挥如何?

①很好　②较好　③说不清　④较差

B10.近年来,村内有没有组织过体育活动或体育比赛?

①有　②没有

B11.您认为所在的村庄与县城之间体育服务差距大吗?

①很大　②较大　③一般　④较小　⑤没有差距

B12.您认为上级政府、社会组织提供的体育服务(如免费提供体育器材),贵村是否容易获得?

①很容易　②较容易　③一般　④较难　⑤很难

B13.您认为上级政府、社会组织提供的体育服务(如免费提供体育器材),对贵村来说是否公平?

①很公平　②较公平　③无所谓　④不公平　⑤很不公平

B14.贵村是否定期对老百姓进行过体质健康检测(或健康方面的体检)?

①有　②没有

B15.在下列20种典型公共物品与服务中您村里所需要程度如何? (在□中打√)

公共物品与服务	很需要	比较需要	一般	无所谓
(1)道路修建	□	□	□	□
(2)路灯	□	□	□	□
(3)篮球场等体育设施	□	□	□	□
(4)医疗条件	□	□	□	□
(5)学校建设	□	□	□	□
(6)办公楼和办公条件	□	□	□	□
(7)体育健身指导	□	□	□	□
(8)图书室等文化设施	□	□	□	□
(9)村内环境卫生	□	□	□	□
(10)养老院	□	□	□	□
(11)饮用水供应	□	□	□	□
(12)体育健康方面的知识	□	□	□	□
(13)戏台(舞台)的建设	□	□	□	□
(14)煤气或沼气设施建设	□	□	□	□
(15)村广播站	□	□	□	□
(16)治安	□	□	□	□
(17)村文化广场	□	□	□	□

续表

公共物品与服务	很需要	比较需要	一般	无所谓
(18)供暖设施	□	□	□	□
(19)农田水利基础设施	□	□	□	□
(20)村内公园	□	□	□	□

B16.在基本公共服务体系建设过程中,您认为下面所列的各主体在多大程度上必须为农村提供体育公共物品与服务?(每个方面有5个选项,请您在合适的选项上打√)

	全部	大部分	一部分	较少一部分	不清楚
(1)各级政府提供					
(2)个人捐助					
(3)乡镇(或村办)企业					
(4)其他社会团体(或组织)					
(5)村民集资提供					

B17.村委会作为责任主体,在体育公共服务体系建设中发挥着重要的作用。请您根据自己的工作情况和感受,表明贵村在提供体育公共服务方面的满意度(每个方面有5个选项,请您在合适的选项上打√):

	很不满意	不满意	一般	满意	很满意
B141.为村民提供体育健身场地和设施					
B142.为村民建立体育健身组织					
B143.为村民举办体育健身活动					
B144.为村民进行体育健身指导					
B145.为村民安排体育健身培训					
B146.为村民宣传体育健身知识					
B147.为村民监测体质健康状况					

B18.您是否主动地向上级部门表达过对体育公共服务方面的需求（即需要和建议等）？

①表达过　②没有

B19.您认为影响贵村体育公共服务的主要因素是什么（可多选）？

①村内经济状况　②缺少体育人才

③村民的生活方式　④村民的健康观念

⑤缺少体育设施　⑥缺少体育组织　⑦其他

B20.您对乡村体育公共服务引入市场化的基本看法如何？

①很同意　②较同意　③不好说　④不同意　⑤很不同意

B21.您认为本村居民兴办体育事业的积极性如何？

①很高　②较高　③一般　④不高　⑤很不高

B22.您认为以市场方式在农村提供体育公共服务（如乡村健身俱乐部）是否可行？

①很好　②较好　③不好说　④较难　⑤很难

B23.农村富裕了，请您为农村体育公共服务体系建设及其体制机制、管理手段等方面提出建议，将建议写在下面横线上，不够可加附页。

_____

_____

_____

_____

（问卷结束，再次感谢您的支持与合作！）

附　录　3

问卷编号：

县域体育公共服务和市场服务体系建设现状
调查问卷
（县级体育工作负责人调查卷）

尊敬的朋友：

　　您好！

　　科学发展以县域为基础,社会和谐县域是根本。为贯彻落实党的十八大精神,处理好政府和市场的关系,加快我国县域体育公共服务体系建设,我们承担了国家社科基金项目《县域体育公共服务与市场服务的体制机制研究》(项目批准编号:12BTY033)。根据研究需要,课题组设计了该问卷,问卷采用不记名方式,希望听取您的真实想法、意见和建议。调查结果仅供研究之用,您不必顾虑,请独立填写问卷,无须与他人商量,在所选择的选项序号上打"√"或在横线上填写适当的内容,单选类题只能选择一个选项,多选类题可选择多个选项。

衷心感谢您的支持与合作!

通讯地址:山西省临汾市尧都区解放东路 355 号山西师范大学体育学院

邮 编:041000

联系人:郑 旗(课题主持人)

联系电话:0357-3015706(办)

E-mail:zhengqifenglan@263.net

2012 年 12 月

调查日期: 年 月 日 调查员(签名):

一、您的基本情况

A1.您现在工作在_____省_____市(地区)_____县(市、区)。

A2.您的性别是:①男 ②女

A3.您的年龄是:①20—30 岁 ②31—40 岁 ③41—50 岁 ④51—60 岁

A4.您的学历是:①高中及以下 ②大学专科 ③大学本科 ④硕士研究生及以上

A5.您的职位是:①一般职员 ②副科级干部 ③科级干部 ④副处级及以上

A6.您现任职位年限:①1 年以下 ②1—3 年 ③4—5 年 ④5 年以上

A7.您的工龄是:①1 年以下 ②1—3 年 ③4—5 年 ④5 年以上

A8.您月工资是:①1500 元以下 ②1500—2000 元 ③2000—2500 元 ④2500 元以上

A9.您的政治面貌是:①群众 ②共青团员 ③中共党员(含预备党员) ④民主党派及无党派人士

A10.您是否曾有过体育方面的经历(如学习体育专业、当运动员或教练员等)?

①是　②否

二、县域体育公共服务体制与体系建设现状调查

B1.请您对所在县域的体育公共服务体系建设整体情况进行评价?

①很好　②较好　③一般　④不好　⑤很不好

B2.您认为,您所在县域体育管理体制能否适应体育公共服务体系建设的要求?

①适应　②比较适应　③一般　④不太适应　⑤很不适应

B3.您认为,您所在县域体育工作机构设置符合建设服务型政府的要求吗?

①很符合　②比较符合　③一般　④不太符合　⑤很不符合

B4.您认为,您所在县域体育工作机构职能定位符合体育事业发展要求吗?

①很符合　②比较符合　③一般　④不太符合　⑤很不符合

B5.根据近三年工作情况,请您对所在县域体育政府机构主要职能定位进行评价(对每一职能评价有 4 种选项,在合适的选项上打√):

县域体育政府机构主要职能	最为重要	较为重要	一般	不清楚
B51.将体育事业纳入县级经济和社会发展规划				
B52.县域各类群众性体育活动组织举办				
B53.将体育公共服务经费列入县级政府财政预算				
B54.县城(社区)公共体育设施供给和维护				
B55.将体育公共服务工作写入县级政府工作报告				
B56.农民体育健身工程覆盖面				
B57.县级体育训练基地和设施建设				
B58.重大体育赛事组织举办				

县域体育政府机构主要职能	最为重要	较为重要	一般	不清楚
B59.竞技体育后备人才培养				
B510.县域体育运动知识普及和传播				
B511.县域体育市场监管				
B512.县域体育产业开发				
B513.县域国民体质健康状况监测				
B514.县域社会体育指导员等人才培训				

B6.目前,您所在县域体育公共服务施政行为的重点工作是(最多可选择三项)?

①公共体育设施建设

②体育健身组织建设

③体育健身队伍建设

④体育政策法规制定

⑤大众体育活动服务

⑥承担体育赛事

⑦体育健身信息服务

⑧其他

B7.隶属于贵县体育行政部门的公共文化体育设施有(在拥有选项序号上打√):

①田径场　②体育馆　③游泳池(馆)

④体育健身中心　⑤灯光球场　⑥文化馆

⑦影剧院　⑧文体广场(体育公园)　⑨图书馆

⑩青少年体育活动中心　⑪体育户外营地

⑫其他设施

B8.您认为本县公共文化体育设施(如体育场、健身路径等)的布局合理吗?

①很合理　②较合理　③一般　④不合理　⑤很不合理

B9.截至目前,您所在县域农民体育健身工程覆盖面如何?

①90%以上　②90%—80%　③80%—70%　④70%—60%　⑤60%以下

B10.您认为所在县域公共体育设施能否满足公众日常健身需求?

①能满足　②尚可　③一般　④不满足　⑤很不满足

B11.您认为您所在的同一地区内各县域之间体育公共服务差距大吗?

①很大　②较大　③一般　④较小　⑤无差距

B12.您认为县(市、区)政府提供的体育公共服务公众是否容易获得?

①很容易　②较容易　③一般　④较难　⑤很难

B13.您所在县域体育公共服务体系建设的基本情况调查(该系列问题采取对每个指标打分的办法,打分范围为0—10分,请在合适的数字上打√):

服务体系	核心指标	0—10分
B13-1 硬件供给	B1301.体育公共服务机构设置	0 1 2 3 4 5 6 7 8 9 10
	B1302.体育公共服务人员配备	0 1 2 3 4 5 6 7 8 9 10
	B1303.公共体育场地设施	0 1 2 3 4 5 6 7 8 9 10
	B1304.公共体育资金投入	0 1 2 3 4 5 6 7 8 9 10
B13-2 软件支持	B1305.体育公共服务相关政策	0 1 2 3 4 5 6 7 8 9 10
	B1306.体育公共服务管理	0 1 2 3 4 5 6 7 8 9 10
	B1307.公众体育活动体系	0 1 2 3 4 5 6 7 8 9 10
	B1308.体育健身指导	0 1 2 3 4 5 6 7 8 9 10
	B1309.国民体质健康状况监测	0 1 2 3 4 5 6 7 8 9 10

续表

服务体系	核心指标	0—10分
B13-3 服务分配	B1310.体育公共服务可获取性	0 1 2 3 4 5 6 7 8 9 10
	B1311.体育公共服务公平性	0 1 2 3 4 5 6 7 8 9 10
	B1312.公众参与性	0 1 2 3 4 5 6 7 8 9 10
	B1313.体育公共服务效果	0 1 2 3 4 5 6 7 8 9 10

B14.县域公共服务提供的主体有很多部门和组织,请您就上述所提到的体育公共服务硬件供给、软件支持、服务分配等方面,根据贵县的具体情况,对每个服务主体打分,打分范围为0—10分,请在合适的数字上打√。

体育公共服务主体	0—10分
B141.县级政府部门和事业单位(如:文体局等)	0 1 2 3 4 5 6 7 8 9 10
B142.县域政府企业(如:供水、供电等部门)	0 1 2 3 4 5 6 7 8 9 10
B143.县域私营企业(如:私人工矿企业等)	0 1 2 3 4 5 6 7 8 9 10
B144.非营利组织(如:社会团体、志愿者组织等)	0 1 2 3 4 5 6 7 8 9 10
B145.社区组织(如:社区民间组织等)	0 1 2 3 4 5 6 7 8 9 10
B146.公民个人(如:个人捐助等)	0 1 2 3 4 5 6 7 8 9 10
B147.村委会(如:集资修建体育场馆等)	0 1 2 3 4 5 6 7 8 9 10
B148.县级以上政府部门援助	0 1 2 3 4 5 6 7 8 9 10

B15.您认为所在县域的居民对参与体育公共服务体系建设的兴趣如何?

①很高　②较高　③一般　④不感兴趣　⑤很不感兴趣

B16.根据贵县情况,您认为所在县域居民参与了体育公共服务的哪些供给环节(可多选)?

①需求表达 ②决策分配 ③服务提供

④服务的监督评价 ⑤服务绩效评价 ⑥没有任何参与环节

B17.在县域体育公共服务体系建设中,贵县采用过哪些手段来征求公众的意见(可多选)?

①没有采用任何手段 ②听证会 ③访谈

④咨询专家 ⑤信息发布会 ⑥座谈会

⑦民意调研 ⑧电话热线 ⑨网络公民参与

⑩其他手段

B18.您认为目前制约县域体育公共服务体系建设的主要因素是(可多选)?

①体育公共服务体系建设的法律法规问题(   )

②体育领域传统"竞技至上"行政管理体制问题(   )

③县级体育机构设置和职能定位问题(   )

④领导认识和重视的问题(   )

⑤缺乏足够的人力、物力和财力(   )

⑥缺乏统一的建设规划和实施方案(   )

⑦县域社会体育组织缺乏和力量薄弱(   )

⑧县域体育产业发展水平问题(   )

⑨其他问题(   )

三、县域体育公共服务市场化供给调查

C1.您对县域体育公共服务市场化供给的基本看法?

①很同意 ②较同意 ③不好说 ④不同意 ⑤很不同意

C2.您认为本县体育社会化程度(各种社会组织、企业、民间组织和公众参与兴办体育的积极性等)如何?

①很高 ②较高 ③一般 ④不高 ⑤很不高

C3.您认为社会组织等非政府部门有无必要参与提供体育公共服务?

①很有必要　②有必要　③无所谓　④没必要　⑤很没必要

C4.您认为本县域体育经营性服务机构数量如何？

①足够　②较够　③一般　④不够　⑤很不够

C5.您认为本县域体育经营性服务提供的体育类产品和项目能否满足公众需求？

①能满足　②尚可　③一般　④不满足　⑤很不满足

C6.您认为本县域体育经营性场所（如健身场馆、棋牌室等）服务质量如何？

①很好　②较好　③一般　④不好　⑤很不好

C7.您认为本县以市场提供的体育服务方式是否容易获得？

①很容易　②较容易　③一般　④较难　⑤很难

C8.您认为本县以市场提供的体育服务方式的价格（如健身俱乐部提供的会员卡）是否合理？

①很合理　②较合理　③一般　④不合理　⑤很不合理

C9.您认为本县政府对县域体育经营性服务市场监管力度如何？

①很强　②较强　③一般　④不强　⑤很不强

C10.您认为，现阶段县域体育公共服务的哪些领域（或项目）可采用市场化方式和手段来提供？

体育公共服务市场化领域（项目）	同意	不好说	不同意
C101.群众性体育活动组织			
C102.公共体育场馆建设			
C103.社区健身场地设施建设与维护			
C104.体育运动知识普及			
C105.体育自然资源开发利用			
C106.社会体育指导员培养			
C107.公共体育信息建设			
C108.体育后备人才培养			

续表

体育公共服务市场化领域（项目）	同意	不好说	不同意
C109.体育竞赛表演			
C1010.体育用品消费			
C1011.体育中介等体育产业			
C1012.国民体质健康状况监测			

C11.请回答您对下列常用的公共服务市场化方式和手段一般知识了解的情况：

具体方式	很了解	较为了解	了解一点	不了解	很不了解
C111.民营化					
C112.合同外包					
C113.特许经营					
C114.内部市场					
C115.用者付费					
C116.补贴制					
C117.购买服务					
C118.其他					

C12.您认为目前制约县域体育公共服务市场化的主要因素是（可多选）：

①我国公共服务市场化城乡差异问题（　　　）

②有关体育公共服务市场化的法律法规问题（　　　）

③县域体育公共服务市场化的体制机制问题（　　　）

④县域体育公共服务市场化定位问题（　　　）

⑤县域体育公共服务市场化标准问题（　　　）

⑥县域公众对体育公共服务的需求和消费问题（　　　）

⑦县域体育公共服务市场化的质量监管问题（　　　）

⑧县域体育产业发展水平问题（　　　）

⑨其他问题（　　　）

四、县域体育公共服务体制机制改革的建议

D1.如果请您为县域体育公共服务体制机制、管理手段创新等方面提些建议，您认为主要内容是什么？请将建议写在下面横线上。

_____

_____

（问卷结束，再次感谢您的支持与合作！）

附 录 4

问卷编号:

农户参与公共体育服务自主供给的意愿与行为的调查问卷

尊敬的户主:

您好!

我们现承担国家社科基金项目的调研工作,为了解广大农户自主供给公共体育服务的意愿与行为,分析影响因素,设计了此问卷,希望您能代表您的家庭来作答,本问卷为不记名方式,请您如实填写,您的回答对该问题的讨论具有重要意义,您不必顾虑,在所选择的选项序号上打"√",请注意单选或多选,如缺少合适的选项,请在横线上填写您认为符合的内容。

衷心感谢您的支持与合作!

通讯地址:山西省临汾市尧都区解放东路 355 号山西师范大学体育学院

邮 编:041000

联系人:郑　旗(课题主持人)

联系电话:0357-3015706(办)

E-mail:zhengqifenglan@263.net

2013 年 12 月

调查日期:　　年　月　日　　　调查员(签名):

一、您的家庭及个人基本情况

A1.您的所在地:_____市_____县(区)_____镇(乡)_____村。

A2.您家庭总人口_____人。

A3.您家庭月总收入_____元。

A4.您的家庭收入情况在当地属于:①较差　②一般　③较好

A5.您家庭主要收入来源(只能选一项):

①主要依靠农业收入　②主要靠在家从事非农业的经营收入

③主要靠外出打工或经商收入　④其他(请写明)_____

A6.您的年龄:_____岁。

A7.您是否党员:①是　②否

A8.您受教育程度:①小学及以下　②初中　③高中或中专　④大专及以上

A9.您是否村干部:①是　②否

二、农户自主供给公共体育服务的意愿与行为调查

(自主供给公共体育服务是指农户通过社区组织和个人自我服务的方式无偿、免费的供给农村公共体育服务的行为,增加日常所需的体育服务,如提供体育器材、组织体育活动等。)

B1.总的看,您是否愿意为本村提供公共体育方面的服务(如修建篮球场、集资参与或组织节庆活动等)?①是　②否

B2.您是否愿意为本村提供体育基础设施方面的服务(如集资修建篮球场等)?①是　②否

B3.您是否愿意为本村在科学健身锻炼方面提供服务(如参加健身指导员的培训等)? ①是　②否

B4.您是否愿意为本村在开展体育文化活动等方面提供服务(如组织大家跳广场舞等)? ①是　②否

B5.如果贵村成立体育协会或体育组织(如篮球协会等),您是否愿意加入? ①是　②否

B6.您是否愿意为本村在体育健康知识的宣传方面提供服务? ①是②否

B7.如果让您参与提供公共体育各方面的服务,您愿意提供的方式有(可多选):

①出人力　②出钱　③提供物品　④参与组织策划　⑤其他

B8.近三年,您是否参与过与体育方面相关的服务(即与体育相关的行为,如参与安装体育器材、参与体育活动、出钱等)?

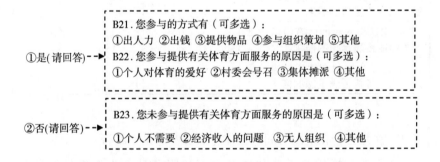

①是(请回答)→
B21.您参与的方式有(可多选):
①出人力 ②出钱 ③提供物品 ④参与组织策划 ⑤其他
B22.您参与提供有关体育方面服务的原因是(可多选):
①个人对体育的爱好 ②村委会号召 ③集体摊派 ④其他

②否(请回答)→
B23.您未参与提供有关体育方面服务的原因是(可多选):
①个人不需要 ②经济收入的问题 ③无人组织 ④其他

三、农户参与公共体育服务自主供给的影响因素调查

C1.您对于公共体育服务的认识:

	完全不能	很少	一般	基本能	完全能
C1-1.您认为公共体育方面的服务能否改善您的健康状况					
C1-2.您认为公共体育方面的服务能否增加幸福感					

	完全不能	很少	一般	基本能	完全能
C1-3.您认为公共体育方面的服务能否增强村民的凝聚力					
C1-4.您认为公共体育方面的服务能否丰富村民的社会文化生活					
C1-5.您认为公共体育方面的服务能否提高村民参与体育活动的意识					

C2.您对于公共体育服务各个方面的需求：

	完全不能	很少	一般	基本能	完全能
C2-1.您认为本村的体育基础设施能否满足您的需求					
C2-2.您认为本村的体育文化活动能否满足您的需求					
C2-3.您认为本村的体育健康知识宣传能否满足您的需求					
C2-4.您认为本村的体育组织或体育协会能否满足您的需求					
C2-5.您认为本村在体质健康检测方面的服务能否满足您的需求					

C3.您是否会在空闲时间进行体育锻炼？①是　②否

C4.您认为提供关于公共体育方面的服务是否为您应尽的义务？①是　②否

C5.您认为村委会在开展公共体育服务方面时的号召能力：

①完全没有　②较小　③一般　④较大　⑤非常大

C6.本村在开展体育文化活动时征求村民意见的情况：

①从不　②很少　③较少　④有时　⑤经常

C7.您认为本村居民兴办体育活动的积极性如何：

①很不高　②不高　③一般　④较高　⑤很高

C8.本村是否有在体育活动方面的"能人"？①是　②否

C9.近三年,贵村是否有他人提供公共体育方面的服务？①是　②否

C10.您家与亲戚的交流互助程度：

①非常少　②很少　③一般　④很多　⑤非常多

C11.您家与邻居的交流互助程度：

①非常少　②很少　③一般　④很多　⑤非常多

C12.您家与同村村民的交流互助程度：

①非常少　②很少　③一般　④很多　⑤非常多

C13.您家与村干部的交流互助程度：

①非常少　②很少　③一般　④很多　⑤非常多

C14.您家对亲戚的信任程度：

①非常不信任　②不太信任　③一般　④比较信任　⑤非常信任

C15.您家对邻居的信任程度：

①非常不信任　②不太信任　③一般　④比较信任　⑤非常信任

C16.您家对同村村民的信任程度：

①非常不信任　②不太信任　③一般　④比较信任　⑤非常信任

C17.您家对村干部的信任程度：

①非常不信任　②不太信任　③一般　④比较信任　⑤非常信任

C18.您家遇到困难时有人帮忙出主意：

①从不　②很少　③较少　④有时　⑤经常

C19.您家遇到困难时能在村里借到钱：

①从不　②很少　③较少　④有时　⑤经常

C20.本村居民发生吵架的事：

①从不　②很少　③较少　④有时　⑤经常

C21.本村居民家中被偷的事：

①从不　②很少　③较少　④有时　⑤经常

C22.本村庄稼被偷的事:

①从不　②很少　③较少　④有时　⑤经常

C23.对于使农户自主供给公共体育服务正常开展,您有什么建议或意见? 将建议写在下面横线上,不够可加附页。

_____

_____

_____

（问卷结束,再次感谢您的支持与合作!）

附 录 5

县域体育公共服务绩效评价指标
体系专家咨询调查（第一轮）

尊敬的专家：

您好！

首先,感谢您按照我们的约定参与本次调查。我们承担着国家社科基金项目,其中在构建县域公共体育服务绩效评价指标体系上特别需要得到专家的帮助与支持。本次专家调查以 3E 理论为基础,3E 理论是美国学者提出的政府绩效评价方法,初步拟从县域公共体育服务的投入、过程、效益三个方面进行绩效评价。请您根据我们所提供的初选指标进行增加或删减,并提出您的依据。调查采取专家匿名形式,期盼得到您的真诚意见。

衷心感谢您的支持与合作！

通讯地址:山西省临汾市尧都区解放东路 355 号山西师范大学体育学院

邮　编:041000

联系人:郑　旗(课题主持人)

联系电话:0357-3015706(办)

E-mail:zhengqifenglan@263.net

一、您的基本情况

1.您的工作年限：①10 年以内　②11—15 年　③16—20 年　④20 年以上

2.您的学历：①中专及以下　②专科　③本科　④硕士研究生及以上

3.您的职称：①中级职称　②副高级职称　③正高级职称

4.您擅长以下哪个专业领域或方向：

①群众体育　②学校体育　③竞技体育　④体育产业　⑤行政管理⑥其他

二、县域体育公共服务绩效评价指标填写说明

本指标体系分为投入、过程、效益指标三个一级指标。

请您对重要程度(1 很重要、2 重要、3 一般、4 不重要、5 很不重要)，判断依据(1 理论分析、2 工作经验、3 同行介绍、4 直觉)，熟悉程度(1 很熟悉、2 较熟悉、3 一般、4 不熟悉、5 很不熟悉)进行单项选择，在相应的选项上填写您所认为的序号。

县域公共体育服务投入指标

二级指标	三级指标	重要程度	判断依据	熟悉程度
政策	1.公共体育事业纳入政府工作目标和社会发展总体规划			
	2.制定鼓励社会力量参与公共体育服务建设的相关政策			
	3.制定吸引人才到乡镇综合文化站工作的相关政策			
	4.制定有利于发展体育产业的相关政策			
	5.制定表彰激励群众体育发展的相关政策			
	6.制定完善体育健身服务市场的相关政策			

二级指标	三级指标	重要程度	判断依据	熟悉程度
机构	7.县级体育行政机构设置是否健全			
	8.全县各乡镇是否拥有综合文化站			
	9.全县群众性体育社团数量			
设施	10.全县人均体育设施活动面积			
	11.县级直属公共体育场馆数量			
	12.全县每千人拥有的全民健身路径条数			
	13.全县农民体育健身工程行政村所占比例			
	14.体育特色资源开发利用程度			
人力	15.县级体育职能部门从业人员数量			
	16.各乡镇至少拥有一名三级以上社会体育指导员			
	17.全县每万人拥有社会体育指导员人数			
	18.每千名在校生拥有体育教师人数			
	19.各级体育裁判员数量			
	20.每万人拥有体育健身服务志愿者数量			
资金	21.全县每年公共体育事业财政支出			
	22.全县每年人均政府财政体育经费金额			
	23.县域每年体育彩票公益金额度			

1.您建议增加的指标:

2.您建议删除的指标:

3.您认为上述评价的二级指标维度和指标选择是否合理:

①很合理 ②合理 ③一般 ④不合理 ⑤很不合理,如果不合理,您的建议是:

县域公共体育服务过程指标

二级指标	三级指标	重要程度	判断依据	熟悉程度
活动	24.每年由政府部门主办的各类体育活动次数			
	25.每年由社会主办的各类体育活动次数			
	26.每年全民健身活动的科学指导情况			
	27.全县非奥运项目开展的数量与水平			
	28.县域民族民间传统体育项目列入非物质文化遗产的数量			
	29.每年体育三下乡活动次数			
服务质量	30.公共体育服务的有形性(公共体育设施、设备等外观是否有吸引力)			
	31.公共体育服务的可靠性(公共体育职能部门履行服务承诺的能力)			
	32.公共体育服务的保证性(公共体育服务人员的自信与可信能力)			
	33.公共体育服务的个性化(公共体育服务要因地制宜,因人而异)			

1.您建议增加的指标:

2.您建议删除的指标:

3.您认为上述评价的二级指标维度和指标选择是否合理:

①很合理　②合理　③一般　④不合理　⑤很不合理,如果不合理,您的建议是:

县域公共体育服务效益指标

二级指标	三级指标	重要程度	判断依据	熟悉程度
产业消费	34.全县体育产业占县 GDP 的百分比			
	35.全县家庭年人均体育消费支出			

二级指标	三级指标	重要程度	判断依据	熟悉程度
满意度	36.对县域公共体育政策法规服务的满意度			
	37.对县域公共体育场地设施服务的满意度			
	38.对县域公共体育活动服务的满意度			
	39.对县域公共体育组织机构和人才服务的满意度			
	40.对县域公共体育经费服务的满意度			
	41.对县域体育产业服务的满意度			
健康水平	42.全县体育人口数量			
	43.全县居民（除在校生）达到《国民体质测定标准》及格以上标准人数占全县人口（除在校生）比例			
	44.全县在校学生达到《国家学生体质健康标准》及格以上标准人数占全县在校学生人数比例			
	45.全县每千人参加业余训练人数			
	46.每年向县级以上部门或学校培养与输送的体育人才数量			

1.您建议增加的指标：

2.您建议删除的指标：

3.您认为上述评价的二级指标维度和指标选择是否合理：

①很合理 ②合理 ③一般 ④不合理 ⑤很不合理,如果不合理,您的建议是：

4.您觉得从政府履行职责、机构运行过程、所产生效益三个方面对县域公共体育服务绩效进行评价是否合理：

①很合理 ②合理 ③一般 ④不合理 ⑤很不合理

调查到此结束,对您给予的支持和协助,再次表示衷心的感谢!

祝您工作顺利!

附 录 6

县域体育公共服务绩效评价指标
体系专家咨询调查（第二轮）

尊敬的专家：

　　您好！

　　在您的热情支持与真诚帮助下,县域公共体育服务绩效评价指标体系研究第一轮专家调查已经顺利完成。在此,对您为本课题付出的宝贵时间和辛勤劳动表示衷心的感谢！通过对第一轮专家调查问卷统计分析后,综合各专家提出的意见和建议,对专家调查问卷的各级指标进行了进一步的筛选、修改与整合,形成第二轮专家调查问卷。按照我们的约定,真诚的期待继续得到您的指导和帮助,并抽出时间来填写第二轮专家调查问卷。

　　再次感谢您的支持与合作！

　　通讯地址:山西省临汾市尧都区解放东路 355 号山西师范大学体育学院

　　邮　编:041000

　　联系人:郑　旗(课题主持人)

　　联系电话:0357-3015706(办)

　　E-mail:zhengqifenglan@263.net

第一轮专家咨询结果反馈

1.删除指标:(1)体育特色资源开发利用程度;(2)各级体育裁判员数量;(3)全县非奥运项目开展的数量与水平;(4)县域民族民间传统体育项目列入非物质文化遗产的数量;(5)对县域体育产业服务的满意度;(6)全县每千人参加业余训练人数;(7)每年向县级以上部门或学校培养与输送的体育人才数量。

2.增加指标:全县体质监测在县域的覆盖率。

3.修改指标:(1)全县人均体育设施活动面积修改为全县人均体育设施场地面积;(2)每万人拥有体育健身服务志愿者数量修改为是否开展全民健身服务志愿者活动;(3)县域每年体育彩票公益金额度修改为县域每年体育彩票公益金使用情况;(4)全县家庭年人均体育消费支出修改为全县年人均体育消费支出。

第二轮专家咨询

一、一级指标权重(请您将100分分解到下列一级指标中去)

一级指标	权重(100分)
投入指标	
过程指标	
效益指标	

二、二级指标权重(请您将100分分解到下列二级指标中去)

一级指标	二级指标	权重(100分)
投入指标	政策	
	机构	
	设施	
	人力	
	资金	

一级指标	二级指标	权重(100分)
过程指标	活动	
	服务质量	

一级指标	二级指标	权重(100分)
效益指标	产业消费	
	满意度	
	健康水平	

三、三级指标权重(请您对下列各三级指标重要程度、可操作性打分)

1.重要程度打分方法

很重要50分,重要18分,一般7分,不重要3分,很不重要1分。

2.可操作性打分方法

容易操作5分,较易操作4分,一般3分,难操作2分,很难操作1分。

一级指标	二级指标	三级指标	重要程度	可操作性
投入指标	政策	1.公共体育事业纳入政府工作目标和社会发展总体规划		
		2.制定鼓励社会力量参与公共体育服务建设的相关政策		
		3.制定吸引人才到乡镇综合文化站工作的相关政策		
		4.制定有利于发展体育产业的相关政策		
		5.制定表彰激励群众体育发展的相关政策		
		6.制定完善体育健身服务市场的相关政策		

一级指标	二级指标	三级指标	重要程度	可操作性
投入指标	机构	7.县级体育行政机构设置是否健全		
		8.全县各乡镇是否拥有综合文化站		
		9.全县群众性体育社团数量		
	设施	10.全县人均体育设施场地面积		
		11.县级直属公共体育场馆数量		
		12.全县每千人拥有的全民健身路径条数		
		13.全县农民体育健身工程行政村所占比例		
	人力	14.县级体育职能部门从业人员数量		
		15.各乡镇综合文化站配备社会体育指导员数量		
		16.全县每万人拥有社会体育指导员人数		
		17.全县体育教师配备情况		
		18.是否开展全民健身服务志愿者活动		
	资金	19.全县每年公共体育事业财政支出		
		20.全县每年人均政府财政体育经费金额		
		21.县域每年体育彩票公益金使用情况		
过程指标	活动	22.每年由政府部门主办的各类体育活动次数		
		23.每年由社会主办的各类体育活动次数		
		24.每年全民健身活动的科学指导情况		
		25.每年体育三下乡活动次数		
	服务质量	26.公共体育服务的有形性		
		27.公共体育服务的可靠性		
		28.公共体育服务的保证性		
		29.公共体育服务的个性化		

一级指标	二级指标	三级指标	重要程度	可操作性
效益指标	产业消费	30.全县体育产业占县 GDP 的百分比		
		31.全县家庭年人均体育消费支出		
	满意度	32.对县域公共体育政策法规服务的满意度		
		33.对县域公共体育场地设施服务的满意度		
		34.对县域公共体育活动服务的满意度		
		35.对县域公共体育组织机构和人才服务的满意度		
		36.对县域公共体育经费服务的满意度		
	健康水平	37.全县体育人口数量		
		38.全县居民(除在校生)达到《国民体质测定标准》及格以上标准人数占全县人口(除在校生)比例		
		39.全县在校学生达到《国家学生体质健康标准》及格以上标准人数占全县在校学生人数比例		
		40.全县体质监测在县域的覆盖率		

建议增加的指标:

建议删除的指标:

(问卷到此结束,再次感谢您的支持与鼓励,祝您工作愉快!)

后　记

　　本书是国家社科基金项目《县域体育公共服务与市场服务的体制机制研究》(12BTY033)最终成果。该项目于 2012 年 6 月 1 日立项,历时五载完成了预期研究计划和任务,2018 年 4 月通过国家哲学社会科学办公室鉴定,现由人民出版社付梓,衷心感谢在课题论证、申报、立项、开题、中期检查、结题等过程中付出辛勤劳动的各位专家和课题组的同仁! 感谢研究过程中的我的 2014 届、2015 届硕士研究生!

　　县域体育公共服务体制机制改革创新是一个系统工程,体制机制问题无疑是牵一发而动全身的关键及核心问题,其不仅制约着当前县域体育公共服务建设的效度和广度,而且决定着乡村振兴战略实施中体育公共服务发展的远度和深度。本课题虽然对县域体育公共服务与市场服务的体制机制作了一些探讨,但对影响我国县域体育公共服务体系建设中的根本性、深层次的问题仍需要加强理论研究和实践探索,尤其是如何发挥市场机制的作用,破解县域体育公共服务的体制性障碍,提升县域体育公共服务与市场服务的治理水平,迫切需要理论作为支撑和引导,课题组将在总结经验的基础上继续研究。

　　特别感谢国务院学位委员会体育学学科评议组召集人、全国高等学校体育教学指导委员会副主任委员、北京体育大学博士生导师杨桦教授，在百忙之中应作者的邀请，欣然提笔为本书作序，对课题研究价值的给予肯定、建议及后续研究的指导意见！感谢上海体育学院博士生导师曹可强教授在课题研究中的支持！感谢山西师范大学党委书记卫建国教授对课题研究的关注！感谢社科处副处长董斌在课题研究和后期出版中对课题的关注与支持！

特别感谢人民出版社的杨美艳编审和刘畅编辑，对书稿编辑出版倾注了大量心血，在此向他们表示诚挚的敬意！

公共体育服务是一个新颖的研究领域，鉴于作者的学识和水平，书中还存在着许多疏漏之处，敬请各位专家、学者和广大读者批评斧正。

郑　旗

2018 年 10 月 1 日于临汾

责任编辑：刘　畅
装帧设计：王欢欢

图书在版编目（CIP）数据

县域体育公共服务与市场服务的体制机制研究/郑　旗　著. —北京：
人民出版社,2018.12
ISBN 978－7－01－020111－5

Ⅰ.①县…　Ⅱ.①郑…　Ⅲ.①县-群众体育-公共服务-研究-中国
②县-群众体育-市场管理-研究-中国　Ⅳ.①G812.4

中国版本图书馆 CIP 数据核字(2018)第 279890 号

县域体育公共服务与市场服务的体制机制研究
XIANYU TIYU GONGGONG FUWU YU SHICHANG FUWU DE TIZHI JIZHI YANJIU

郑　旗　著

人民出版社 出版发行
（100706　北京市东城区隆福寺街 99 号）

北京汇林印务有限公司印刷　新华书店经销

2018 年 12 月第 1 版　2018 年 12 月北京第 1 次印刷
开本:710 毫米×1000 毫米 1/16　印张:26.75
字数:355 千字

ISBN 978－7－01－020111－5　定价:88.00 元

邮购地址 100706　北京市东城区隆福寺街 99 号
人民东方图书销售中心　电话 (010)65250042　65289539